Oscar Magnusson
ICH WILL LEBEN

Die Stationen von Magnussons Odyssee durch halb Europa:

Kiel
Rendsburg
Neumünster
Stettin
Berlin
Sonneburg
Brieg
Breslau
Langenbilaug
Reichenstein
Auschwitz
Mauthausen
Eger
Flossenburg
Cham

OST-
PREUSSEN
Stettin
Oder
POLEN
nenburg
Breslau
Brieg
Langenbilaug
Reichenstein
Auschwitz
TSCHECHO
SLOWAKEI
PROTEKTORAT
BÖHMEN
MÄHREN
Mauthausen
ÖSTERREICH

Oscar Magnusson

Ich will leben

Die Geschichte eines Mannes, der durch die Hölle ging

R BROCKHAUS

Die norwegische Originalausgabe erschien unter dem Titel
JEG VIL LEVE

Deutsch von Brigitte Pokorny

Umschlaggestaltung: Holger Lindner, Berlin
Satz: QuardoMedienService, Bergisch Gladbach-Bensberg
Druck und Bindung: FINIDR, s.r.o., Tschechien
ISBN 3-417-24759-4
Bestell-Nr. 224 759

INHALT

Vorwort

Während meiner Kriegsgefangenschaft in Deutschland wurde mir immer wieder von Kameraden ans Herz gelegt, ihre Grüße mit nach Hause zu nehmen. Ich hatte das Gefühl, dass ich es ihnen schuldig war, diesen Bericht zu schreiben.

Nach dem Krieg traf ich in Norwegen häufig ehemalige Gefangene, die zurückgekehrt waren, aber immer noch litten. Ihnen und den Hinterbliebenen meiner toten Kameraden gegenüber fühlte ich mich verpflichtet, über die Ursprünge des Kampfes zu berichten, den der Norwegische Kriegsinvalidenverband und andere nach dem Krieg zu führen gezwungen waren.

Oscar Magnusson

Ich will leben

Als Erstes nehme ich die Stimme wahr. Dann kommen die Schmerzen.

»Norweger, Sie müssen aufwachen! Hören Sie, Norweger ...« Eine Hand rüttelt an meiner Schulter.

Der Flecktyphus schickt Feuerzungen durch meinen Körper, bald hier, bald dort. Ich schnappe mit meiner zerstörten Lunge nach Luft, umklammere die Kleider, die schweißnass sind. Ich stehe in Flammen, denke ich, ich brenne innerlich aus, o Gott!

»Norweger, Sie müssen aufwachen! Hören Sie!«

Was ist das für eine Stimme? Was ist an der Stimme so besonders? Sie gebraucht deutsche Wörter, verwendet verhasste Silben, quält mich, will mir Böses. Aber was ist anders an ihr? Durch die Schmerzen und die Fieberanfälle dringt es hinein in mein Bewusstsein, dass jemand freundlich mit mir gesprochen hat. Eine Hand hat mich gerüttelt – behutsam. Ich öffne die Augen. Zwei Männer. Weiße Kittel. Breites Lächeln.

Die Stimme sagt: »Norwegen ist frei. Hören Sie, Norwegen ist frei!«

Ich frage nach dem Datum. Der 8. Mai. Das Letzte, woran ich mich erinnere, ist, dass ich auf einem Pferdewagen lag, der in Richtung Cham in Bayern fuhr. Das war am 24. April. Also bin ich anscheinend angekommen und war zwei Wochen bewusstlos.

Gestank dringt zu mir. Ich wende den Blick ab. Dort liegen sie und sterben in ihren eigenen Exkrementen, liegen in Reih und Glied, bleiche Gerippe mit großen Augen. Nur eine Decke ist über ihr Elend geworfen. Und ich bin einer von ihnen. Hier liege ich und stinke wie sie. Ich schaue die Männer in Weiß an und begreife, dass es amerikanische Ärzte sind.

»Tragt mich hinaus in die Sonne«, bettle ich.

Die Stimme gibt einen Befehl, jetzt nicht mehr so freundlich.

Deutsche Pflegerinnen heben mich mit Unbehagen im Gesicht auf, waschen den monatealten Schweiß und die Ausscheidungen nach einer lang andauernden Ruhr ab. Ziehen mir saubere Kleider an.

Ich gleite zurück in die Bewusstlosigkeit, erwache aber wieder, als ich auf einer Bahre aus der Baracke getragen und in die Sonne gesetzt werde. Mir brennen die Augen, ich muss den Kopf wegdrehen.

Jemand gibt mir zu essen und zu trinken. Dann sind die zwei Amerikaner bei mir. Sie tragen die Bahre unter einen blühenden Kirschbaum.

»Lieber Gott«, bete ich. »Wenn es wahr ist, dass Norwegen frei ist, lass mich heimkommen zu allen meinen Lieben, du kannst mich jetzt nicht sterben lassen.« Und als ob ich dem Herrn einen logischen Grund geben wollte, füge ich hinzu: »Denn wenn ich sterbe, wer soll dann über die, die unterwegs gefallen sind, Auskunft geben?«

Aber mich überwältigt die Verzweiflung über mein eigenes Elend und ich fange an zu weinen. Ich wiege jämmerliche 39 Kilo. 80 Kilo hatte ich zu Beginn der Reise. Ich habe eine doppelte Wirbelsäulenfraktur, die Schultermuskeln sind zerrissen, das Herz gebrochen. Ich habe Flecktyphus, eine entzweigeschlagene Beckenpartie, Ruhr, doppelseitige Lungenentzündung.

Wozu soll *ich* leben?

Der eine Arzt hat sich, mit dem Rücken an eine Mauer gelehnt, ein paar Meter von mir entfernt ins Gras gesetzt. Nach einer Weile steht er auf, kommt herüber zur Bahre und zeigt mir die Rückseite eines Fieberkurvenblattes.

Mit Farbstiften hat er eine norwegische Fahne gezeichnet. Er befestigt die Fahne auf meiner Brust.

Das ist, als ob ein Funke in mir angezündet würde. Ich werde von neuem mit der Gewissheit erfüllt, die mich vier Jahre lang gestützt hat, von der Überzeugung, die mir niemand nehmen konnte: *Ich will leben.*

Ich sehe schwach den blauen Himmel durch die Kirschbaumzweige und die Gedanken gehen wie so oft zuvor zum 23. Psalm Davids, nur dass die Worte jetzt nicht mehr nur Trost sind, sondern in Erfüllung gegangene Verheißung:

Der Herr ist mein Hirte,
mir wird nichts mangeln.
Er weidet mich auf einer grünen Aue
und führet mich zum frischen Wasser.
Er erquicket meine Seele.
Er führet mich auf rechter Straße um seines Namens willen.
Und wenn ich auch wanderte im finstern Tal,
fürchte ich kein Unglück;
denn du bist bei mir,
dein Stecken und Stab trösten mich …

Vier Jahre lang bin ich im finsteren Tal gewandert. Heute ist der 8. Mai und die Sonne scheint durch die Zweige des Kirschbaumes.

Wie ein Mann stirbt

Vater erzählte mir nie, warum er seinerzeit Schweden verlassen hatte, aber ich kann mir denken, dass auf dem kleinen Bauernhof in Jämtland, auf dem er geboren und aufgewachsen war, die Verhältnisse zu beengt wurden. Jedenfalls – eines Tages gegen Ende des 19. Jahrhunderts tauchte er auf dem Geithus in Modum auf, nahm den Ranzen vom Rücken, sah sich um und blieb da. Magnus Johanneson hieß er und maß fast 2 m in Strümpfen, ein sehniger und gottesfürchtiger junger Mann von 20 Jahren.

Einige Zeit zuvor war auch ein schwedisches Mädchen, Caroline, nach Modum gekommen. Sie war die Tochter eines Großbauern in Bohuslän, aber wahrscheinlich waren die Eltern der Meinung gewesen, dass sie sich ein bisschen in der Welt umsehen sollte. Nun arbeitete sie also als Dienstmagd auf dem Sönsteby-Hof, ein winziger Knirps von einem Mädchen, das den ganzen Tag sang, während es zwischen Küche und Stall hin- und herlief oder den Rechen bei der Heuernte schwang.

Eines Abends schlenderte Magnus Johanneson zum Hof auf Sönsteby. Um zu erfahren, ob sie dort Arbeit für ihn hätten. Ich bin sicher, dass sich das mit einem Blick auf den schlanken und kräftigen Schweden geklärt hatte; der Bauer schlug ein und gab ihm die Hand darauf. In kurzer Zeit war der fremde Kerl ein Hof- und Waldarbeiter geworden, vor dem man Respekt hatte, sogar außerhalb der Siedlung.

Ein paar Jahre später waren Caroline und Magnus verheiratet. 1913 wurden sie norwegische Staatsbürger.

Als ich am 4. April 1911 geboren wurde, hatte Mutter es geschafft, vor mir zehn Kinder in die Welt zu setzen. Ich war der Letzte in einer Geschwisterschar von fünf Buben und sechs Mädchen.

Vater arbeitete jetzt in der Papierfabrik Drammenselven, und mit eigenen Händen hatte er ein geräumiges Haus in Skredsvikmoen gebaut, einige Minuten vom Bahnhof Geithus entfernt. Um das Haus herum gab es einen großen Garten mit Obst und Beeren, Kartoffeln und Gemüse, und außerhalb des Gartenzaunes lag die Natur, die mir einmal so viel bedeuten sollte.

Was für ein Heim! Und was für ein Heranwachsen! Mutter und Vater waren im Äußeren so ungleich, wie zwei Menschen nur sein konnten: er kräftig und riesengroß, sie so klein und zartgliedrig, dass sie unter seinem Arm stehen konnte. Aber die Liebe zwischen den beiden erwärmte das ganze Haus, sie gab uns Kindern ein Gefühl der Sicherheit und Harmonie, das uns unser Leben lang prägte.

Sowohl Mutter als auch Vater waren tief religiös, sie nahmen aktiv an der Gemeindearbeit teil, aber es war kein schwermütiges Christentum, das sie praktizierten. Besonders Mutter hatte einen sprühenden Humor, sie war heiter und nach außen gekehrt. Woran ich mich bei ihr am besten erinnere, sind die zierlichen Jungmädchenbewegungen – und dass sie immerzu sang. Ob sie Kuchenteig knetete oder Preiselbeeren rührte, sie tat es mit einem Lied auf den Lippen. Es wirkte auf uns, als ob ihre Freude und Dankbarkeit ständig ein Ventil brauchten, damit sie nicht platzte.

Vater war eher vom ruhigen Schlag. Warm und sicher wanderte er durchs Dasein, immer mit einem freundlichen Wort für uns und andere – und bereit zu einem harmlosen Spaß. Er war ein Arbeitstier mit einem tief verwurzelten Verantwortungsgefühl für Frau und Kinder, und obwohl ich keinesfalls im Wohlstand aufwuchs, sorgte er immer gut für die Seinen. Wenn ich jetzt daran zurückdenke, ist es fast unbegreiflich, wie er es schaffte, uns alle durchzufüttern und außerdem den meisten von uns eine ordentliche Ausbildung angedeihen zu lassen.

Ich erinnere mich, dass wir einmal sehr zu kämpfen hatten. Da verschaffte er sich Material und baute in seiner Freizeit ein Haus, das er nachher verkaufte. Und da hatte er wohlgemerkt einen 12-stündigen Arbeitstag in der Fabrik hinter sich, bevor er am Abend etwas zur Hand nehmen konnte.

Vater wog seine 100 kg und war stark und gelenkig wie nur wenige. Keiner schaffte es, ihn im Ringkampf oder im Armdrücken zu besiegen, und es kreisten Sagen über seine Kräfte weit über unseren Distrikt hinaus.

Eines Tages, wir sitzen am Mittagstisch, klopft es an der Tür. Ein Mann kommt herein, den wir noch nie gesehen haben. Er stellt sich höflich vor und erzählt, dass er aus Mjöndalen sei.

Was hat er auf dem Herzen? Nun ja, jemand hat ihm erzählt, dass Vater so ein Meister im Ringkampf sei, und jetzt möchte er das gern ausprobieren. Daheim in Mjöndalen ist nämlich er der Meister; niemand hat ihn jemals auf den Boden bekommen.

»Bist du verrückt, Mann«, sagt der Vater ungläubig, »du meinst, du bist den langen Weg nur aus diesem Grund gegangen?«

»Ja, sicher«, bekräftigt der Mann.

»Ja, ja«, lächelt Vater, »wir werden eine Runde machen. Aber du musst warten, bis ich gegessen habe. Setz dich zu Tisch und iss mit uns!«

Wird es der fremde Mann schaffen, den Vater auf den Boden zu werfen? Das ist eigentlich unvorstellbar, aber man kann ja nie wissen.

Es dauert ungewöhnlich lange, finde ich, bis sie mit dem Essen fertig sind, und dann wollen sie sich noch bei einer Tasse Kaffee entspannen. Aber endlich schlendern sie in Hemdsärmeln hinaus auf den Rasenplatz und Vater sagt: »Gut, weil du extra von Mjöndalen gekommen bist, darfst du versuchen, mich zu legen …« Aber der, der auf den Boden gelegt wird, ist der Mjöndaler. Bevor er sich richtig besinnen kann, zappelt er im Gras. Er krabbelt wieder auf die Füße: »Nein, das müssen wir wiederholen.«

Vater ist einverstanden. Aber es passiert dasselbe wieder, Vater handhabt ihn wie einen Buben und nochmals landet der Fremde auf dem Boden. Danach versuchen sie es mit Armdrücken und der Mjöndaler strengt sich so an, dass ihm die Wangen zittern. Es nützt nichts, er muss aufgeben.

Ja, er war ein Riese, mein Vater. –

Die Eltern versuchten nie, uns Kindern das Christentum aufzudrängen. Das war nicht nötig. Sie verkündigten ihren Glauben einfach durch ihr Dasein, ihr tägliches Verhalten war Verkündigung genug. Aber sie lehrten uns, vor dem Essen zu beten, und abends hielten sie eine kleine Andacht, bevor wir in die Betten gesteckt wurden. Und Mutter gab uns zu verstehen, dass sie uns in ihre Gebete einschloss. Besonders dieser letzte Punkt sollte sich in meinem späteren Leben als von entscheidender Bedeutung erweisen, eine Tatsache, die viele von meinen Freunden zugeben mussten, ob sie selber an die Macht des Gebetes glaubten oder nicht.

Oft nahm der Vater uns sonntags mit zur Heggenkirche, die neben dem heute so berühmten Vikersundbakken liegt.

Ich behaupte heute, dass die Aussicht von der Kirchentreppe aus die schönste in ganz Norwegen ist. Wir sehen über ganz Modum, wir sehen Norefjell und die Hallingdalsberge, die im Blau verschwinden, und unten liegt der Bergsee, an dem der Drammensfluss seinen Ausgang nimmt.

Wenn wir zur Heggenkirche wollten, mussten wir über den Bergsee rudern, und dafür verwendeten wir eines dieser alten, spitzen Eisbrecherboote, die früher so oft beim Holzflößen verwendet wurden. Vater zog die Jacke aus und setzte sich hemdsärmelig an die Ruder, und dann sangen wir, dass es nur so über den See hallte. Ich gehe davon aus, dass wir irgendwann einmal auch bedeckten Himmel hatten, aber wenn ich heute zurückdenke, erinnere ich mich nur an ewig blauen Himmel, spiegelblankes Wasser und eine bebende Sonntagserwartung mit dem Duft der Birken und dem Vater in neu gestrickter Jacke als sicherem Mittelpunkt in einem schönen und friedlichen Dasein.

Oder andere Male: Mit Vater auf Tour nach Preiselbeeren oder Multebeeren, Vater, der Weidenflöten schnitzt, Vater bei einem kleinen Feuer am Strand, während er über Blumen und Tiere erzählt.

Er legte Wert darauf, dass wir lernten, uns in der Natur zu

bewegen, und er war glücklich an dem Tag, als ich in die Pfadfinderbewegung eintrat, und an dem Tag, als ich meinen ersten Preis beim Bubensprunglauf bekam. Der Truppenführer und spätere Gemeindepfarrer Öystein Paulsen war geistesverwandt mit Mutter und Vater und ging mit seinem christlichen Beispiel voran, und er hatte wie sie eine praktische Sicht der Dinge.

Von ihm lernte ich, mich im Winter in einer Schneewechte einzugraben, im Schnee Feuer zu machen, im Freien Essen zu kochen. Aber keiner von ihnen ahnte, in welchem Grad ich im Erwachsenenalter davon Gebrauch machen sollte.

Ich weiß nicht viel über Psychologie – das ist nicht mein Gebiet. Aber wenn heutzutage die Experten die Bedeutung eines harmonischen Verhältnisses zu Hause unterstreichen und betonen, wie wertvoll es ist, dass ein Kind in einer Atmosphäre von Liebe und Verständnis aufwächst, dann stimme ich zu, weil ich selbst erfahren habe, wovon sie reden. In dieser Hinsicht ist es auch gar nicht so wichtig, ob die Eltern sich ausdrücklich als Christen bezeichnen oder nicht. Leben Mutter und Vater in Hingabe füreinander und für ihre Kinder, mit Verantwortung für ihre Mitmenschen und mit Respekt für das Gute und Schöne, dann schaffen sie ein Heim, in dem Frieden und Harmonie herrschen. Und Kinder aus einem solchen Heim werden etwas mit auf den Weg bekommen, was ihnen niemand wegnehmen kann.

Bald sollte ich das Land der Kindheit verlassen und meine Wanderung im finsteren Tal beginnen. Am Eingang zu diesem Tal des Todesschattens, wie es in manchen Bibelübersetzungen heißt, mussten wir alles abliefern, sogar unsere Namen verloren wir. Aber eines durften wir behalten, etwas, das uns keine Macht der Welt rauben konnte:

das Gedenken an Eltern, die in Liebe und Wahrheit lebten, und ein lebendiges Bild davon, wie ein Mensch sein *kann* …

Wir bewahrten den Glauben an das Gute. Und aus diesem Grund bewahrten wir uns, auch als wir bereit waren zu sterben, dennoch den Willen zu leben. –

Vater war bereit zu sterben. Der Krieg war zu Ende und er war ein Greis von 94 Jahren geworden. In der letzten Zeit musste er aufgrund heftiger Nervenschmerzen im Bett bleiben, aber sein Geist war immer noch klar und er stellte immer noch Forderungen an sich selbst. Er hatte es sich zum Beispiel zur Regel gemacht, dass er jeden Mittwoch und Samstag aufstehen und sich zurechtmachen würde; da bekam er warmes Wasser ins Zimmer, wusch und rasierte sich und wechselte den Pyjama.

Eines Dienstagmorgens rief er meine Schwester Gunna und bat darum, dass das Wasser hereingetragen würde.

»Ja, aber, Vater, Mittwoch ist erst morgen.«

»Heute gehe ich heim, Gunna …«

Sie verstand nicht sofort, was er meinte, tat aber, worum er sie gebeten hatte. Als er sich rasiert und gewaschen hatte, einen neuen Pyjama angezogen und sich im Bett zurechtgelegt hatte, gab er Gunna Bescheid, die Mutter zu holen.

»Jetzt musst du dich hersetzen«, sagte er.

Und während sie bei ihm an der Bettkante saß, nahm er ihre Hand und begann sie zu streicheln, wie er es immer gemacht hatte. Er dankte ihr für alles, was sie für ihn bedeutet hatte.

»Denn jetzt werde ich dich verlassen …« Sie werde wohl bald nachfolgen und dann werde er dort sein und sie empfangen.

Dann beteten die beiden Alten ein Gebet miteinander.

Ein wenig später kam mein Neffe Rolf herein; er studierte Theologie.

»Jetzt sollst du für mich in der Bibel lesen«, sagte Vater.

Und danach:

»Jetzt will ich um den Segen des Herrn bitten.«

Als der junge Mann fertig war, legte Vater sein altes Haupt zurück und schloss die Augen.

So starb mein Vater.

Wie alles begann

Nina und ich waren am Abend im Eldorado gewesen, ich weiß nicht mehr, welchen Film wir sahen.

Nina ist meine Frau, ich hatte geheiratet und wohnte in Bergen, wo ich bei der Versicherungsgesellschaft Aeolus angestellt war. Damals wie heute befand sich die Gesellschaft in der Smaastrandgaten Nr. 1, wo wir eine 4-Zimmer-Wohnung im fünften Stock hatten, und wir schlenderten nach Hause und aßen etwas in der Küche, bevor wir schlafen gingen.

Um 2 Uhr nachts erwachte ich durch das Gefühl, dass etwas nicht so war, wie es sein sollte. Ich schaltete die Nachttischlampe an und sah unsere Hündin Peggy, die wir uns drei Jahre zuvor angeschafft hatten. Sie war unter unsere Betten gekrochen, und dort lag sie und kratzte mit den Pfoten am Boden, während sie wie im Fieber zitterte. Nur der buschige Schwanz ragte unter dem Bettrand hervor.

»Komm, Peggy«, lockte ich.

Widerstrebend kam sie aus ihrem Versteck hervor, und ich ging davon aus, dass sie etwas gefressen hatte, was sie nicht vertrug, und krank geworden war. Ich nahm Peggy mit hinunter in den Hof an die frische Luft.

Die Hündin winselte elendig auf dem Weg durch das Treppenhaus hinunter, und kaum waren wir auf den großen Platz gekommen, lief sie wieder zur Tür und wollte hinein.

Mehrere Stunden konnte ich sie unter meinem Bett hören, sie wimmerte wie ein Kind. Es war unmöglich zu schlafen.

»Sei still«, sagte ich streng, aber es nützte nichts. Noch nie hatte sich Peggy so aufgeführt. Draußen wurde es langsam Morgen.

Ich war gerade 29 Jahre alt geworden und war ein glücklicher Mann. Nach der Volksschule hatte ich als Lehrling in der

Mechanikwerkstatt bei der Fabrik Embretsfos gearbeitet, während ich gleichzeitig einen dreijährigen Kurs an der technischen Abendschule Modum machte. Ich schaffte das Examen gut, und so lag die Welt offen vor mir.

Im März 1930 war ich nach Bergen gekommen und an Bord des Touristenbootes »Meteor« gegangen. Damals war ich ein starker und wohlgebauter 19-Jähriger, bei weitem nicht solch ein Riese wie mein Vater, aber ein gesunder und durchtrainierter junger Mann mit einem unerschütterlichen Glauben an die grundlegendsten Spielregeln im Leben. »Was immer du vermagst, setze es bei jeder Herausforderung ein.« Kurz gesagt, mach deine Arbeit ordentlich, sei redlich in kleinen und großen Dingen, begegne den Menschen mit einem Lächeln und mit Offenheit, so wird es dir gut gehen und du wirst lange leben im Lande. So sah ich es. Weil ich als aktiver Skiläufer ins Sportmilieu kam, fand ich dort viel von derselben Einstellung vor. Gerade die Sportjugend hatte Sinn für einfache und grundlegende Werte, sie besaß unter anderem ein Loyalitätsgefühl, das sich in einer nie versagenden Kameradschaft ausdrückte. Aber all das kam später.

Diesen ersten Sommer weitab vom Zuhause meiner Kindheit segelte ich also als Proviantassistent auf der »Meteor«, ich lernte fremde Länder kennen und fühlte mich ziemlich beständig im siebten Himmel. Spät im Herbst kam ich zurück nach Bergen, wo ich mit dem Milieu und dem Volkscharakter gut zurechtkam, so dass ich keinen Grund hatte, die Stadt zu verlassen. Und bald war ich Privatchauffeur geworden.

Ich wurde bei Christian M. Kjaer angestellt, der Konsul für Dänemark und Island war. Er wohnte im Kalvarveien 37, wo ich mein eigenes Haus zusammen mit dem Gärtner bekam. Die Arbeit war aus vielen Gründen sehr angenehm. Erstens war Kjaer selbst ein liebenswürdiger und gutherziger Mann. Zweitens musste ich jeden Sommer ins Ausland fahren. Er war gebürtiger Däne, so ging die Fahrt meist nach Dänemark, und da er mit der Zeit ziemlich krank wurde, verbrachten wir lange Perioden auf Skodsborg, bis zu drei oder vier Monate hintereinander.

Genau genommen war es die Schuld des Konsuls, dass ich Nina traf.

Es war so, dass ich bei einer Gelegenheit ein Geschenk von 100 Kronen bekommen hatte, und ich beschloss, das Geld für eine Armbanduhr zu verwenden. Ich ging zum Uhrmacher Bendiksen, wo ich von einer jungen Dame bedient wurde, die zu dem Süßesten gehörte, was ich jemals gesehen hatte, und der Gedanke streifte mich, dass ich sie gern wieder treffen würde, wenn sich die Gelegenheit böte.

Und das tat sie.

Jeden Morgen fuhr ich den Konsul ins Büro, und eines Tages, als ich aussteigen und ihm die Tür öffnen wollte, schlug ich die Armbanduhr gegen die Tür und zerbrach das Glas. Gleich ging ich hinüber zum Uhrmacher und die junge Dame setzte mir ein neues ein.

Innerhalb kurzer Zeit hatte sich mein Glasbruch zu einer Gewohnheit entwickelt, ich wurde so zu einer Art Stammgast beim Uhrmacher. Bald wusste ich, dass die Dame Nina heißt, Tochter von Oleane und Emanuel Bruland aus Nordnes war, und dann war der Schritt nicht mehr weit, sie ins Kino einzuladen. Als wir uns verlobten, waren wir beide 22.

Nina war nicht die Einfachste im Umgang. Sie war klein, dunkelhaarig und hübsch, meiner Auffassung nach das süßeste Wesen in einem Rock in der ganzen Stadt Bergen, aber sie besaß auch ein gesundes Temperament, eine gut entwickelte Redegabe und sie war resolut. Falls ich mir eingebildet hatte, dass ich sie um den kleinen Finger wickeln könnte, hatte ich die Lage völlig falsch eingeschätzt. Nina wusste, was sie wollte, und vermochte es in malerischen Worten auszudrücken – ich brauchte nie im Zweifel darüber sein, was sie über eine Angelegenheit dachte.

Das brauchten zu einem späteren Zeitpunkt die Deutschen auch nicht.

Aber das Mädchen hatte auch andere Eigenschaften, von denen

sich erweisen sollte, dass sie spezielle Bedeutung bekamen. Von dem Augenblick an, da sie den Verlobungsring am Finger hatte, war ihr Lebenslauf vorgezeichnet. Von da an war sie dazu bestimmt, mein bester Kamerad zu sein, mit mir durch dick und dünn zu gehen – und so denken wohl die meisten Mädchen, wenn sie sich verloben. Aber für Nina war das fast wie eine Religion, etwas, wonach sie Tag für Tag leben wollte – was sie auch getan hat. In den verzweifelten Situationen, die mich erwarten sollten, schaffte sie es, einen Mut und eine Seelenstärke zu mobilisieren, denen sich selbst die Gestapoleute beugen mussten. Solange nur ein Schimmer von Hoffnung bestand, kämpfte sie wie eine Löwin, um mir zu helfen, und als die Hoffnung weg war und ich in Deutschland in »Nacht und Nebel« verschwand, war sie trotzdem bei mir, ich fühlte es. 1943 bekam sie auf Umwegen zu hören, dass ich weggeführt und hingerichtet worden sei, aber sie vergoss keine Träne. Sie wusste, dass die Nachricht nicht stimmte. »Oscar lebt«, sagte sie. »Irgendwo lebt er. Ich weiß nicht, wo, aber er lebt.«

Das tat ich damals auch, sofern man das als Leben bezeichnen konnte.

Wir heirateten 1936. Zu diesem Zeitpunkt hatte ich bei Kjaer aufgehört. Ich hatte ein Jahr in einem Autogeschäft gearbeitet und war nun als Hausmeister angestellt. Wir hatten es geschafft, ein eigenes Haus in Breistölen zu bauen, aber die neue Stelle erforderte es, dass ich am Platz wohnte, und das Haus wurde vermietet.

Die Hausmeisterarbeit war eine feine Sache. Ich konnte selbstständig arbeiten, und jetzt erwachte wieder das alte Interesse für den Skisport.

Sowohl Nina als auch ich liebten es, in Feld und Wald spazieren zu gehen, wir waren Naturmenschen. Wir zogen nach Voss, Dale und Sauda oder mit dem Schiff hinaus nach Öygarden, wir machten lange Märsche zu Fuß oder auf Skiern und hatten es herrlich. Wir waren uns einig, dass wir vorläufig noch keine Kinder haben wollten; ich hatte vor, meine Ausbildung fortzusetzen, so waren wir frei wie die Vögel, konnten zur Bryggen[1] hinunterschlendern oder an Bord des erstbesten Schiffes gehen.

Ich hatte mich in guter Form gehalten. Aber jetzt bekam ich Lust, meine Kräfte ernsthaft zu erproben. Ich war schon längere Zeit Mitglied beim Sportklub *Viking* und jetzt meldete ich mich zu einigen Skirennen an. Die Resultate waren nicht so übel, so dass sie zur Wiederholung reizten. Danach war ich wie besessen. Ich ging mit allem, was ich war und hatte, im Skisport auf.

Von der ersten Stunde an fühlte ich mich beim Sport zu Hause, der offene Ton, der Respekt vor dem »Fair Play«, alles, was ich von zu Hause mitbekommen hatte, das fand ich wieder im Verein. Keiner fragte, wer du warst oder wo du herkamst, du wurdest mit offenen Armen empfangen und dann lag es an dir selbst, dich des Vertrauens würdig zu erweisen. Es ist ein erhebendes Gefühl, im Fotoalbum der Jahre zu blättern, die nun folgten. Über kurz oder lang wurde ich Bezirksmeister, sogar in mehreren Zweigen – solch ein Buch hat man gern zu Hause, um es einmal seinen Enkelkindern zu zeigen. Vielleicht war ich gar nicht wirklich so gut, die Anforderungen sind später stark gestiegen, so dass es nicht so gut ist, Vergleiche zu ziehen. Ich sehe jedenfalls, dass ich unaufhörlich fotografiert wurde, über den Skistöcken hängend mit einem kecken Lachen nach der Ankunft, einen Hügel heraufschnaufend mit der Strickmütze schief auf dem Kopf, beim Auslauf nach einem Sprung mit dramatischem Hüftknick. Ich hatte wirklich keinen Grund, über mangelnde Aufmerksamkeit zu klagen. Aber wenn ich an diese Jahre zurückdenke, ist es nicht das, woran ich mich am besten erinnere. Am deutlichsten erinnere ich mich an einen Sonntag, an dem ich erlebte, was Freiheit ist – in der allerreichsten Bedeutung des Wortes. Ich weiß nicht einmal mehr, ob ich dieses Rennen gewann. Das, was so klar vor mir steht, ist das Gefühl, mit dem ich am Morgen erwachte. Das war ein Wohlbefinden, eine seltsame Freude, die im ganzen Körper saß. Ich sollte an diesem Tag an einem langen Rennen teilnehmen und legte mit einer

[1] Wichtigster, bekanntester Kai in Bergen (Anmerkung der Übersetzerin)

Ein durchtrainierter Bezirksmeister bei schnellem Spurt – Oscar Magnusson hatte eine leitende Position innerhalb des Skisportes in Bergen; er war in der Verwaltung, unterrichtete und fühlte sich im Sportlermilieu wohl wie ein Fisch im Wasser.

Energie los, die mir fast Flügel verlieh. Bald kamen wir zu einem Steilstück im Wald, die Bäume standen hoch zu beiden Seiten, und ich merkte, wie ich einen Konkurrenten nach dem anderen hinter mir zurückließ. Sie schwitzten und keuchten, aber ich selber hatte keine Schwierigkeiten. Gewiss war es anstrengend, aber diese ekstatische Freude, die in mir saß, steuerte die Atemzüge und gab den Muskeln Kraft, ich schwebte oben drüber und dann stand ich auf der Spitze. Ja wirklich – ich weinte fast. Dieses merkwürdige Freiheitsgefühl, der innere Jubel, der Einklang zwischen meinem Körper und der Natur um mich herum – ich hatte niemals etwas Ähnliches erlebt.

Oder ich denke an die Arbeit mit den Schulkindern, das war auf eine Weise auch eine bereichernde Erfahrung.

Eines Tages wurde ich zum Vorsitzenden des Sportvereins von Bergen gerufen, zu dem Versicherungsbeamten Johan N. L. Blytt, einem großartigen Mann. Ich sehe ihn noch vor mir, wie er mich an diesem Tag in seinem Büro empfing, ein gut gewachsener, prächtiger Kerl mit aufrechter Haltung und schlohweißen Haaren. Ob ich mir vorstellen könnte, den Schulkindern Skiunterricht zu geben? Hätte ich gewusst, was dieses Treffen nach sich ziehen würde, hätte ich vielleicht einen Augenblick gezögert. Aber wenn Blytt einen um einen Gefallen bat, antwortete man in der Regel mit Ja, und daher sagte ich zu.

In den Jahren, die jetzt folgten, war ich Ausbilder für die Schulkinder von Bergen; an Sonnentagen zogen wir mit dem Bus nach Totland, und ich unterrichtete in Slalomtechnik.

Ich selbst hatte einige Tricks von Einar Bergsland gelernt, der hier einer der Pioniere auf diesem Gebiet war.

Und die Kinder bescherten mir schöne Tage.

Jeden Winter leitete ich Kurse in den meisten Skidisziplinen und bald saß ich auch in der Verwaltung, wurde Ausbildungsleiter im Skiclub und bekam Verantwortung und Autorität. Es machte mir Spaß. Dass die Burschen mich schätzten, verlieh mir Flügel und stärkte mein Selbstvertrauen, vielleicht auch mein Selbstwertgefühl, das gebe ich zu. Und ich fühlte mich wohl wie ein Fisch im

Wasser. Die Burschen vertrauten mir – großartig: Ich würde sie nicht im Stich lassen.

Wie gesagt – ich war ein glücklicher Mensch. Ich hatte eine Frau, die ich liebte, einen guten Job und ein schönes Heim. Und ich hatte die besten Kameraden auf der Welt.

Was konnte ich mir mehr wünschen?

Ich erwache wieder und schaue auf die Uhr. Peggy winselt vor Furcht unter unserem Bett. Dann höre ich das Dröhnen. Als ich nach einer Weile vom Fenster weggehe und Nina wachrüttle, weiß ich, dass alles anders geworden ist.

»Es ist Krieg, Nina«, sage ich. »Du musst aufstehen.«

Amateure ziehen in den Krieg

Ich komme drei Wochen nicht aus den Kleidern. Unter dem Gebäude haben wir zwei Keller, die an eine Eisenwarenfirma als Lagerraum vermietet sind. Aber etwas ist geschehen: Das Eisenwarenlager ist nur so lange ein Eisenwarenlager, wie die Türen geschlossen sind. Drehe ich den Schlüssel um und öffne, ist es ein Schutzraum. Eine Kleinigkeit, gewiss. Aber gleichzeitig ein Zeichen dafür, womit die Deutschen zu kämpfen haben werden. Es sind Kleinigkeiten, die verraten, dass am 9. Mai etwas passiert ist, etwas, das mit Zusammenhalt zu tun hat.

Es kommt die Meldung, dass norwegische Einheiten in Voss kämpfen, und viele Männer aus Bergen ziehen spontan los, um sich anzuschließen. Ich bin fest entschlossen, dasselbe zu tun. Ich gehe zu Direktor Libye von Aeolus und gebe Bescheid, dass ich weggehe, aber er will nichts davon hören. Ich könne in der Stadt von größerem Nutzen sein, behauptet er. Wie um zu unterstreichen, was er meint, beginnen die Luftschutzsirenen über den Hausdächern zu gellen, und ich stürze hinunter in den Keller, um die Türen zu öffnen und alles für die Menschen herzurichten.

Damit endet mein Feldzug nach Voss. Ich habe den Eindruck, dass ich in diesen ersten Kriegstagen unaufhörlich unterwegs bin, dass ich wie ein blindes Huhn zwischen Dachboden und Keller hin- und herlaufe. Ein Flugalarm löst den anderen ab, bisweilen habe ich bis zu 600 Menschen in den Kellern.

Zwischendurch bin ich kurz bei Nina, bekomme die Bartstoppeln abrasiert, dann laufe ich wieder los.

Blytt sandte mir um den 20. April, an das genaue Datum erinnere ich mich nicht mehr, eine Nachricht. Ich sollte in sein Büro kommen. Er war ein gutes Stück älter geworden, seitdem ich ihn zum ersten Mal getroffen hatte, aber sein Rücken war immer noch gerade und seine Augen leuchteten mit vielleicht noch stärkerer

Glut. Niemals hatte ich einen Mann mit einem so brennenden Verteidigungswillen getroffen. An diesem Tag ging er im Zimmer auf und ab und erklärte mir, wie er die Lage beurteilte: die Engländer, die bald kommen würden, die Notwendigkeit, bereit zu sein. Und es war die Jugend wie seine eigenen Söhne Finn und Björn und auch die Sportjugend wie ich, die mobilisiert und kampfbereit gemacht werden mussten.

»Wir müssen etwas unternehmen, Oscar«, sagte er. »Du musst die Burschen sammeln, zu denen du Kontakt hast, und sie organisieren, wir können nicht einfach dasitzen und die Hände in den Schoß legen.«

»Was ist mit Waffen?«, fragte ich vorsichtig.

Ja, er hatte Waffen, nicht viele, aber für den Anfang genug: Gewehre, Revolver, verschiedene Sachen, die aus Militärlagern stammten. Sie lagen versteckt bei Einar Koch, und ich musste für die Verteilung sorgen. Es war zu riskant, alles zusammen auf einem Platz liegen zu haben.

Einar Koch, ehemaliger norwegischer Boxmeister, betrieb eine große Altwarenhandlung auf der Tyskebryggen.

Von da an war ich Blytts Mann. Trotzdem verging einige Zeit, bis man von einer wirklich organisierten Tätigkeit sprechen konnte, vorher war die Verwirrung viel zu groß. Ein großer Teil der besten Männer nahm noch an den Kampfhandlungen teil.

Aber in der Zwischenzeit taten wir, was wir konnten, und der Waffentransport entwickelte sich beinah zu einem Ganztagsjob für mich. Nie werde ich vergessen, wie ich zum ersten Mal bei Koch Waffen holte. Ich hielt mich an die Amateurregeln, das war auf jeden Fall sicher. Ich nahm eine Ladung Revolver, Brownings und amerikanische Gewehre, die ich um meinen Körper herum platzierte, dann wickelte ich den Gürtel darum und schnürte ihn zu. Es war unmöglich, den Mantel darüber zuzuknöpfen, ich hatte die Figur eines Teddybären. Mit offenem Mantel schlenderte ich durch die Stadt und grüßte freundlich alle Freunde und Bekannten, die mir begegneten.

Wir lernten schnell dazu. Schon im Frühsommer kamen die

ersten Waffenlieferungen aus England, und noch heute weiß ich nicht, wie das eigentlich vor sich ging. Das Einzige, was ich weiß, ist, dass die Waffen auf Schiffe verfrachtet und an zuverlässige Leute draußen im Schärengürtel geliefert wurden. Und eines Tages kam dann der Befehl von Koch an mich, mich einzufinden und sie wegzubringen. Wie gesagt, eine richtige Organisation existierte zu diesem Zeitpunkt nicht, alles geschah auf der Basis gegenseitigen Vertrauens – es ist fast unglaublich, dass es so gut ging, wie es ging.

Es war Spätsommer, als Blytt mir wieder eine Botschaft sandte – ich konferierte fast täglich mit ihm, aber ich hörte an seiner Stimme, dass er diesmal etwas Besonderes auf dem Herzen hatte. Ich kam in sein Büro und merkte, dass er wegen irgendetwas besonders nervös war.

»Du musst dich bei den Nazis melden.« Ich wusste nicht sofort, was er meinte. »Wir sind gezwungen, jemanden von unseren Leuten in der NS unterzubringen, wir müssen wissen, was dort vorgeht.« Da verstand ich und sagte spontan: »Nie im Leben. Du kannst mich bitten, um was du willst, aber nicht darum. Zum Ersten ist mir der Gedanke daran schon unerträglich, und zum Zweiten werden die Nazis mir nicht glauben, sie werden sofort Lunte riechen.« Das war ziemlich sicher. Zwei, drei Jungs von *Viking* hatten sich zur NS gemeldet, und ich hatte mehrere Male mit ihnen geredet, um sie umzustimmen. Die Deutschen würden sich nicht einen Augenblick bluffen lassen.

Und Blytt musste mir darin Recht geben. Er erwähnte die Angelegenheit nie wieder.

Im Laufe des Spätsommers und des Herbstes begann die Organisation Formen anzunehmen. Nun ist »Organisation« vielleicht nicht das richtige Wort. Wir hatten keine Papiere, keine Kartei – nicht ein einziger Zettel konnte in die Hände der Deutschen fallen und uns schaden. Obwohl ich auf diesem Gebiet keine Erfahrung hatte, besaß ich in dieser Hinsicht einen natürlichen Selbsterhaltungstrieb, und schon von Beginn an wusste ich jedenfalls, wie ich es *nicht* machen würde. Wie ich jedoch vorgehen *sollte*, lernte ich von dem damaligen Hauptmann Mons Haukeland. Obersturmbannführer Behrens von der Gestapo gab mir nicht viele Gelegenheiten, mich zu freuen, aber einmal geschah es doch, nämlich, als er seine eigene Dummheit entlarvte. Er schrie mich an:

»Mit Offizieren wie Haukeland ist es kein Wunder, dass die norwegischen Offiziere so schlecht Widerstand leisteten, wie sie es taten. Ein solcher Idiot ...«

Die Sache war die, dass die Gestapo zu einem früheren Zeitpunkt einen Verdacht gegen Haukeland gehegt und ihn zum Verhör geholt hatte. Er hatte Behrens ausmanövriert, indem er wie ein hoffnungsloser Schwachkopf aufgetreten war. Jedes Mal, wenn der Gestapomann eine Frage stellte, bekam er eine Antwort, die mit der Sache überhaupt nichts zu tun hatte, und schließlich hatte Behrens aus reiner Erschöpfung aufgegeben.

Im täglichen Leben war Haukeland jetzt Sportlehrer an einer Schule in Bergen, aber hinter den Kulissen wurde er zum Chef der Abwehrorganisation *Milorg* im Vestland. Ab dem Zeitpunkt, an dem wir eine Organisation aufgestellt hatten, stand ich in direktem Kontakt zu Haukeland und bekam alle meine Anweisungen von ihm.

Und Haukeland skizzierte für mich die Vorgehensweise, die mit der Zeit zum Modell für alle illegale Arbeit in Norwegen und anderen besetzten Gebieten wurde. Ich sollte eine Truppe von 110 Mann organisieren, aber ich sollte nur über eine Hand voll von ihnen Genaueres wissen. Er schlug vor, dass ich Kontakt mit 5 Männern aufnehmen sollte, auf die ich mich verlassen konnte, und dass dann jeder dieser Männer für sich eine Gruppe gründen sollte. So sollte unsere Arbeit sich ausbreiten wie Ringe auf dem Wasser, wenn man einen Stein hineinwirft. Im Falle einer Aufdeckung würde es möglich sein, den Schaden zu begrenzen.

Das war ein Modell nach meinem Herzen.

Die fünf Männer, für die ich mich entschied, waren alle Mitglieder von *Viking*, tüchtige Sportler, die, wie ich wusste, einiges aushalten konnten. Ich erzählte ihnen nur das Nötigste und gab ihnen ansonsten die Anweisung, sich selbst und ihre Mannschaft in Form zu halten.

Wenn die Invasion käme und sie gebraucht würden, sollten sie Bescheid bekommen, wo wir uns treffen würden – bis dahin war der Treffpunkt, ein Ort beim Fusafjord, ein Geheimnis.

Nun war dies kein besonders spannender Auftrag für durchtrainierte Sportler in Topform, die vor Einsatzwillen bebten. Aber im Spätsommer und Herbst 1940 lebten wir ständig in dem Glauben, dass die Engländer gleich um die Ecke waren, und wir gingen in jugendlichem Eifer an die Aufgabe heran.

Wenn Nina und ich unterwegs waren, konnten wir auf Gruppen im Wald oder auf dem Berg stoßen. Ich wusste ja eigentlich nicht, wer meine Leute waren, aber in der Regel tauchten sie mit den ausgewählten fünf Burschen an der Spitze auf, und dann verstand ich. Sobald mich diese Männer erblickten, wurde ihr Blick gleichgültig, als ob ich ihnen ganz fremd wäre, und dann änderten sie den Kurs und zogen die Burschen mit sich in einem mörderischen Spurt durch das nächste Wäldchen. Die Burschen mussten ohne Zweifel annehmen, dass ihre Leiter nichts mit mir zu tun hatten.

Dazu hatte ich den Waffentransport – für lange Perioden konnte der Dimensionen annehmen, die mir fast zu viel wurden. Unermüdlich errichtete ich Waffendepots um Bergen herum. Aber dann folgte gewöhnlich wieder eine ruhigere Periode.

Aus London wurden wir gebeten, Geduld zu haben. Zu dieser Zeit waren die Radioapparate eingezogen worden, aber durch eine Laune des Schicksals hatte ich gerade einen neuen gekauft gehabt, und den lieferte ich den Deutschen ab. Den alten versteckte ich oben im Turm des Versicherungsgebäudes. So konnte ich jeden Tag London hören. Die Parole von dort hieß »passiver Widerstand« – was immer auch damit gemeint war. Es gab viele Gründe dafür, dass wir es unvernünftig fanden, uns mit einem stummen Protest zu begnügen. Erstens wegen der Stimmung im Volk, dem neuen Zusammengehörigkeitsgefühl. Das war ein so positiver Impuls, dass er sozusagen auf eigene Faust nach Ausdrucksformen suchte. Zweitens konnten die Parolen in all der Zeit, da wir die

Waffenlieferungen aus England bekamen, kaum ganz ernst gemeint sein. Und außerdem – bald käme die Invasion, der Gedanke ließ uns nicht los, der war Tag und Nacht in uns.

Ich hatte einen guten Freund, Arne Arnesen, der in der Buchhandlung Giertsen arbeitete. Er verschaffte mir verschiedene Land- und Seekarten über Bergen und Umgebung und die Küstenstriche, und als Mitglied in der Invasionsvorbereitungstruppe begann ich herumzuradeln und mir eine Übersicht über Kanonenstellungen, Militärlager, Arsenale und so weiter zu verschaffen. Oft war ich bei diesen Expeditionen mit Finn Blytt zusammen, andere Male war ich allein. Alle Informationen, die wir zusammentragen konnten, zeichneten wir in die Karten ein, und dieses Material wurde mit den Jungs, die hinüberreisten, nach England geschickt.

Ein paar Monate lang arbeitete ich mit einem meiner besten Kameraden zusammen, Bjarne Iversen, und das ist eine Geschichte für sich.

Bjarne war Flieger, und als der Krieg nach Norwegen kam, war er als Pilot auf einem Walfänger in Sydishav stationiert. Das Schiff war auf dem Weg in die USA, als Norwegen besetzt wurde, und man kann davon ausgehen, dass Bjarne darauf brannte, einen Kriegseinsatz zu machen. Aber zuerst wollte er heim nach Norwegen und seine geliebte Nelly heiraten.

Der Rest der Geschichte könnte in Hollywood gemacht worden sein: Der Bursche will für sein Land kämpfen, sogar dafür sterben, wenn es sein muss, aber zuerst müssen die Alliierten so liebenswürdig sein, ein bisschen zu warten. Er besteigt ein Schiff mit Kurs auf Finnland, gelangt nach Petsamo und von dort hinüber nach Norwegen. Und dann schwebt er auf den Flügeln der Liebe Richtung Süden, überwindet tausend Hindernisse, von denen jedes für sich einen weniger verliebten Mann auf der Stelle in die Klauen der Gestapo gebracht hätte. Und eines schönen Tages ist er in Bergen und ruft bei Nina und mir an.

Bjarne bleibt zwei Monate bei uns, und er bekommt seine Nelly. Er hat das verdient, finde ich.

Und jetzt hat er wieder die Seelenruhe, an den Krieg zu denken. In den Monaten, die er bei uns verbringt, macht er so ziemlich alles zwischen Himmel und Erde, was man sich vorstellen kann, und bald ist er in so viel illegale Arbeit verwickelt, dass ihm der Boden unter den Füßen zu heiß wird.

Eines Abends sitzen wir im Torkildsens-Café am Strandkai und nehmen Abschied, am Tag danach geht er in Masfjord an Bord eines Schiffes, zusammen mit dem damaligen Oberst Reidar Kvinge.

Drei Tage später ist ihm die Gestapo auf der Spur, aber da geht Bjarne bereits in England an Land.

Selbst ein Drehbuchautor würde hier aufhören, aber wir tun das nicht: 1943 sind Nelly und ihre Schwester Alma im Winterurlaub in Valdres. Es ist Sonntag und sie stehen in der Hotelhalle, haben gerade bezahlt und wechseln einige Worte mit dem Wirt. Nelly wirft einen Blick in den Spiegel, um ihr Haar zu richten. Im Spiegel überblickt sie die breite Treppe, die vom Obergeschoss herunterführt, und da kommt ein Mann, eine wohl bekannte Gestalt – Bjarne! Ihre Blicke treffen sich, und sie tun so, als ob nichts wäre. Bjarne nimmt eine Zeitung und schlendert wieder hinauf. Die anderen haben nichts gemerkt.

Nelly dreht sich um und sagt bestimmt: »Alma, ich bleibe noch eine Woche hier.«

Alma glaubt, ihre Schwester sei verrückt geworden. Sie versucht das Mädchen zur Vernunft zu bringen, weist darauf hin, dass die Koffer gepackt sind und die Rechnung bezahlt ist – piept es bei ihr?

Aber Nelly besteht darauf und eine kopfschüttelnde Alma muss allein heimfahren.

Was war geschehen? Bjarne war mit einem Sonderauftrag gemeinsam mit Erling Lorentzen und anderen nach Norwegen zurückgekommen. Unter allen Orten im Land waren sie ausgerechnet in Valdres gelandet, und unter allen Hotels in Valdres hatte Bjarne dasselbe ausgesucht wie Nelly – die Chancen dafür waren normalerweise dieselben, wie mit einer Binde vor den Augen ins Ziel zu schießen.

Das ist, wie man sieht, eine ganz außergewöhnliche Liebesgeschichte. So durften Nelly und Bjarne noch einmal Flitterwochen feiern, und den ganzen Krieg hindurch behielt Nelly das für sich. Heute ist Bjarne Iversen bei der *Scandinavian Airlines* in Bergen angestellt und er und Nelly sind glückliche Eltern von zwei erwachsenen Kindern. Nina und ich standen für beide Pate.

Die Monate vergingen und die Deutschen prägten das Stadtbild in zunehmendem Grad. Sie marschierten im Gleichschritt durch die Straßen und sangen mit einer Entschlossenheit, die man allen Grund hatte, ernst zu nehmen: »Wir fahren gegen Engeland …«

Mit der Zeit breitete sich die Bereitschaft zum Widerstand immer mehr aus. Die Jugendlichen von *Viking* kamen zu mir und baten um Hilfe. Sie hatten es satt, auf die Invasion zu warten, sie wollten hinüber nach England – hatte ich Kontakte? Ich verstand sie so gut. Bald war ich Reeder. Ich kann mich nicht erinnern, dass ich mich darum bemühte, es ergab sich nur so. Eines Tages hörte ich von einem Schiff, das zur Verfügung stand, ich redete mit den Leuten, auf die ich vertrauen konnte, und bevor ich die Konsequenzen ganz verstand, waren die ersten Männer abgeschickt.

Damit war die »Reederei« etabliert.

Es ist erschreckend zu entdecken, wie schnell man auf einzelnen Gebieten lernt. Wohnt in uns allen ein Bandenführer? Während des Herbstes und frühen Winters 1940 hatte ich mir ein Netz von Kontakten in der nächsten Küstenumgebung geschaffen, unter anderem in Storebö, Rubbestadneset, Kvinge, Austevoll und mehreren anderen Orten, und es war ein wesentlicher Punkt, dass ich persönlich diese Orte nie besuchte. Wenn ein Schiff gefasst werden sollte, würde das ein isolierter Fall sein. Schaffte es die Gestapo dagegen, auf meine Spur zu kommen, würde man riskieren, dass ich den ganzen Apparat zersprengte und verriet.

Ich musste mich auch gegen Provokateure wappnen. Wenn mich jemand um einen Transport bat, musste ich die Garantie haben, dass er auf der richtigen Seite stand. Das führte einmal zu der wunderlichen Situation, dass ich den Widerstandskämpfer Shetlands-Larsen selbst abwies: Eines Tages läutete es an der Wohnungstür und draußen stand ein bescheidener Bursche mit dem Hut in der Hand, den ich vorher noch nie gesehen hatte. Er erzählte, dass ihn mein Bruder Martinius zu mir geschickt hätte, sie arbeiteten zusammen im Valsewerk in Bergen. Und so komme er in seinem Auftrag her. Martinius habe zu ihm gesagt, dass ich ihn hinüber nach England bringen könne. Ich würde ihm eine Überfahrt besorgen.

»Aha«, sagte ich, »sagt Martinius das.«

»Ja, ich sollte nur zu dir gehen, dann wäre die Sache in Ordnung.«

Hier war etwas, das nicht stimmte.

»Ich werde dir etwas anvertrauen«, sagte ich. »Ich hätte große Lust, selber nach England zu fahren, aber ich wüsste nicht, wie ich dahin kommen sollte.«

Er verzog sich enttäuscht in die Dunkelheit.

Das nächste Mal traf ich Shetlands-Larsen im Linge-Klub in Bergen 1947. Er erkannte mich wieder und im Laufe des Abends kam er zu mir.

»Magnusson«, sagte er. »Da ist etwas, worüber ich in all diesen Jahren nachgegrübelt habe. Warum wolltest du mich an dem Abend nicht annehmen?«

»Das werde ich dir sagen. Du vergaßest das Wichtigste.«

Er runzelte die Stirn und dachte nach.

»Oh, verflixt, das Fünförestück!«

Genau. Den Leuten, die zu mir geschickt wurden, wurde ein kleines Ritual auferlegt: Aus der linken Hosentasche sollten sie ein Fünförestück herausziehen und mir die Kronenseite zeigen. Das hatte er vergessen.

Wie der Leser schon gemerkt haben wird, glückte es Shetlands-Larsen, ohne meine Mitwirkung nach England zu kommen.

Aber zur Verteidigung des Fünförestückes muss ich auch eine

andere Episode erwähnen. Eines Tages bekam ich Besuch von zwei Männern, die auch nicht taten, was sie sollten, und ebenso wie Shetlands-Larsen mussten sie unverrichteter Dinge wieder abziehen. Sie nahmen den Personenaufzug hinunter und ich nahm den Materialaufzug und folgte ihnen. In sicherem Abstand folgte ich ihnen durch die Stadt, bis sie im NS-Gebäude verschwanden …

Und wieder vergehen Monate.

In gleichmäßigen Abständen schicke ich Menschen nach England hinüber, ich muss mich um die Waffen kümmern und Kontakt mit den 110 Männern halten, die sich ständig im Training befinden. Und wieder wird es Frühling.

Eines Tages gehe ich ins Gestapohaus in Veiten, ich habe dort etwas zu erledigen. Es ist Ausgehverbot ab 21 Uhr und ich brauche einen »Schein«, eine schriftliche Erlaubnis, um meine Schwiegermutter abzuholen, die eine Stunde später mit dem Schiff ankommt. Die schwere Tür knallt hinter mir zu. Früher hatte sich die Industrie- und Handelskammer von Bergen in dem Gebäude befunden. Das Unbehagen sitzt in den Wänden, in der Luft – ich bilde mir ein, das Echo von Schreien zu hören, bin angesteckt von der kalten Angst, mit der die Atmosphäre geladen ist. Der Gestapomann am Schreibtisch stempelt ein Papier ab und wirft es mir zu.

»Nina«, sage ich, als ich heimkomme. »Das Haus – das ist die Hölle. Ich bete zu Gott, dass ich nie mehr diese Türschwelle passieren muss.«

Aber das werde ich. Ich werde lernen, diese Türschwelle zu hassen und zu fürchten, wie ich noch nie in meinem ganzen Leben etwas gehasst und gefürchtet habe.

Mein Tag ist bald gekommen.

Kristian Stein – das Spiel beginnt sich auszudehnen

Einige Wochen später hörte ich zum ersten Mal die Alarmglocken läuten. Das war, als Finn Blytt verhaftet wurde. Am nächsten Tag saß ich im Zug nach Haugastöl, mit einem Fahrrad im Gepäckwagen und Rucksack und Angelrute neben mir. Falls jemand fragte, wollte ich in den Urlaub.

Der alte Blytt muss ein glücklicher Mensch gewesen sein. Sein ganzes Leben lang und in all seinem Tun hatte dieser stolze Mann auf die Sportjugend gesetzt; diese sollte die Zukunft des Landes auf ihren Schultern tragen. Und so wuchsen auch seine eigenen Söhne auf, als lebende Beispiele für das, woran er glaubte. Seit dem ersten Kriegstag hatten Finn und Björn aktiv am Widerstand teilgenommen, sie waren treibende Kräfte in der illegalen Arbeit. Und jetzt sollte Finn der ganzen Welt zeigen, dass es in einem Menschen Qualitäten gab, die nicht einmal die Deutschen zu zerstören vermochten.

Die Gestapo ging auf Finn los, Woche für Woche. Was wusste er von den Englandfahrten, von den Waffenübungen? Er wurde geschlagen und getreten, auf die Folterbank gelegt, mit Tod und Teufel bedroht, alles vergeblich. Jeden Morgen sah er seine Sportskameraden vor sich, die zu retten oder in den Untergang zu schicken in seiner Macht stand, und wenn die Gestapoleute ihn zu einem neuerlichen Verhör schleppten, hielt er an dem einen Gedanken fest: Verrate niemanden, halte um jeden Preis den Mund, was Oscar und die anderen betrifft.

In diesen Tagen, während Finn seinen einsamen Kampf kämpft, um mein Leben und das der anderen zu retten, schlendere ich mit Angelrute und Schlafsack über die Hardangervidda.

Ich halte bei schäumenden Stromschnellen an und spiele mit

der blanken Forelle, strecke mich im Moos und Heidekraut aus und verfolge eine Wolke am Himmel, die bald eine Möwe, bald ein Schiff auf dem Weg zu einem fernen Horizont ist. An den Abenden zünde ich ein Feuer am Ufer an. Ich brate Fisch am Spieß, wühle eine Brotrinde hervor, bevor ich mich an einem moosbewachsenen Stein zusammenrolle und unter einem Dach von bleichen Sternen einschlafe.

Tag folgt auf Tag. Eines Morgens bei Tinnhölen steht er da, ein gebückter Alter in blauem Arbeitskittel. Er zeigt mir die Steinhütte, die die Vorväter einst errichteten, als die Welt noch jung war.

Wenn ich sie nicht verschmähte – hier wäre Platz für uns beide.

Wir sind draußen und werfen sein Fischernetz aus, das gibt den Tagen Inhalt. Schneiden den Fisch den Bauch entlang auf und waschen ihn, bevor wir ihn ausbreiten und in die Tonne legen, alles nach seiner Gewohnheit. Danach machen wir Feuer zum Kaffeekochen. Und beim Feuer belehrt mich der Alte darüber, wie man die *Rakörret* zubereitet, eine halb gare, eingesalzene Forelle, und wir reden in einfachen Worten über das Leben.

Nach vierzehn Tagen sage ich ihm Lebewohl und ziehe weiter nach Dyranut. Keine Nachrichten aus der Stadt. Ich pflücke Unmengen von Multebeeren, ein handgreiflicher Beweis für Urlaub und Unschuld, werfe mich aufs Fahrrad und fahre nach Haugastöl. Wir haben dort einen Kontaktmann, einen Telegrammboten; er kann bestätigen, dass Finn dichtgehalten hat.

Ich reise zurück nach Bergen. Drei Wochen lang bin ich weggeblieben und die Gestapo hat mich nicht vermisst.

Finn Blytt kam damals mit dem Leben davon und im Spätsommer wurde er – unglaublich genug – auf freien Fuß gesetzt. Sobald er dazu gesundheitlich in der Lage war, war er wieder mit Schwung bei der illegalen Arbeit.

Ich war in Deutschland, als er erneut verhaftet wurde. Das war 1943.

Auf dem Weg im Aufzug hinauf in die Folterkammer fasste er seinen Beschluss. Er wusste, dass die Gestapo diesmal gute Karten auf der Hand hatte, dass sie keine Mühe scheuen würde, die

Wahrheit aus ihm herauszubringen. Und bei dem Gedanken an die Hölle, die ihm bevorstand, bekam er Angst, dass er es nicht noch einmal schaffen würde. Als er im 4. Stock aus dem Lift herauskam, riss er sich von den Wächtern los, lief über den Gang und warf sich durch das Fenster.

An jenem Tag ging ein großer Sportler für seine Kameraden in den Tod.

Einige Wochen später läuteten die Alarmglocken zum zweiten Mal. In der Nacht zum 2. Oktober begann dic Zerschlagung der Stein-Organisation, und wenn ich sofort meiner inneren Stimme gehorcht hätte und an Bord eines Schiffes nach England gegangen wäre, wäre das, was mich jetzt erwartete, vielleicht nie geschehen.

Aber ich entschied mich zu bleiben. Eigentlich hatte ich wenig Verbindung zu Kristian Stein gehabt, diesem merkwürdigen Original, der glaubte, man könne eine der größten Widerstandsgruppen des Landes führen wie in Friedenszeiten eine Pfadfindertruppe.

Ehe ich erzähle, was weiterhin mit mir geschah, muss ich ein paar Worte über diesen tapferen und herzensguten – und gleichzeitig so naiven – Mann sagen.

Kristian Stein war Angestellter im Postamt Bergen, als der Krieg ausbrach. Er war ein großer, hellhaariger, charmanter Kerl, »ein guter Mensch mit einem reinen Sinn«, wie später über ihn geschrieben wurde, und es fiel ihm wohl selten ein, einen bösen Gedanken über jemanden zu hegen. Er genoss sein Familienleben, legte Wert auf gute Freunde und harmlose Scherze, und das war es.

Einige Monate nach Kriegsausbruch hatte dieser Mann eine Organisation von mehreren hundert Mitgliedern auf die Beine gestellt, auf die ganze Vestlandsküste verteilt, und es war unglaublich, was er alles tat: Organisation der Englandfahrten, Vertrieb illegaler Zeitschriften, Waffentransporte, Waffenübungen, Spionage, Betrieb heimlicher Nachrichtensender, die Berichte nach England übermittelten – sogar die Aufsicht über Sanitätsgruppen gehörte dazu. Das, was wir anderen auf die Beine stellten, wirkte im Vergleich dazu geradezu armselig.

Kristian Stein war ohne Zweifel ein Organisationstalent, ein Mann mit seltenen Führungsqualitäten, und es ist nur schade, dass er sich nicht in einem freien Norwegen entfalten konnte – wo er eigentlich hingehört hätte. Wie auch über ihn geschrieben wurde: »Es ist gut, solche Männer zu treffen, aber der Kriegsgott kann rau mit ihnen umgehen, er hat keinen Respekt vor dem Guten.« Treffende Worte!

Mehrere Male kam Kristian Stein zu mir und wollte mich für seine Organisation gewinnen, und jedes Mal war die Antwort Nein. Dann glaubte er vielleicht, dass ich mich aufplusterte und Forderungen stellte, und er lockte mich mit einer Führungsposition, aber ich war unerschütterlich. Er verstand das nicht.

»Ich kenne mich bei dir nicht aus, Oscar«, sagte er eines Tages zu mir, als wir uns auf der Trabrennbahn trafen. »Hier haben wir dir einen großen Organisationsapparat anzubieten, das wäre doch besser, als auf eigene Faust zu arbeiten, wie du es machst …« Und er legte begeistert über die Menschen los, die sich ihm angeschlossen hatten, nannte bekannte Namen, prima Kerle alle miteinander. Da stand Nina und hörte ihm zu und die ganze Zeit winkte und lächelte er Freunden im Publikum zu. Ich fühlte, wie mir kalte Schauer über den Rücken liefen.

So ganz allein war ich ja nicht, aber das sagte ich ihm nicht. Dagegen bekam ich eines Tages eine ungemütliche Aufforderung; sie kam von hoher Stelle und ich konnte sie nicht ignorieren. Es hieß, dass Stein außer Landes müsse, er könne jederzeit gefasst werden. Eine Aufdeckung könne tief greifende Konsequenzen haben. Ich solle ihn überreden zu fliehen und außerdem solle ich alle kompromittierenden Papiere und anderes Material sicherstellen.

Wie gesagt, Kristian Stein war in seiner ganzen Art ein geradliniger Mann, ein Prachtmensch, und er besaß ohne Zweifel persönlichen Mut. Er war eine Führernatur von der Art, zu der einfache Soldaten mit Hingabe hinaufblicken, er inspirierte sie und ging als leuchtendes Beispiel voran. Aber gerade weil er selbst so reinen Herzens war, lebte er in der Illusion, dass auch die Gestapoleute anständigen Spielregeln folgten. Er war außerstande, ihr satanisches Wesen auch nur zu erahnen, er hatte keine Vorstellung davon. Wurde man erwischt, gut, so war das eine persönliche Angelegenheit und ein Teil des Risikos; früher oder später kam man wieder frei und das Spiel konnte weitergehen.

Das Verhalten der Deutschen hatte ihn den einen und entscheidenden Punkt nicht gelehrt, dass man auch seinen Selbsterhaltungstrieb im Kampf gegen sie mobilisieren musste. Er glaubte, dass die Gestapoleute im Grunde auch Menschen waren, das war der einzige Fehler, den Kristian Stein machte – mit verhängnisvollen Folgen.

Ich wusste, dass er eine Art Büro im 4. Stock in Benjamin Johansens Haus in Torvalmenning hatte, und eines Tages ging ich hinauf, klopfte an die Tür und spazierte hinein. Es war noch schlimmer, als ich gedacht hatte. Kristian Stein saß an einem Schreibtisch, nett und liebenswürdig, als wäre ich ein Kunde im Postamt. Er kam mit ausgestreckter Hand auf mich zu und strahlte vor Freude, dass ich bei ihm vorbeischaute. Hinter ihm an der Wand hing ein Bild von König Haakon und dem Kronprinzen, die bekannte Fotografie an der Birke bei Nybergsund – es war, als bekäme man einen Kübel kaltes Wasser ins Gesicht.

Er zeigte mir alles: Hier war die Mitgliederkartei (er zog Schubladen mit Namen und Daten auf zierlichen Kärtchen heraus), da waren Landkarten, illegale Zeitschriften und und und …

Er erzählte mir von Kennzeichen und Ringen, die sie jetzt machen ließen, damit die Mitglieder leicht identifiziert werden konnten. Traf man auf ein unbekanntes Mitglied der Organisation, konnte man sofort am Ring oder am Zeichen auf dem Jackenaufschlag merken, dass er ein Gesinnungsgenosse war.

Ich versichere, dass ich eine Gänsehaut bekam. »Hör zu, Kristian«, sagte ich, »du musst einsehen, dass das der reine Wahnwitz ist. Es braucht nicht viel mehr, als dass ein Nazi durch eine falsche Tür geht, und die Organisation ist aufgedeckt. Alles muss weg, verbrenn es, und du selber tauch unter. Flieh, Kristian, ich verschaffe dir ein Schiff!«

Es war nutzlos. In dem Augenblick war einer seiner engsten Mitarbeiter, Ole Agdesteen, dazugekommen und beide versuchten mir geduldig zu erklären, dass ich die Gefahr überschätzte. Die Verwaltung habe eine reine Weste, sie seien erwachsene Männer und wüssten, was sie täten, und was die Flucht betraf, sei Kristian Stein nicht der Mann, der mit eingezogenem Schwanz davonliefe. Ich hielt es nicht länger aus, ihnen zuzuhören. Ich ergriff einen Papiersack, zog die Archive heraus, stopfte sie hinein und ging mit dem Packen unter dem Arm zur Tür. Dort standen Agdesteen und Stein und versperrten mir den Weg. Wenn ich damals gewusst hätte, was ich heute weiß, hätte ich wahrscheinlich den Kampf aufgenommen. So aber ließ ich den Packen los. Ich konnte mit ihnen diskutieren, starke Worte gebrauchen, aber kämpfen wollte ich nicht.

Ich schob sie zur Seite und ging meines Weges, mit einem wehen Gefühl im Herzen.

Vor dieser Begebenheit war ich bei zwei oder drei Gelegenheiten imstande gewesen, der Stein-Organisation Beistand zu leisten. Ich hatte einen Teil der Männer mit Waffen versorgt, und in einer Notsituation hatte ich eine Unterkunft für 27 Mann besorgt, die in aller Eile nach England mussten. Ich erwähne das, um deutlich zu machen, dass ich mit Stein und seinen Leuten auf gutem Fuß stand. Es gab keine Meinungsverschiedenheiten zwischen uns, außer was die Methoden betraf. Und auch nach dem stürmischen Auftritt in Steins Büro hörte ich nie ein böses Wort von einem von ihnen. Im Gegenteil, es sah so aus, als ob Stein irgendwie größeren Respekt vor mir bekommen hätte. Nur so ist das zu erklären, was bald geschehen sollte.

Das Ende für die Stein-Organisation kam schnell. An einem der letzten Septembertage hatte Stein Besuch von einem Mann bekommen, der angab, Nilsen zu heißen. Er bat darum, in die

Widerstandsbewegung aufgenommen zu werden. Er behauptete, von Alesund geflüchtet zu sein, nachdem die Organisation dort aufgeflogen war. Es kam bald heraus, dass der Mann nicht der war, für den er sich ausgegeben hatte, aber da war das Unglück schon passiert. Der Spitzel Marino Nilsson hatte den Deutschen die Informationen verschafft, die sie brauchten, und in der Nacht zum 2. Oktober schlugen sie zu.

Der Erste, der verhaftet wurde, war Kristian Stein. Die Deutschen umzingelten das Viertel, in dem er wohnte, und das war es! Die Organisation hatte keine Chance, sie war ein Koloss auf Lehmfüßen. Am ersten Tag wurden circa fünfzig Mann verhaftet, und die Zahl wuchs von Tag zu Tag, bis die Gestapo über zweihundert »Stein-Jungs« in ihrer Gewalt hatte. Bergen war in einem Schockzustand.

Ich bekam die Nachricht früh am Morgen, und ich erhielt den Auftrag, auszurücken und die Überreste bergen zu helfen. Im Nu war ich angezogen, aber alles war schon in Auflösung begriffen. Die Deutschen wussten über jeden einzelnen Mann Bescheid. Sie schlugen in der ganzen Stadt zu wie der Blitz ins Haus, und als ich Richtung Bryggen davonlief, standen Angst und Verzweiflung in jedem Gesicht zu lesen, dem ich begegnete. Es war ein Alptraum!

Vor der Privatbank rannte ich fast Sverre Nielsen nieder, der stellvertretender Vorsitzender der Organisation und Steins rechte Hand war. »Bist du wahnsinnig, Mann?«, schrie ich. »Was machst du jetzt noch in der Stadt? Geh in Deckung, Mensch, verschwinde!«

»Ich muss mit dir reden«, sagte er. »Ich habe Anweisungen von Kristian.«

»Nicht hier.« Ich zog ihn in eine Querstraße bei Korskirkealmenning.

»Du musst begreifen«, sagte ich, »dass sie dich auf der Liste haben, wahrscheinlich sind sie dir schon auf der Spur. Wenn du hier bleibst, bist du verraten und verkauft.«

»Kristian sagt nichts, er verrät uns nie«, meinte Nielsen.

Seine Naivität war himmelschreiend.

»Niemand weiß vorher, wie viel Folter er aushält, Sverre, und schau dich doch um – am laufenden Band werden Leute verhaftet; es ist Wunschdenken zu glauben, dass ausgerechnet du davonkommen wirst.«

Er schüttelte nur den Kopf. »Wir müssen weitermachen«, sagte er. »Und ich habe von Kristian Stein den Auftrag bekommen, zu dir zu gehen. Für den Fall, dass er erwischt wird, sollte ich dich bitten, die Führung zu übernehmen.«

Ich wusste nicht, ob ich lachen oder weinen sollte. »Aber verstehst du denn nicht, dass die Organisation gesprengt ist? Da gibt es nichts zu führen. Sie ist erledigt, kaputt!«

»Du irrst dich, Oscar, das geht vorüber.«

»Hör mich an! Jetzt verduften wir beide. Fahr nach Kvinge oder Rubbestadneset, dann komme ich nach und regle das mit dem Schiff.«

»Es tut mir Leid, Oscar, ich muss hier bleiben.«

Es war nichts zu machen. Ich hätte genauso gut zu einer Wand sprechen können. Am selben Abend wurde er gefasst.

Es gelang, einige Waffen und ein paar Gegenstände von geringer Bedeutung zu bergen, nichts Besonderes. Die Männer, die noch nicht verhaftet worden waren, versuchten, so gut sie konnten, aufzuräumen, ich und andere halfen bei Bedarf mit. Jeden Tag hörten wir von neuen Verhaftungen und jeden Tag wurden weitere Gruppen in die Versenkung geschickt, es war ein Wettlauf mit der Zeit.

Wir lebten drei, vier Wochen auf diesem Vulkan, als die Meldung kam, dass fünf Männer, unter ihnen Alfred Flöysand und Dagfinn Vassenden, außer Landes mussten – die Gestapo hatte noch ein Knäuel aufgewickelt. Schiffe waren nach dem starken Verkehr im letzten Monat nicht aufzutreiben, aber wir alarmierten einen Kontaktmann im Schärengürtel, und der antwortete, wir sollten die Männer hinüberschicken, dann würde er versuchen, einen Weg zu finden. Das war nicht sehr aufmunternd, aber wir hatten keine Wahl. Flöysand und Vassenden mussten weg.

Es war so, dass diese zwei Männer die Passabteilung der Stein-

Organisation verwaltet hatten. Damals hatten die Deutschen den so genannten Grenzzonenausweis eingeführt, um den ganzen Lokalverkehr des Landes unter Kontrolle zu haben, und diese Regelung hatte sich sehr nachteilig auf die Widerstandsgruppen ausgewirkt. Immer, wenn wir einen Mann nach England schicken wollten, musste er zuerst mit einem der Lokalschiffe hinaus in den Schärengürtel fahren zu einem näher bezeichneten Ort, aber auf den Lokalschiffen wurde kontrolliert, und wenn er keinen Grenzzonenausweis hatte, wurde er sofort verhaftet. Nun lag es in der Natur der Sache, dass wir nicht jedes Mal, wenn wir ein solches Dokument benötigten, zu den öffentlichen Büros gehen konnten. Also waren wir gezwungen, unser eigenes Passamt einzurichten. Einige Männer der Stein-Organisation hatten sich der Sache angenommen. Eines Nachts schlichen sie sich ins öffentliche Passamt in der alten Lungegardenschule, nahmen alle Stempel, kopierten sie in einer Kopierwerkstatt, brachten sie wieder zurück und schlossen die Türen sorgfältig hinter sich zu. Die nötigen Formulare wurden bei der Polizei und bei Beyers Buchhandlung geholt und bald war die Widerstandsbewegung in Bergen auf diesem Gebiet Selbstversorger.

Die Deutschen durften davon nichts erfahren, um keinen Preis. Die Grenzzonenausweise waren für den ganzen Englandverkehr von wesentlicher Bedeutung, und wir konnten nicht riskieren, dass Flöysand und Vassenden erwischt und vielleicht unter dem Verhör zusammenbrechen würden. Sie mussten weg.

Wir wagten es nicht, sie mit dem regulären Fährverkehr wegzubringen, aus Furcht, die Deutschen könnten sie erwischen. Die einzige Möglichkeit war, sie im Schutz der Dunkelheit an Bord zu schmuggeln. Wir entschieden uns für das Fährschiff *Blomvag*, das am nächsten Tag um 14 Uhr Bergen verlassen sollte. In der Nacht tauchten sie aus verschiedenen Richtungen am Kai auf, es waren fünf Männer, die nach England sollten, und einige andere, die von ihnen Abschied nehmen wollten. Es blies ein scharfer, feuchter Westwind und wir fröstelten, als wir uns hinter dem Lagerhaus die Hände reichten.

In diesem Augenblick – in der Nacht zum 4. November – war mein Schicksal besiegelt. Vassenden gab mir das Paket mit den Stempeln und dem Rest der Ausrüstung für die Grenzzonenausweise.

»Gut«, sagte ich, »aber erzähl keinem Menschen, dass ich es bin, der sie hat, auch nicht in England. Wenn einer einen Pass braucht, werden wir ihm schon trotzdem helfen können.«

Es gab nichts mehr zu reden, die fünf Mann nickten Lebewohl und verschwanden in der Dunkelheit. Wir trennten uns und zogen heimwärts. Zwei Tage später hatte die Gestapo einen ausführlichen Bericht über alles. Es gelang mir noch, eine letzte Planke für meinen Sarg zu hobeln, bevor ich verhaftet wurde. Die fünf Männer schafften es bis zum Kontaktmann und das Schiff war bereit. Der Eigentümer verlangte aber 3.000 Kronen für die Überfahrt, und Vassenden schrieb mir einen Brief und bat um Hilfe. Aus Sicherheitsgründen war der Brief an einen gemeinsamen Freund, Bjarne Thorsen, adressiert, der kam und mich verständigte.

Es war öfters vorgekommen, dass ich in solchen Fällen betteln gehen musste. Leute, die es sich leisten konnten, gaben mir großzügig, was ich brauchte; sie stellten keine Fragen, und nie wurde über eine Rückgabe gesprochen. Diesmal waren es der Ingenieur Monrad Mjelde und der Kaufmann Harald Maurstad, die ihre Geldbörsen öffneten. Und das Schiff mit den fünfen kam sicher hinüber nach England.

Bevor der Tag um war, waren die Deutschen auch über diese Transaktion voll informiert.

Die Gestapo läutete bei mir am nächsten Vormittag um 12.30 Uhr. Das war am 7. November 1941.

Wie man sich fühlt, wenn man verhaftet wird

Ich war allein in der Wohnung, als sie kamen. Am Vormittag hatte ich bei Koch auf der Bryggen eine Besorgung gemacht, hatte den Mantel aufgehängt und war auf dem Weg in die Küche, um Kaffee zu wärmen. Als es läutete, ging ich in den Gang und öffnete.

Draußen standen der Gestapomann Eckhardt und der Dolmetscher Klein. Hauptscharführer Eckhardt hielt eine Pistole auf mich gerichtet. Mit der anderen Hand schob er die Tür zur Seite, dann machte er mit dem Kopf ein Zeichen in Richtung Wohnzimmer. Ich ging vor ihnen hinein. Ohne die Richtung der Pistolenmündung zu verändern, schaute er sich im Zimmer um, machte ein paar Schritte, kam zurück, betrachtete mich lange.

»Sie sind Oscar Magnusson, ja?«

Er war in voller Uniform, ein kleiner, grauer Mann mit stechendem Blick und markanten Zügen. Die Frage fiel ruhig und emotionslos, als ob ihn die Antwort eigentlich nicht interessierte. Wie reagiert man in solch einer Situation? Ich fürchtete mich nicht, noch nicht. Aber ich verstand, dass etwas Wesentliches mit mir geschah, dass mein Leben von nun an einen neuen Kurs nehmen würde, und ein lähmendes Gefühl breitete sich in meinen Gliedern aus. Die Arme wurden mir schwer und ein eigenartiges Kribbeln setzte sich im Zwerchfell fest. Vielleicht erkannte ich, dass das Spiel verloren war, und gab dem Körper das Signal, sich zu entspannen. So etwas in der Art, ich weiß nicht genau.

»Jawohl«, sagte ich.

Wieder der kalte, abschätzige Blick.

Man wünsche ein Gespräch mit mir – es sei erforderlich, dass ich mitkomme ins Gestapohaus in Veiten. Das erklärte er mir mithilfe des Dolmetschers, der für einen Dolmetscher ziemlich frei übersetzte. Auf die Ursache dafür komme ich später zurück.

Ob ich meiner Frau eine Nachricht hinterlassen könne? Nein. Den Direktor verständigen? Das ließe sich nicht machen. Aber ich sei Hausmeister, sagte ich, ich hätte die Schlüssel für das ganze Gebäude …

Eckhardt nahm den Schlüsselbund, hielt ihn zwischen Daumen und Zeigefinger hoch und ließ ihn auf den Wohnzimmertisch fallen. Er ging zur Seite, zeigte mit der Pistole zur Tür. »Nach Ihnen, mein Herr.« Ich warf einen letzten Blick in das Zimmer und spürte den Druck der Pistole im Kreuz.

So hatte es also angefangen.

Es sollten vier Jahre vergehen, bevor ich wieder ein Bein in dieses Zimmer setzen würde. Aber das wusste ich damals nicht und ich danke Gott dafür.

Zum zweiten Mal überschritt ich die Türschwelle zum Gestapohaus. Ich wurde zum Lift geleitet und in den 5. Stock gebracht, wo sie mich nach rechts einen langen Korridor entlangführten. Vor der zweiten Tür links blieben sie stehen und öffneten sie.

Das Büro war grau und kalt wie Eckhardt selbst und fast spartanisch ausgestattet. Ein Schreibtisch war seitlich vor einem Fenster aufgestellt; auf seiner Kante lag ein Gummiknüppel. Eckhardt setzte sich und wies mir den Platz auf der anderen Seite zu. Hinter meinem Rücken stand ein Bücherregal, wo noch weitere Gummiknüppel lagen, und an der Wand oberhalb des Regals hing eine große Fotografie von Adolf Hitler. An der gegenüberliegenden Wand, also so, dass ich meinen Blick darauf gerichtet hatte, hing ein Bild von Himmler. Ich hatte das Gefühl, als blinzelten die Augen durch die Brillengläser zu mir herab. Das war alles. Kein Bild oder Propagandaplakat, nichts.

Eine breite Tür führte in ein angrenzendes Zimmer, die beiden Räume gingen gewissermaßen ineinander über. Ich hörte, dass dort Leute waren, und im Laufe des Gespräches kam der Gestapomann Behrens herüber und nahm mich in Augenschein. Eckhardt erklärte, wer ich sei, und der Mann umkreiste mich, als würde er ein seltenes Tier untersuchen. Dann verzog er sich wieder nach hinten.

Dolmetscher Klein saß an der Schmalseite des Schreibtisches zwischen mir und Eckhardt. Er hieß eigentlich nicht Klein – ich nenne ihn so, ich muss ihn irgendwie benennen. Er war nach dem Ersten Weltkrieg nach Norwegen gekommen. Da war er ein ausgehungertes Kind, um das sich nette Menschen kümmerten, und er wuchs bei Leuten auf, die ihm nur Gutes wollten. Die Pflegeeltern gaben den Buben in die Lehre, er wurde ein tüchtiger Handwerker, bekam eine leitende Stelle an seinem Arbeitsplatz und die norwegische Staatsbürgerschaft und wurde selbstverständlich für einen guten Norweger gehalten.

Dann kam der 9. April und von der ersten Stunde an wurde er Lakai der Deutschen. Die Gestapo warb ihn als Dolmetscher, aber sein Diensteifer erstreckte sich weit darüber hinaus. Er beteiligte sich eifrig an den Folterungen der Menschen, die die Gestapo herbeischleppte. 5 Jahre lang schwang er den Gummiknüppel über wehrlose norwegische Rücken. Er war ein Ungeziefer. Deshalb ist Klein vielleicht der passende Name für ihn.

Eckhardt führte das Wort.

Während er sprach, nahm er wie zur Zerstreuung den Gummiknüppel von der Schreibtischkante und dann saß er da und klopfte sich selber auf die linke Handfläche. Tock, tock, tock …, leise und gleichmäßig.

Ihr Name, bitte. Ich musste wiederholen, wie ich heiße, meinen Geburtsort angeben, persönliche Daten. Eckhardt verglich meine Angaben hier und da mit einem Papier, das vor ihm lag.

Und dann … – Ob ich Kristian Stein kannte? Nun ja, kannte? Ich wusste, wer er war, mehr nicht. Wusste ich auch, dass Stein verhaftet war? Das konnte ich nicht gut abstreiten. Hatte ich Verbindung mit Kristian Steins Organisation gehabt? Ich hatte keine Ahnung, dass er eine Organisation führte. Nicht? Nein.

Eckhardt stellte die Fragen mit einer Art höflichem Ernst, es war keine Drohung in der Stimme. Aber sein Blick haftete kalt und abschätzig an mir. Langsam bekam ich Angst. Wie viel wussten sie? Wessen würden sie mich anklagen?

Und plötzlich schoss es mir wie ein Blitz durch den Kopf: das Paket mit den Stempeln! Das lag oben im Turm – das musste weg! Aber was konnte ich machen? O Gott, wenn ihnen einfiele, dort zu suchen …

Eckhardt stand auf, warf einen Blick auf den Boden.

»Das ist alles für heute. Führt ihn ab.« Klein zeigte zur Tür und ich folgte ihm hinaus.

Einige Minuten später wurde ich ins Kreisgefängnis von Bergen gebracht. Nie hätte ich gedacht, dass ich mit Freude ins Gefängnis wandern würde. Aber als der Gefängnisbedienstete Finn Larsen die Zellentür aufsperrte und hinter mir hereinschlüpfte, empfand ich in all meiner Angst fast eine Art Triumphgefühl: Eckhardt hatte einen großen Fehler begangen, dass er mich nicht im Gestapohaus behalten hatte, denn hier war Hilfe zu bekommen.

»Larsen«, sagte ich und ergriff seinen Jackenkragen, »du musst mir einen Gefallen tun. Du musst mit einer Nachricht heim zu Nina gehen.«

Am selben Abend war das Paket in Sicherheit. Ohne um den Inhalt zu wissen, entfernte Nina das Paket vom Turm und gab es einem meiner Kontaktleute, Hagbart Schjött junior. Er und Birger Kampevold setzten die Arbeit mit den Pässen fort, bis sie selbst türmen mussten, dann ging die Ausrüstung weiter an Björn Blytt. Auf diese Weise wurden während des ganzen Krieges falsche Pässe ausgestellt, und beim Friedensschluss kam Björn und überließ die Ausrüstung der Polizei von Bergen. Wie vielen das Leben durch diese Pässe gerettet wurde, ist etwas, was bis heute wohl niemand weiß.

Es wurde Nacht im Gefängnis. Ich lag auf der Pritsche, schaute in die Dunkelheit und war mir klar darüber, dass das erst der Anfang war.

Die Begegnung mit einem Kulturvolk

Der nächste Schlag kam am folgenden Vormittag um 10 Uhr.

Eckhardt wechselte den Gesichtsausdruck und dann kam der Gummiknüppel mit Schwung durch die Luft und sauste auf meinen Oberarm nieder. Ich dachte: Passiert das mir?

Ich hatte an diesem Tag einen fast neuen braunbeigen Anzug an, ein weißes Hemd und braune Schuhe. Der Anzug war maßgeschneidert und saß gut, ich war frisch rasiert und gut hergerichtet. Und sie schlugen wieder zu.

Ich war verdattert und schockiert.

Da saß ich – im Verhör bei der Gestapo – und mein Verstand sagte mir, dass sie natürlich schlagen würden, was hatte ich erwartet? Aber gefühlsmäßig reagierte ich wie ein angesehener Bürger im Zustand der Freiheit – ich empfand Ekel und Verwirrung, denn was hier geschah, sprengte all meine Vorstellungen von Menschenwürde: So handelte man doch nicht! Aber sie taten es.

Auf den ersten Schlag folgten weitere, und die Schmerzen ließen mich wach werden. Im Laufe einiger Vormittagsstunden durchlief ich einen tragischen Prozess: Ich bekam Augen für die Bosheit als lebendige Realität unter uns. Eckhardt und Klein und Behrens kannten keine Grenze – sie waren gewillt, einen Mitmenschen in die tiefste Erniedrigung zu stoßen, psychisch und physisch, und nicht einmal dort hörten sie auf. Wenn ihnen der Tod ein Opfer entriss, wollten sie zusehen, dass es ein Tod im Schweinetrog wurde.

Viele Jahre später kam ein Freund zu mir und zeigte mir das Buch *Aufzeichnungen aus einem Totenhaus* von Dostojewski. Dort steht:

»Wer einmal diese Macht, die unbegrenzte Herrschaft über einen menschlichen Körper, über das Fleisch und den Geist eines Menschen, wie man selbst einer ist, der geschaffen wie wir und nach der Lehre Christi ein Bruder von uns ist – wer einmal die Macht und die Freiheit hat, ein anderes Wesen, das gleichfalls ein Ebenbild Gottes ist, bis zur tiefsten Erniedrigung zu erniedrigen der wird unwillkürlich gleichsam machtlos in seinen eigenen Gefühlen. Tyrannei ist Angewohnheit; sie ist mit Entwicklungsfähigkeit begabt und schließlich artet sie in Krankheit aus. Ich bin der Meinung, dass selbst der beste Mensch aus bloßer Gewohnheit bis zum Tierischen verrohen und abstumpfen kann. Blut und Macht berauschen, sie machen den Menschen trunken: Rohheit und Lüsternheit entwickeln sich; dem Gefühl wie auch dem Verstande wird sogar das Anomalste zugänglich und schließlich ein Genuss. Der Mensch und Bürger erstirbt im Tyrannen auf ewig, und eine Rückkehr zur Menschenwürde, zur Reue, zur Wiedergeburt wird für ihn fast unmöglich. Zudem wirkt das Beispiel, die Möglichkeit eines solchen Eigenwillens, auf die ganze Gesellschaft ansteckend: Eine solche Macht ist verführerisch. Eine Gesellschaft, die sich zu derartigen Erscheinungen gleichgültig verhält, ist bereits selbst in ihrer Grundlage vergiftet.«[2]

Dostojewski schrieb diese Zeilen vor langer Zeit. Und dennoch – nie sind die Nazis und ihr wahres Wesen so klar beschrieben worden wie hier. In genau solch eine Hölle war ich nun hineingeraten.

Die Zellentür war um 9 Uhr morgens geöffnet worden, und der Wächter Karl Hansen gab Bescheid, dass die Gestapo hier sei, um mich zu holen. Er klopfte mir freundlich auf die Schultern und brachte mich hinaus.

Und dann saß ich wieder Eckhardt gegenüber und Himmler, der von der Wand herunterblinzelte. Ich war nervös wegen Nina, wegen der Pässe, wegen der Situation ganz allgemein. Welche Anhaltspunkte hatten die Deutschen, was würden sie aus mir

[2] Fjodor M. Dostojewski: Aufzeichnungen aus einem Totenhaus und drei Erzählungen, München 1908, II. Aufl. 1999, S. 290f

herauszubringen versuchen? Das konnte so viel sein – es kam darauf an, ob jemand geredet hatte, und wenn ja, wer. Und dennoch wurde ich total aus dem Gleichgewicht gebracht, als Eckhardt mir die Anklage entgegenschleuderte: Wo war das Schiff, für das ich 3.000 Kronen bezahlt hatte? Wer hatte es mir verkauft? Was wusste ich überhaupt über die Englandfahrten? Zu Beginn hatte er mir dieselbe kalte Höflichkeit gezeigt wie am Tag zuvor, hatte sich eine Zigarette angezündet und einige belanglose Fragen gestellt, vielleicht um sich vorzutasten. Als ich antwortete, dass ich von der Angelegenheit keine Kenntnis hätte, ließ er die Maske fallen.

Er lehnte sich vor, kniff die Augen zu und starrte mich an, als ob er mich hypnotisieren wollte, um auf der Stelle ein Geständnis aus mir herauszubekommen: Ich bräuchte nichts abzustreiten, die Gestapo sei unterrichtet. Es sei das Beste für mich, wenn ich die Karten auf den Tisch legte – jetzt sofort.

Ich wiederholte, dass ich keine Ahnung hätte, weder von der Sache mit dem Schiff noch von irgendwelchen Englandfahrten. Die folgende Stunde verlief ziemlich einförmig. Eckhardt und Klein ließen die Fragen herunterprasseln, rührten immer wieder im selben Thema herum, versuchten mich in Widersprüche zu verwickeln, gaben mir keine Sekunde, um meine Gedanken zu sammeln. Was war mit den 3.000 Kronen? Woher hatte ich sie? Wohin wurden sie gesandt? Wann sollte das Schiff abgehen?

Ich stellte mich unwissend, antwortete möglichst einsilbig, und die ganze Zeit rumorte es in mir: Warum wusste Eckhardt von den 3.000 Kronen, wer hatte es ihm erzählt? Es musste etwas passiert sein – aber was? Dann stand Eckhardt auf, ging auf und ab, blieb stehen und schleuderte mir neue Fragen entgegen.

»Ihr irrt euch«, sagte ich. »Klein, erklär ihm, dass er sich irrt.«

Da schlug Eckhardt zu. Ich sah ihn verblüfft an. Dann Klein. Es war kein menschliches Gefühl in den Gesichtern zu sehen.

Aus dem Seitenzimmer kam Hauptsturmführer Behrens – mit SS-Abzeichen und Totenkopf auf dem Revers. Er beobachtete die Situation mit arroganter Miene, setzte sich an den Schreibtisch und musterte mich.

»Magnusson«, sagte er, »Sie missverstehen da etwas. Wir sind beschäftigte Leute, wir sind nicht an kleinen Fischen wie Ihnen interessiert. Aber es ist unsere Aufgabe, die Angaben zu überprüfen, die wir hereinbekommen, und wir müssen diesen Scheiß aus der Welt kriegen. Angenommen, Sie haben die 3.000 Kronen herbeigeschafft und ein Schiff für den Englandtransport gekauft – das großdeutsche Reich bricht aus diesem Grund nicht auseinander. Erzählen Sie, wie es war, dann können wir Sie zu einer glimpflichen Gefängnisstrafe verurteilen, und die Sache ist erledigt.«

Behrens war klein und dick, und wenn er so anfing, konnte er – im Gegensatz zu Eckhardt – einen Anschein von Anständigkeit erwecken. Seine Stimme klang im Höchstfall ein bisschen vorwurfsvoll, fast versöhnlich. Es war, als ob er sagen wollte, er betrachte uns Norweger als waghalsige, aber ungefährliche Pfadfinder, die man nur wieder zur Vernunft bringen musste. Er versuchte an den gesunden Menschenverstand zu appellieren. Ich wusste zufällig, dass Behrens eine Geliebte hatte. Er war mit einer Dame liiert, die in einer Filiale von Aeolus arbeitete, und ich hatte diese Frau schon einige Male gesehen und mich über die Hingabe gewundert, die sie zeigte, denn äußerlich betrachtet war nichts Romantisches an Behrens. Jetzt verstand ich sie besser. Ich lauschte dem Klang seiner Stimme und konnte mir vorstellen, dass er eine Frau, die nach sanften Worten dürstete, weich bekam, wenn er sich wirklich anstrengte.

Eckhardt hingegen machte nicht einmal den Versuch zu heucheln. Wenn er überhaupt probierte, an irgendetwas zu appellieren, dann an die Angst des Gefangenen. Aber Eckhardt war entschieden der klügere Kopf von beiden. In den Verhören kam er immer zum Wesentlichen, er war ein Meister darin, Erklärungen auseinander zu pflücken, und er besaß die Fähigkeit des Detektivs, zwei und zwei zusammenzuzählen – mit bösen Folgen für das Opfer. Behrens war schon ein Teufel, aber Eckhardt war ein intelligenter Teufel, und Klugheit und Bösartigkeit im Verein sind eine gefährliche Kombination. Er wurde unter den Gefangenen »der graue Wolf« genannt.

»Ich weiß nichts«, wiederholte ich.

Behrens wurde rot und wirkte überhaupt nicht mehr versöhnlich.

»Sie lügen, Magnusson, und Sie vergessen, dass wir schon genug haben, um Ihnen sehr große Schwierigkeiten zu machen.«

Was konnte das bedeuten? Ich fragte ihn: »Was meinen Sie damit?«

Er rutschte vom Schreibtisch herunter und kam dicht an mich heran. »Es ist seit langem befohlen worden, dass jeder organisierte Sport aufhören muss. Entweder das, oder man muss die Richtlinien für den Sport akzeptieren, die von den nationalsozialistischen Behörden herausgegeben wurden. Sie, Magnusson, haben offensichtlich gegen diese Bestimmungen verstoßen.«

Das stimmte allerdings.

»Das stimmt nicht«, sagte ich.

Behrens sah aus, als würde er ersticken. »Aber Sie haben ja selbst in den Zeitungen annonciert«, schrie er, »hier steht es schwarz auf weiß!«

»Das war nicht als Protestaktion gedacht, ich war nur der Meinung, dass die Leute Entspannung brauchen, jetzt in den Kriegstagen, und dass es ihnen gut tut, frische Luft und Bewegung zu haben.«

Er schlug. Hob den Knüppel und traf meine Lenden, so dass ich vor Schmerz nach Luft schnappte, während mir Eckhardt mit dem Fuß gegen die Wade trat.

»Sie verdammtes Schwein, Sie lügen!« Ja und nein. Die »Demonstrationen«, auf die er offenbar anspielte, waren einige Skitouren, die ich arrangiert hatte. Als das offizielle Sportleben aufgehört hatte, hatte ich im Winter 1940/41 auf eigene Initiative einige Touren auf die Berge in der näheren Umgebung und auf die Vaksdalsberge organisiert. Ich hatte sie in den Zeitungen in meiner Eigenschaft als *Viking*-Skileiter angekündigt und hatte alle *»Vikinger«* aufgefordert, sich anzuschließen. Bei den letzten Touren hatten wir zwei- bis dreihundert Teilnehmer, und die norwegische Staatsbahn hatte einen Sonderzug nach Dale eingesetzt mit den *Viking*-Plakaten auf den Waggons.

Selbstverständlich waren die Touren als eine Demonstration gedacht gewesen, aber in ebenso starkem Maße war ich auch von dem Wunsch beseelt gewesen, die Menschen hinaus in die Natur zu bringen, weg von allem, was traurig und beklemmend war, kurz gesagt, ihnen eine gesunde Entspannungsmöglichkeit zu bieten. Insofern …

»Ich lüge nicht«, sagte ich.

Behrens schlug, Eckhardt trat. Klein gab mir Ohrfeigen. Ich hatte Angst und mir war übel. Die stärksten Schläge brachten den Stuhl zum Wanken. Ich versuchte die Fußstellung zu ändern, um so besser das Gleichgewicht halten zu können, und zog den Kopf ein, aber es nützte nur wenig. Zwischen den Fragen schwangen sie die Knüppel mit einer geübten Technik, die für sich genommen schon widerlich wirkte.

Ich bekam einen schweißnassen Kopf, ein Zipfel vom Hemd hing aus der Hose, die Krawatte verrutschte. Es war alles so unwirklich.

Endlich hörten sie auf, vielleicht aus Hunger. Sie waren vier bis fünf Stunden beschäftigt gewesen.

Ich empfand keine Erleichterung, als mich die Wächter übernahmen und mich hinunter ins Auto geleiteten. Mein Körper war wund von den Schlägen, aber nicht so, dass ich es nicht aushalten konnte. Das, was mich verzweifelt und mutlos machte, war der psychische Schock über das Erlebte. Wie war das möglich?, fragte ich mich selbst. Wie konnten zivilisierte Menschen jemandem so etwas antun?

Alles, was ich über die Methoden der Nazis gelesen hatte, alles, was mir Finn erzählt hatte, war Wirklichkeit. Ich war ohne Illusionen zum Verhör gegangen, aber das, worauf mich niemand vorbereitet hatte (vielleicht, weil es sich nicht so leicht vermitteln ließ), war die menschliche Erniedrigung, die mit der Behandlung einherging. Ich fühlte mich beschmutzt, niedergetrampelt, meiner Würde beraubt. Und das belastete mich viel mehr als die körperlichen Schmerzen. –

Wie merkwürdig das Leben ist und wie einfach es sein könnte …

In dieser ersten Zeit, in der ich zwischen dem Kreisgefängnis von Bergen und dem Gestapoquartier in Veiten hin- und herpendle, die Bosheit ständig krassere Formen annimmt und jedes Verhör im Vergleich zu dem des nächsten Tages wie ein freundliches Gespräch wirkt, geschieht auch Gutes. Einfache Menschen beginnen, mit dem Herzen zu denken, und das führt oft zu überraschenden Resultaten.

Da sind die Gefängnisaufseher – was geht in ihnen vor? Vor dem Krieg lebten sie friedlich vor sich hin, kümmerten sich vorübergehend um irgendeinen Gewalttäter oder Bankräuber und hatten es ansonsten ziemlich ruhig. Dann werden sie jäh mit in die große Tragödie hineingerissen, werden zu Akteuren, und sie entwickeln ein solches Mitgefühl und Verständnis, dass sie gar nicht mehr zur Ruhe kommen. Tag und Nacht stehen sie bereit, um das Leben für die Gefangenen leichter zu machen, sie kümmern sich um Extraverpflegung, schmuggeln Nachrichten nach draußen, setzen mehrere Male am Tag ihr eigenes Leben aufs Spiel, muntern auf und geben Ratschläge vor den großen Prüfungen. Sie haben gesunde und stolze Männer morgens wegfahren sehen und haben sie abends als zuschanden geschlagene, schluchzende Wracks entgegengenommen. Sie haben einen Teil der menschlichen Natur kennen gelernt – im Guten wie im Bösen. Und da ist Nina. Es gibt kaum einen Augenblick, an dem ich nicht an sie denke, und sie ihrerseits umkreist jeden Tag das Gefängnis. Sie schickt mir Essen hinein. Sie schmeichelt sich beim Nazi-Wachmann vor dem Tor ein, einem der *Viking*-Männer, die übergelaufen sind, und sie darf hinten durch den Zaun schlüpfen, so dass sie mit mir reden kann. Ich habe ein Fenster hoch oben in der Wand, und wenn wir, jeder auf seiner Seite der dicken Mauer, unter dem Fenster stehen, können wir einige Worte wechseln. Und wir haben auch schriftlichen Kontakt. Sie hat Peggy bei sich, und am ersten Tag war der Hund an der Wache vorbeigesprungen und winselnd vor meiner Zellentür stehen geblieben, bis sich ein Deutscher des Tieres erbarmte und öffnete. Seither ist das ein Ritual geworden, und jetzt schmuggeln wir täglich Briefe hin und her, indem wir Zettel unter Peggys Halsband legen. Aber das, was ich am meisten brauche, den körperlichen Kontakt, Nina im Arm zu spüren und Kraft und Sicherheit bei ihr zu tanken, daran ist nicht zu denken.

Bis der alte, gute Gefängniswärter Ragnvald Revheim die Sache in die Hand nimmt. Er hat mich in diesen Tagen begleitet und weiß, dass ich ängstlich und verzweifelt bin – und dass dies nur ein zarter Vorgeschmack ist auf das Fegefeuer, das mir bevorsteht. Und er fragt sich: Was kann er tun, um mich zu stärken? Wodurch kann er mir einen Hauch von Zärtlichkeit und Wärme geben, bevor ich psychisch und physisch zu einem Wrack werde? Er denkt mit dem Herzen und das Ergebnis ist ebenso einfach wie rührend: Nina muss in die Zelle!

Da rennt er im Gang herum, mit grantigem Gesicht und mit komischen jähen Bewegungen, und das, worüber er hinter seiner gefurchten Stirn nachgrübelt, ist ein Plan, der die Liebe hinter die Gefängnismauern bringen kann.

Bis heute habe ich nicht die leiseste Ahnung, wie er es schaffte, aber eines Tages öffnet er die Zellentür und ruft: »Du bekommst Besuch.« Gestapo, denke ich, jetzt machen sie sich wieder ans Werk.

»Nina«, sagt er, »und wehe, wenn du die Zeit nicht gut nützt! Schau her!« Er reicht mir einen Kerzenstummel und zeigt auf den Spion, das kleine Glasauge in der Tür, durch das die Wächter die Zelle von außen kontrollieren können. Zuerst verstehe ich überhaupt nichts, dann verstehe ich alles. Mit Harfenspiel im Herzen ergreife ich den Kerzenstummel, reibe das Wachs auf das Glasauge, und dann ist Nina da und ich drücke sie an mich, begrabe das Gesicht in ihrem Hals und schluchze wie ein Bub. Revheim schließt leise die Zellentür und Nina und ich sind allein und alles ist gut. Und nach einer Weile flüstert Nina: »Oscar, sei vorsichtig! Wenn ich jetzt schwanger werde, gibt es niemanden auf der Welt, der glauben wird, dass du der Vater bist ...« Ich lache laut und glücklich und fühle mich jung und stark. Kommt nur, ihr Deutschen, ihr zerbrecht mich nie – ich werde heimkommen zu Nina!

Alter, lieber, herzensguter Ragnvald Revheim, wenn ich nur deinen lieben Namen in Gold schreiben könnte …

Vom ersten Augenblick an hatte ich gefühlt, dass die Deutschen mehr wussten, als sie sagen wollten, dass sie sozusagen die Effekte rationierten. Und im dritten oder vierten Verhör ließen sie die Bombe platzen: Was war aus den Pässen geworden?

Jetzt gab es keinen Zweifel mehr – ich war verraten worden. Behrens und Eckhardt sagten es nicht direkt, dazu waren sie zu erfahren. Sie deuteten einige Details an, die nur ein Eingeweihter wissen konnte, versuchten mich mutlos und verwirrt zu machen. Und dann schlugen sie mit den Knüppeln auf mich ein, während die Fragen auf mich herunterprasselten:

Wer hatte uns die Stempel besorgt? Wer hatte uns zu den Formularen verholfen? Wie viele Pässe waren ausgestellt worden?

Und immer wieder: Was war aus dem Paket geworden, das ich von Vassenden bekommen hatte?

Jacke und Krawatte wurden mir heruntergerissen und auf den Boden geworfen, das Hemd bekam Blutflecken.

»Weiß nicht«, stöhnte ich, »weiß nichts von einem Paket.«

»Steh auf!« Behrens brüllte den Befehl, er bebte vor Aufregung und ich erwartete, den Gummiknüppel auf den Kopf zu kriegen.

»Herunter mit der Hose!« Ich schaute ihn an.

»Herunter mit der Hose, du verdammtes Schwein.« Ich knöpfte die Hose auf, er ergriff die Unterhose und zog sie mit einem schnellen, hysterischen Ruck herunter. Dann hatte ich Eckhardts Stiefel am Schienbein und fiel um. Sie hörten kurz auf, um sich für das Folgende vorzubereiten.

Klein schleuderte mir einen Stuhl zu, auf den sollte ich mich stützen. Und dann lag ich auf den Knien, der große und starke Mann, und bekam die Rute wie ein Bub.

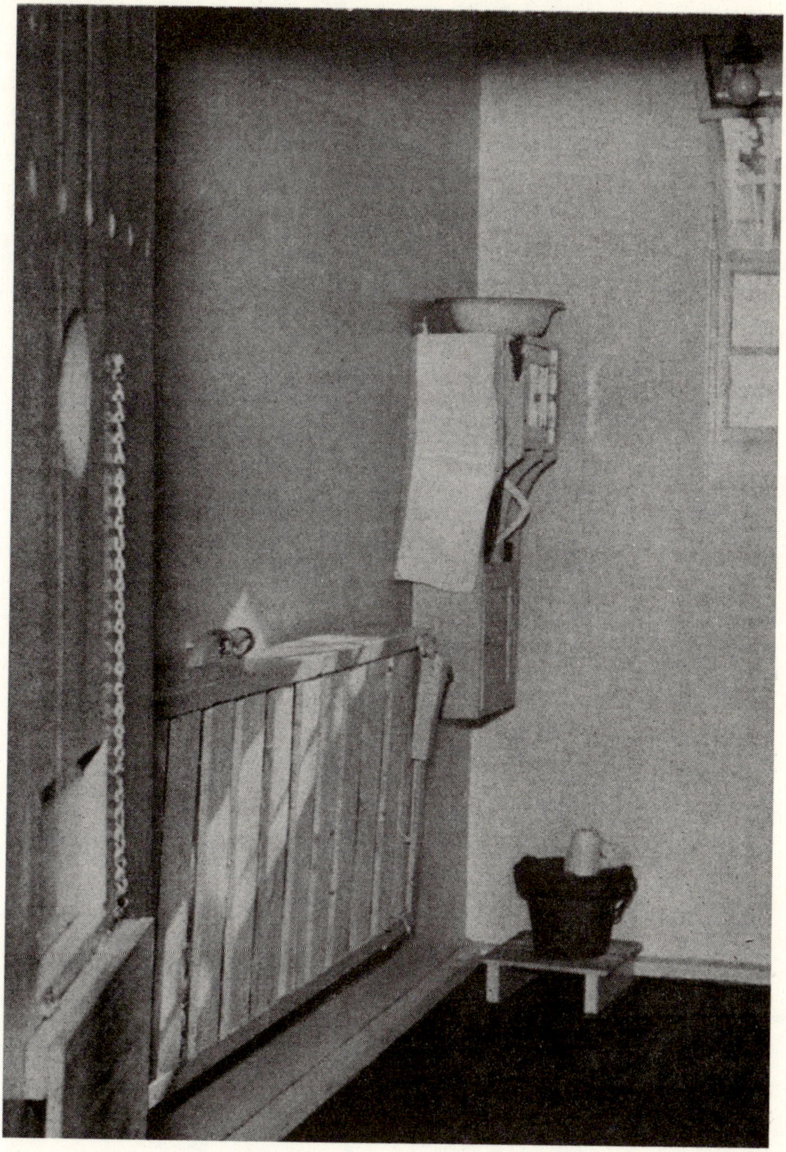

Die Zelle im Kreisgefängnis Bergen. Im Hintergrund das Fenster, wo Magnusson Ninas Ratschläge entgegennahm, wie er sich während der Folter verhalten sollte. Links der »Spion« in der Tür, den er mit Stearin verklebte.

Ich bohrte die Nägel in die Sitzfläche des Stuhles und spürte den Gummiknüppel wie einen Schmerz in der Seele.

»Wo sind die Pässe?«

»Weiß nicht«, schluchzte ich.

In den Nächten kommt der Zweifel. Die Dunkelheit ist eine bedrohliche Leere um mich herum, ich fühle mich wie ein Ertrinkender, der sanft im dunklen Meer schwebt.

Vater unser, der du bist im Himmel …

Schamlos verwende ich das Gebet als Rettungsring, klammere mich an das Wort des Herrn.

Und führe mich nicht in Versuchung …

So leicht könnte es sein, so furchtbar einfach. Hören Sie, Behrens, könnte ich sagen – und gleich würde er den Knüppel weglegen, milde Augen bekommen und mir auf die Schulter klopfen. Jetzt sind Sie vernünftig, Magnusson! Erzählen Sie mir alles, dann wird alles gut, Sie werden sehen.

Führe mich nicht in Versuchung! Bitte, Gott, führe mich nicht in Versuchung. Ich spüre Auftrieb, der Druck auf der Brust löst sich.

Dein ist das Reich und die Kraft und die Herrlichkeit in Ewigkeit …

Ich drehe den Kopf ins Kissen und der Schlaf überkommt mich.

Der Gedanke, dass ich das nicht schaffen würde, begann sich zu panischer Angst zu entwickeln. Ich wusste, dass sich der Tag näherte, an dem sie ihre brutalsten Foltermethoden einsetzen würden, und ich hatte solche Furcht vor dem, was kommen würde, dass ich meine Selbstkontrolle teilweise verlor. Ich konnte plötzlich Zähneklappern oder Schweißausbrüche bekommen, und wenn sich draußen auf dem Gang Schritte näherten, zog es mir das Zwerchfell zusammen. Das hatte nichts mit Todesangst zu tun, ich hatte keine Angst vor dem Sterben. Das mag jetzt vielleicht ein wenig einfältig klingen. Aber schon damals war ich mir ganz sicher, dass ich überleben würde, wenn ich es nur stark genug wünschte. Also, was gab es da zu fürchten? Das war eine Überzeugung ohne vernünftige Grundlage, eine Haltung, die in meiner Situation, wo der Tod so nah schien, jeder Logik entbehrte. Aber ich hatte mir diese Einstellung weder bewusst angeeignet noch konnte ich sie bekämpfen. Sie war einfach da.

Auch die Schmerzen allein waren nicht die Ursache der Angst. Selbstverständlich schreckte mich das, was mir in der Folterkammer bevorstand, aber das gewaltige Entsetzen – die eisige Panik, die mir zeitweise den Atem nahm – hatte Wurzeln in mir selbst. Würden die Schmerzen so stark werden, dass ich sie nicht aushielt? Würde der Gedanke, als Krüppel zu enden, mich so abschrecken, dass ich den Henkern das Signal geben würde aufzuhören?

Das konnte ich nicht beantworten. Ebenso wie Finn sah ich die Reihe der guten Kameraden vor mir und wusste wie Finn, dass es an mir lag, ob diese Burschen gerettet oder in den Tod geschickt würden.

Aber ich konnte nicht dafür garantieren, dass ich diese Aufgabe bewältigte. Nur eines war klar: Ließe ich sie im Stich, hätte mein Leben keinen Sinn mehr. Niemals mehr könnte ich auf die Straße gehen und den Leuten in die Augen schauen, niemals mehr könnte ich Nina in die Arme nehmen und mich als Mann fühlen, niemals mehr könnte ich Vater und Mutter die Hand geben. Dann lieber die Vernichtung!

Ich begann Vorbereitungen für den großen Tag zu treffen. Eines Morgens schraubte ich meinen Rasierapparat auseinander und nahm die Klinge heraus. Dann verdrehte ich den Gummiabsatz meines einen Schuhs, so dass ein Spalt entstand, steckte die Klinge hinein und drehte den Absatz wieder gerade. Wenn ich merken sollte, dass die Grenze erreicht war und ich dabei war zu reden, hatte ich einen Ausweg aus der Versuchung.

Ich sandte eine Botschaft an den Gefängnisarzt und bat um ein Beruhigungsmittel, Brom oder Ähnliches. Allein der Vorschlag erschreckte ihn so, dass er selbst Beruhigung nötig hatte, und er erteilte mir eine glatte Absage. Durch den Gefängnisseelsorger ließ ich Nina die Situation erklären. Sie ging zu Dr. Quist Hansen, dem alten Hals-Nasen-Ohren-Arzt, und der schmuggelte eine Flasche Brom und einige Nervenpillen zu mir herein. Das reichte für eine Dosis vor jedem Verhör, solange ich im Kreisgefängnis saß, und ich schulde ihm dafür ewigen Dank.

Auch außerhalb des Gebäudes ahnte man, was vorging, und Finn schenkte mir das Kostbarste, was er hatte – seine eigene Erfahrung. Er selbst durfte sich nicht in der Nähe des Gefängnisses zeigen, aber Nina kam mit einer Nachricht.

Da steht eine kleine Frau an einer Gefängnismauer und flüstert zu einem Fenster hinauf. Sie gibt ihrem Mann einen Grundkurs in Benimmregeln für die Folterbank. Ich dürfe mir den Schmerz nicht verbeißen, sagt sie, nicht versuchen den Helden zu spielen. Das sei umsonst. Je mehr ich dagegen ankämpfte, desto ärger würde er, und ich würde sinnlos meine Kräfte verschwenden. Stattdessen solle ich mich entspannen und schreien, den Schmerzen freien Lauf lassen, so laut brüllen, wie ich wolle. Das helfe vor allem den Nerven, wenn man seine Not hinausschreien könne.

Da steht meine eigene Frau und erklärt mir das.

Schließlich suche ich Hilfe beim Gefängnisseelsorger Pastor Birger Brekke. Dieser Mann Gottes war Pfadfinderleiter in Norwegen gewesen, als der Krieg kam. Nun geht er unter den Gefangenen herum mit der Bibel unterm Arm, ein groß gewachsener, dunkler und schlanker Mann mit schwarzem Anzug und weißem Priesterkragen, ich sehe ihn immer noch deutlich vor mir. Brekke war ein Seelsorger mit weitem Verstand. Er beschränkte seine Tätigkeit nicht auf das Verkündigen. Er begriff, dass unser Seelenfriede oft mit anderen Bedürfnissen als rein geistlichen zusammenhing, dass wir zum Beispiel Nachrichten mit Kontaktleuten oder Angehörigen austauschen mussten, und so kam er oft mit Zetteln, die aus der Bibel herauströpfelten wie Manna. Oder er saß einfach da und redete mit uns, kam in unsere Zelle, wenn wir eine schlimme Begegnung mit der Gestapo hinter uns hatten. Da ließ er sich auf dem Rand der Pritsche nieder, und wie ein milder Vater verringerte er unsere Angst und richtete unsere Nerven wieder auf. Alle im Gefängnis tankten auf diese Weise Kraft bei ihm auf, ob sie an Gott glaubten oder nicht.

Und dann – wenn sein Feingefühl ihm sagte, dass es gewünscht wurde – konnte er in der Bibel lesen. Da hielt er in der Zelle eine Andacht für diesen einen Gefangenen. Stark und unsentimental verkündigte er das Wort des Herrn und dann beteten die beiden das Vaterunser. Nie hatte er auch nur die geringste Hast bei diesen Besuchen; merkte Brekke, dass es uns half, saß er gern da, solange es die Wächter ihm erlaubten.

Eines Abends bat ich ihn, eine Weile bei mir sitzen zu bleiben.

»Hast du Angst, Oscar?«

»Ja, Brekke«, sagte ich, »jetzt habe ich Angst.«

Ich erzählte ihm von der panischen Angst, die Verhöre nicht auszuhalten, und von allen, für die ich Verantwortung hatte.

»Du schaffst das«, sagte er.

Es war nicht Brekkes Art, leichtfertig leere Phrasen zu gebrauchen. Andererseits – woher sollte er wissen, was ich schaffte und was nicht?

Etwas an seiner Stimme ließ mich aufblicken. Er begegnete meinem Blick.

»Ich weiß, dass du es schaffst«, sagte er einfach.

Ich verbarg das Gesicht in meinen Händen, versuchte die Worte in mir nachklingen zu lassen, so, wie er sie gesagt hatte. Aber ich konnte keinen falschen Ton entdecken.

»Bist du dir deiner Sache sicher?«

Er nickte. »Ich bin sicher, Oscar.« Und dann fügte er hinzu: »Wenn es am schlimmsten kommt, bei den Verhören oder in der Einsamkeit danach, dann versuche daran zu denken, dass wir für dich beten. Deine Eltern daheim in Modum beten für dich, und Nina und ich, und du darfst dich nie verlassen fühlen. Du musst wissen, dass wir bei dir sind.«

Es war still geworden in den Gängen, es näherte sich die Zeit, da die Lichter gelöscht wurden.

Brekke legte sich neben der Pritsche auf die Knie und faltete die Hände. Ich legte mich daneben. Dann betete er mit ruhiger, tiefer Stimme das Vaterunser und am Ende des Gebetes fügte er einige Worte an über das, was mir bevorstand, und die Kraft, die ich dann brauchen würde. Das war ein Gebet ohne Gefühlsduselei, er legte meine Sache Gott vor, als ob er mein Schicksal einem Freund anvertraute, den er achtete und bewunderte. Als wir uns trennten, drückte er mir die Hand. Und noch einmal sagte er: »Du schaffst es, Oscar.«

Das war der Abend des 14. November. Am nächsten Tag brach die Hölle los.

Ich hatte erwartet – oder gehofft –, dass sich das Verhör an diesem Tag in groben Zügen so abspielen würde wie die übrigen, mit denselben Fragen wie immer und den ständigen Knüppelschlägen, von denen ich wusste, dass ich sie trotz allem ertragen konnte. Bei einigen der Verhöre hatten sie mir Fragen über Mons Haukeland hingeworfen und über die Abwehrorganisation, die ich und andere organisiert hatten, aber ich hatte begriffen, dass die Gestapo in dieser Hinsicht im Dunkeln tappte, und war daher nicht sehr beunruhigt darüber. Selbst wenn es um die Englandfahrten und die Pässe ging, hatten sich Behrens und Eckhardt festgefahren, und das Einzige, was sich geändert hatte, war der Grad der Brutalität, der sich täglich steigerte.

Aber an diesem Morgen erkannte ich gleich zu Beginn des Verhörs, dass wir an einen Wendepunkt gekommen waren, und mir kam automatisch der Gedanke, dass es nun geschehen würde – jetzt war ich dran.

Behrens und Eckhardt begannen mit den üblichen Prügeln, aber ich merkte an den Schlägen, dass keine rechte Begeisterung dahinter steckte. Wieder waren es die Englandfahrten, um die es sich drehte, um das Paket mit den Stempeln. Das, was mich beunruhigte, war, dass die Fragen Selbstbewusstsein verrieten, so, als ob es an und für sich nicht so wichtig wäre, was ich antwortete. Der Ausgang würde trotzdem derselbe sein.

Später am Vormittag hatten sie das Spiel satt. Eckhardt warf sich auf den Stuhl und hielt eine Art Ansprache. Sie hätten keine Geduld mehr mit mir, nun sei ich für die Folgen meines Verhaltens selbst verantwortlich. Zum letzten Mal – würde ich die Karten auf den Tisch legen?

Ich antwortete wie früher, dass ich nichts wüsste.

Behrens lächelte und Eckhardt sagte: »Also gut, hol ihn!«

Was sollte das?

Klein ging hinaus und da saßen wir. Behrens schaute zuversichtlich aus dem Fenster. Eckhardt hatte einen Gummiknüppel ergriffen und seine alte Gewohnheit, sich selbst auf die Hand zu schlagen, wieder aufgenommen. Welches Kaninchen hatten sie jetzt vor, aus dem Hut zu ziehen?

Die Tür wurde geöffnet und da stand er. So einfach war das.

Ich bekam solch einen Schrecken und war so verzweifelt, dass ich einen Augenblick lang die Beherrschung verloren haben muss, denn Behrens lächelte triumphierend – jetzt ging alles nach Plan!

Es war keine einzige Schramme an dem Mann, der da stand, die Deutschen hatten ihn nicht angerührt. Die Frisur war untadelig, das weiße Hemd ohne einen Blutfleck. Nur die Augen erzählten von einem grenzenlosen Entsetzen, der Blick war geprägt von einer so kalten und nackten Angst, dass ich den Drang verspürte, mich abzuwenden.

»Oscar«, stammelte er, »Oscar, jetzt musst du die Wahrheit sagen, denn dann kommen wir beide raus.«

Es war, als stürze das Dach über mir zusammen. Er machte einen zögernden Schritt, versuchte den Blick zu sammeln, und seine Stimme zitterte vor Verzweiflung.

»Bitte, denk daran, dass meine Frau ihr erstes Kind unter dem Herzen trägt. Und wenn du die Wahrheit sagst, haben sie versprochen, dass wir freikommen. Denk an meine Frau, Oscar.«

Ich wünschte heute, dass ich aufgestanden wäre und ihm gesagt hätte, dass ich Mitleid mit ihm hatte. Ich tat es nicht. Alles, was ich empfand, war Abscheu, ich glaube nicht einmal, dass ich es geschafft hätte, Hand an ihn zu legen, er war zu widerlich. Begriff er denn nicht, dass ein bisschen mehr auf dem Spiel stand als sein eigenes, armseliges Leben – dass es Hunderte von Menschen waren, die er jetzt mit zitternder Stimme in den Tod schicken wollte?

Und dennoch denke ich heute, mit innerem Abstand: Wie willkürlich ist doch das Schicksal mit uns Menschen in diesen Jahren verfahren. Da wurden wir aus einem sicheren Alltag geholt und mit Aufgaben betraut, die zu meistern wir keine Voraussetzungen hatten außer dem schlichten Willen zum Widerstand. Einige von uns schafften es, sich darauf einzustellen, die Glücklichsten, die ohne eigenes Verdienst dafür geeignet waren. Andere schafften es nur teilweise oder überhaupt nicht. Sie wollten es so gern, aber ihr ganzes Wesen war anders beschaffen, sie hatten ein anderes Nervensystem – und das, was man von ihnen erwartete, war auf seine Weise ähnlich unmenschlich, als wenn man heute irgendeinen Mann auf der Straße zwingen würde, mit bloßen Händen ein umstürzendes Hochhaus aufzuhalten. Sie konnten auf anderen Gebieten Hervorragendes leisten, aber das, was nicht im Bereich ihrer geistigen und körperlichen Fähigkeiten lag, musste einfach schief gehen, und es wäre sinnlos, ihnen das vorzuhalten.

Das, was ich an diesem Tag bei der Gestapo erlebte, war ein Beispiel dafür. Da war ein Mann, der durch Zufall in die Widerstandsarbeit gekommen war, besser gesagt an die vorderste Front, und bald wurde die nervliche Belastung so groß, dass er ihr einfach nicht mehr gewachsen war. Der Abschied auf der Bryggen in der Nacht, in der ich die Pässe bekam, war der Tropfen gewesen, der das Fass zum Überlaufen gebracht hatte. Seine natürliche Angst hatte sich in ein maßloses, wahnsinniges Entsetzen verwandelt, dem jeder Sinn für Proportionen und Konsequenzen fehlte. Das Typische hierbei war, dass es ihm nicht darum ging, seine eigene Haut zu retten. Das, was ihn schwach machte, war die naturgegebene Besorgnis eines Mannes um Frau und Kind – nur dass diese Sorge aufgrund der Situation ganz krankhafte Ausmaße annahm. Wie könnte er seine Liebste retten und das Kind, das sie trug? Was würde mit ihnen geschehen, wenn er erwischt würde? Wie sollten sie durchkommen? Auf diese simplen Fragen gab es in seinen Augen nur eine logische Antwort: Er musste sofort zur Gestapo gehen und seine Schuld bekennen, erzählen, was er wusste, dann würden sie ihm Verständnis entgegenbringen und die Sache auf sich beruhen lassen. Schon diese Überlegung zeigt, dass der Mann keinen Vernunftgründen mehr zugänglich war, und wie gesagt: Es hätte keinen Sinn gehabt, ihm deshalb Vorwürfe zu machen.

Aber das ist die Sicht der Dinge, wie ich sie heute habe. Ich hatte kein Verständnis für ihn in dem Augenblick, als er im Gestapobüro die Hölle auf mich herabbeschwor. Alles hatte er erzählt, von den Pässen und von den 3.000 Kronen, die ganze Geschichte, und ich schrie ihn voller Wut und Verzweiflung an:

»Bist du verrückt, Mensch! Deshalb, weil du dich selber den Deutschen ausgeliefert hast, brauchst du mich doch nicht mit da hineinzuziehen. Was du sagst, ist glatt gelogen, Mann!«

»Oscar …« Er appellierte an mich, bettelte mich auf Knien an, und Eckhardt und Behrens unterstützten ihn auf ihre Weise: »Kommen Sie zur Vernunft, Magnusson, Sie hören selbst, dass es Unsinn ist zu leugnen.« Und an den anderen gewandt: »Wann in der Nacht war es, als Magnusson das Paket bekam?« Die Uhrzeit. Die genaue Ortsangabe. Alles.

Und dann zu mir: »Da hören Sie es, nun geben Sie es schon zu!«

Ich leugnete. Das wäre alles böswillige Verleumdung. Ich wüsste überhaupt nicht, wovon er spräche. Zuletzt brach der Mann zusammen und wurde weinend aus dem Büro gebracht, während Eckhardt und Behrens, die einen billigen Sieg erwartet hatten, grausam Rache nahmen. Erbost über die Enttäuschung schlugen sie auf mich los, verabreichten mir die grausamsten Prügel, die ich bis dahin bekommen hatte. Zum ersten Mal hörte ich auf, mir die Schmerzen zu verbeißen, und schrie hemmungslos.

»Wir geben Ihnen eine allerletzte Chance, Magnusson, heraus damit!«

Ich hatte keine Lust zu antworten, und da sah ich, wie Behrens das Gewehr aufhob. Er hielt es am Lauf und schwang den Kolben nach mir, und dann spürte ich den krachenden Laut des zerbrochenen Nasenbeines und den Spritzer warmen Blutes im Gesicht.

Starke Hände warfen mich auf einen Steinboden und eine Tür wurde verschlossen. Eine Glühbirne schien auf ungestrichene Steinmauern. Ich war im Keller eingesperrt. Sie wollten mich jetzt haben.

Als ich am Abend nicht zurück ins Gefängnis gebracht wurde, begriffen die Wärter, was die Glocke geschlagen hatte, und sie sorgten dafür, dass die direkt Betroffenen Bescheid bekamen. Am nächsten Tag waren Kampevold und Schjött untergetaucht.

Aber einige Tage später waren sie wieder daheim, sie hatten aus dem Gestapoquartier die Meldung bekommen, dass ich dichthielt. Wer hatte die Nachricht übermittelt? Ich weiß es nicht. Ich selber hatte ja keine Möglichkeit mehr, irgendwelche Nachrichten hinauszuschicken, ich war total isoliert. Alles, was ich weiß, ist, dass solche Nachrichten an meine Kontaktleute weitergegeben wurden, solange mich die Gestapo in Verwahrung hatte.

Tage und Nächte flossen nun ineinander. Jeden Morgen wurde ich zum Treffen mit den Knüppeln in den 4. Stock gebracht und bald begann mein Körper auf seine Weise zu protestieren: Ich bekam Fieberanfälle.

Nachts versuchte ich, in den Schlaf zu flüchten, aber die Glühbirne leuchtete 24 Stunden am Tag, und die deutschen Wärter und die Schmerzen in der Nase sorgten für den Rest. Ich fand keinen Schlummer. Mit den Fieberanfällen kamen die Schweißausbrüche – und der Durst. Meine Wasserrationen wurden gesperrt. Nach ein paar Tagen war ich so durstig, dass mein ganzer Organismus aufstöhnte, und ich bettelte die Wärter um einige Tropfen Wasser an, aber umsonst. Die ganze Ausstattung im Keller waren eine Pritsche und ein Fäkalieneimer, und es war meine eigene Aufgabe, diesen Kübel rein zu halten. Eines Tages, als ich ihn unter dem Wasserhahn im Kellergang spülen sollte, schüttete ich nicht alles Wasser aus. Ich machte eine Schwenkung, so dass einige Spritzer drinnen blieben, und als ich in die

Zelle kam, setzte ich den Kübel an und sog die Tropfen in mich hinein.

Jede persönliche Hygiene wurde mir verwehrt, der Bart wuchs frei, ich stank nach Kot, Schweiß und geronnenem Blut. Und dennoch – ich hatte noch Schlimmeres erwartet.

Im Nachhinein erkannte ich die Strategie, die sie verfolgten, aber zum damaligen Zeitpunkt konnte ich den Sinn ihres Verhaltens nicht erkennen. Warum kamen die Deutschen nicht zur Sache, warum zogen sie mich nicht sofort auf die Folterbank? Warum diese langsame Quälerei? Sie mussten jetzt ja begriffen haben, dass die üblichen Brutalitäten nichts nützen würden. Worauf warteten sie?

Eines Tages kam Eckhardt in die Zelle herunter und untersuchte mich vom Scheitel bis zur Sohle, sowohl mich selbst als auch meine Kleidung. Im Schuh fand er das Rasiermesser und ich bekam ein paar Ohrfeigen, die mich an die Zellenwand schmetterten. Ob ich immer noch nicht gestehen wollte? Oder wäre das vielleicht üblich bei mir, mit einer Rasierklinge unter dem Gummiabsatz herumzulaufen? Er holte zu einem Schlag aus, der mich im Schritt traf, und ich klappte auf dem Zementboden zusammen wie ein Taschenmesser. Da lag ich dann und krümmte mich, als er mir ein paar höhnische Worte zurief und hinausging.

Am nächsten Morgen wurde ich wie gewöhnlich ins Büro hinaufgebracht. Als ich einige Stunden später wieder im Keller war, wusste ich, worauf sie gewartet hatten.

Der Mann, der am Morgen zu Eckhardt hinaufgebracht wurde, hatte nicht mehr viel Ähnlichkeit mit dem Magnusson, der zum ersten Mal hineingegangen war. Da stand ich, bärtig, blutig und übel riechend, mit zerfetzten Kleidern und gebrochener Nase. Und da, auf der anderen Seite des Zimmers – Nina!

Später erzählte sie mir, was sie in dieser Situation empfand – die nagende Angst, die sich in grenzenloses Mitleid verwandelte. Wie sie den Drang hatte, vorzustürzen und die Arme schützend um mich zu legen, alles dafür zu geben, um mich mit nach Hause nehmen zu dürfen.

Genau das, alles dafür zu geben!

Und meine eigene Reaktion – der Schock, sie hier zu sehen, die wahnsinnige Angst, dass sie etwas finden könnten, um ihr wehzutun. Ich war geschwächt von Fieber, Durst und Schlafmangel, und der bloße Gedanke daran machte mich schwindlig.

Oh, diese Teufel, sie planten alles so gründlich …

Nina wurde ein Stuhl zugewiesen, Eckhardt stellte mich ein Stück entfernt von ihr auf.

»Schauen Sie, Magnusson, können wir beginnen?«

Er ging hin und her, schwang den Gummiknüppel in der Hand, blieb vor Nina stehen. Jetzt war er derselbe kühle Offizier, den ich das erste Mal angetroffen hatte.

»Frau Magnusson, ich gehe davon aus, dass Sie Ihrem Mann helfen wollen, dass Sie alles dafür geben, um ihn auf freiem Fuß zu sehen. Ich gehe auch davon aus, dass Sie wissen, womit er sich beschäftigt hat. Würden Sie mir bitte darüber berichten?«

Eckhardt sah mich an und schwang demonstrativ seinen Knüppel.

»Mein Mann ist Hausmeister«, sagte sie. »Und er ist verantwortlich für den Schutzraum. Er hat nie Zeit für etwas anderes gehabt.«

Eckhardt betrachtete sie lange. Dann drehte er sich um und ging in meine Richtung.

»Magnusson, ich kann kaum etwas anderes annehmen, als dass Ihre Frau von den Pässen gewusst hat. Zum Beispiel dieser Abend, als Sie mit dem Paket heimkamen. Bitten Sie sie, darüber etwas zu erzählen.«

Ich zögerte mit der Antwort.

Er machte ein paar Schritte zu Nina hinüber, blieb hinter ihrem Stuhl stehen. Der Knüppel pendelte zwischen seinen Fingern.

»Nun, wird es bald?«

Ich starrte auf den Knüppel, dann hinüber zu Nina. Unsere Blicke trafen sich. Worte waren nicht nötig.

»Wir wissen nicht«, sagte ich, »wovon Sie sprechen.«

Der Kolben traf sie am Oberschenkel. Ich wandte mich ab. Eckhardt hob den Kolben von neuem.

»Nun?«

»Wir wissen nicht …«

Ich hörte Nina wimmern. Danach ließen sie sie gehen. Den Rest des Vormittags brauchten sie für mich. Diese Teufel, oh, diese Teufel …

Ich lag auf der Pritsche und krallte mich in das schmutzige Laken, ballte die Fäuste und hämmerte an die Wand. Ich hatte hilflos dagestanden und zusehen müssen, wie sie sie schlugen. Diese Teufel …

Vater, sie wissen, was sie tun …

Die Begegnung mit dem Tod

Sie wollen mich jetzt haben. Ich hänge im Stuhl bei Eckhardt, zermürbt an Leib und Seele. Ein Nebel hat sich vor meine Augen gelegt, und meine Kehle ist aus vielerlei Gründen ausgetrocknet.

Stimmen nähern sich mir vom Nebenzimmer; ich versuche mich vor ihnen abzuschirmen. Vielleicht haben sie Mittagspause, entspannen sich bei Kaffee und Brot, rauchen eine Zigarette.

(Ein Bild: Funktionäre, die das Papier zusammenrollen und ein Gähnen unterdrücken, bevor sie zurück in die Tretmühle wandern …)

Wenn ich nur schlafen könnte …

Das Kinn fällt mir auf die Brust, die Augenlider sind schwer wie Stein.

Ein Wecker tickt, das neueste Modell: Weiß nicht, weiß nicht, weiß nicht …

Morgens aufwachen in einem sauberen Bett, mit einem frischen Tag hinter weißen Gardinen, nur daliegen und auf das Ticktack der Uhr lauschen. Einfach nur daliegen …

Und dann höre ich: »Gut und schön, Behrens, Sie haben freie Hand – *aber wir müssen das wissen.*«

Die Stimme dringt durch den Türspalt, intensiv, gebieterisch. Es ist Blomberg, der Gestapochef. Ich richte mich auf. Gemurmel von Behrens, mein Name wird genannt. Die Grenzzonenausweise. Blomberg weist auf den Ernst der Lage hin. Auf die Konsequenzen, wenn der Sache mit den falschen Pässen nicht Einhalt geboten wird. 100.000 legale Pässe sind im Umlauf, alle müssten eingezogen und durch neue ersetzt werden, wenn nicht … Behrens und Eckhardt müssen das auch verstehen.

Höfliche Zustimmung.

Blomberg: »Dann ist das klar. Machen Sie, was Sie für nötig halten. *Aber wir müssen das wissen.*« –

Der nächste Tag. Soldaten holen mich in der Zelle ab und bringen mich hinauf zu Behrens. Er blättert in irgendwelchen Papieren, schaut mich an, gibt den Soldaten ein Zeichen, mich hinüber zum Schreibtisch zu führen.

Es sei seine Pflicht, sagt er, mir mitzuteilen, dass ich zum Tode verurteilt bin. Ob ich etwas dazu sagen wolle?

Ich werfe einen Blick auf die Soldaten, spüre den Geruch von Uniformen und Leder, Deutschengeruch. Die Gesichter sind ausdruckslos.

Ich glaube ihm nicht. Ich weiß nicht viel darüber, wie sie in solchen Fällen vorgehen, aber das ist zu dick aufgetragen. Ich zucke mit den Schultern.

Das Einzige, was mich jetzt retten könne, sagt er, sei, dass ich jetzt beschließe auszupacken. Wenn ich von den Pässen erzähle, werde das Urteil geändert. Er wühlt in den Papieren, bis er den Bogen findet, wo das angeblich geschrieben steht, dann schaut er mich an und wartet auf die Reaktion.

Was soll ich erzählen? Ich leiere dieselbe Lektion herunter, von der ich den Eindruck habe, dass er und Eckhardt sie schon auswendig können.

Na gut. Nun habe ich mein Schicksal selbst entschieden. Er gibt einen Befehl, und die Deutschen führen mich hinaus zum Aufzug und zurück in den Keller.

Wir gehen an der Tür meiner Zelle vorbei in einen größeren Raum. Die Wächter stellen mich an der einen Breitseite des Raumes so dicht an die Wand, dass ich den Mauerputz durch das Hemd spüre. Es klappert draußen auf dem Gang, sechs Soldaten mit einem Offizier an der Spitze marschieren mit dem Gewehr über der Schulter herein, Kommandorufe gellen, Stiefelabsätze klappern, Gewehre werden in Bereitschaft gebracht, präzise und kalt, mit knappen Lauten: eins …, zwei …, drei …, vier …

So soll ich sterben?

Ich tue mich schwer, das zu glauben, ich rede mir ein, dass das so etwas wie ein Schauspiel ist, das sie für mich aufführen. Aber Zweifel schleicht sich ein.

Die Luft ist rau mit einem scharfen Geruch nach altem Koks, das fahle Licht scheint auf ein rotbackiges Preußengesicht. Ist es möglich, dass sie sich all diese Mühe gemacht haben, nur um mich zu erschrecken? Es klappert wieder auf dem Gang, Behrens, Eckhardt und der Dolmetscher Max Roch marschieren herein. Eckhardt wechselt ein paar Worte mit dem Offizier, Behrens kommt zu mir herüber. Aber sie wären ja Idioten, wenn sie mich jetzt erschießen würden, da würden sie ja nie etwas über die Pässe erfahren. Vergebens versuche ich mir das einzureden. Behrens erklärt, wie es vor sich gehen wird. Er zählt bis zehn, und dann fällt der Schuss. Diese zehn Sekunden sind meine letzte Chance. Wenn ich ihm ein Zeichen gebe, bläst er die Hinrichtung ab. Wenn nicht, bin ich erledigt. Verstanden?

Ich nicke.

»Kann ich ein Vaterunser beten?«

»Nein!«

Das Wort ist kalt wie ein Regenguss.

Er durchkreuzt den Keller, stellt sich zum Offizier, beginnt zu zählen: Eins …, zwei …, drei …

Ich bete laut und klar. Das Gebet vermischt sich mit dem Zählen und eiskaltes Entsetzen wächst mit jeder Sekunde, in der wir uns dem Ende nähern. Vier …, fünf …, sechs …, sieben …

Ich habe die Augen geschlossen. Acht …, neun …, zehn …

Kommandoruf. Ladung. Jetzt …

Nichts geschieht.

»Idiot!« Behrens ist über mir, ohrfeigt mich, dass mein Kopf an die Wand schlägt, er schreit mit Fistelstimme …

Dann weiß ich nichts mehr, bis ich auf der Pritsche liege und mich an das Bettgestell klammere. Mein Körper ist außer Kontrolle, ich schüttle mich und bebe, die Muskeln verzerren sich in einem nervösen Anfall. Und dann kommt das Weinen.

Während ich so daliege, öffnet jemand die Tür und stellt den Essnapf zu mir herein. Es ist Klein. Ich versuche den Kopf wegzudrehen, aber meine Nerven versagen, ich habe keine Gewalt über mich selbst.

»Hinaus!«, schreie ich unter Tränen.

Er verhöhnt mich. Ich sei ein Dummkopf, wenn ich glaubte, dass ich damit durchkäme. Warum ich nicht meinen Verstand gebrauchte? Die Deutschen würden an allen Fronten siegen, es wäre sinnlos, sich dagegen aufzulehnen. Sie kämpften für das Beste und Edelste in der europäischen Kultur – und sie wären unbezwingbar.

»Raus!«

Er dreht sich zur Tür.

»Wir werden dich knacken«, sagt er, »darauf kannst du dich verlassen, Magnusson, wir werden dich knacken …«

Gegen Morgen wird mein Körper ruhiger und das Weinen hört auf.

Ich kratze mich am Kopf. Ich halte Haare in der Hand, die mir büschelweise ausfallen. Einige Wochen später bin ich kahlköpfig.

Der 21. November und das Ende dieses Weges

Und so war der Tag gekommen, der 21. November 1941. Die Tortur begann um 8 Uhr früh und dauerte 10 Stunden. Es wurde in Schichten gearbeitet. Wenn sich eine Gruppe Folterknechte erschöpft fühlte, wurde eine neue eingesetzt, und als mich die Wächter um etwa 18 Uhr in die Zelle hinuntertrugen, war ich für mein Leben zerstört.

Das machten sie mit mir:

Ich wurde in den 4. Stock hinaufgebracht und in ein Zimmer geführt, wo mir Behrens befahl, mich nackt auszuziehen. Es war ein großer Raum mit kahlen Wänden, ich war vorher noch nie da gewesen. Sieben Gestapomänner – alle in Zivil – zogen die Jacken aus, rollten die Hemdsärmel auf und stellten sich im Kreis auf. Ich wurde gebeten, mich in die Mitte zu stellen.

Dann spielten sie Ball. Ich wurde von einem Ende des Kreises zum anderen geworfen, aufgehoben und auf den Boden zum nächsten Mann geschleudert, dazwischen gestoßen, niedergeschlagen, wieder aufgehoben, wieder niedergeschlagen. Ich wurde durch die Luft geschleudert und mit einem Stiefeltritt im Schritt aufgefangen. Wenn ich dalag, stießen sie mich, bis ich auf die Beine kam. So konnten sie mich zur nächsten Gruppe weiterschleudern, die schon mit geballten Fäusten bereitstand.

Stunde um Stunde ging das so …

Das sah ich:

Konzentrierte Gesichter, denen man ansah, dass sie zu hart arbeitenden Menschen gehörten, Hände, die den Schweiß von der Stirne wischten.

Ich schrie und weinte, vor Schmerzen und Erschöpfung, vor Entsetzen und Zorn. Ich faselte etwas von Zurückschlagen, von Gegenwehr gegen den Pöbel, aber ich war von der Erniedrigung gelähmt, und dann spürte ich nur noch die Schmerzen … –

Der Kreis löst sich auf, die Kerle verziehen sich.

Mein nackter Körper wird auf glühende Kochplatten gelegt. Fleischfetzen hängen darauf, als sie mich wegnehmen.

Sie strecken mich auf einem Tisch aus, mit dem Gesicht nach unten. Zwei Männer setzen sich rittlings auf mich, der eine auf meinen Kopf, der andere auf meine Beine, die über der Tischkante hängen. Er reitet auf ihnen, er schaukelt zufrieden wie ein Kind, und mit Stöcken schlagen sie auf meinen Rücken ein, vom Nacken herunter bis zum Steißbein, heben die Stöcke und schlagen zu, wieder und wieder.

Was habe ich mit den Stempeln gemacht? Wer hat das Paket bekommen?

Weiß nicht.

Stunde um Stunde.

Stunde um Stunde ein einziger Gedanke: Halte aus, sag nichts, Gott im Himmel …

Ich rufe mir das Bild von Nina, von Mutter und dem Priester vor Augen, ihre Hände im Gebet gefaltet. Hilfe, ich bin es, Oscar, bleibt bei mir, ich schaffe es nicht mehr …

»Erzähl von den Pässen!«

»Nein!«

Die Rohlinge ziehen die Schlachtbank näher heran, wollen den Anblick aus nächster Nähe genießen. Die Zigaretten hängen aus fleischigen Lippen, sie reden über mich und schütten ihren Hohn aus.

Dann bricht mir der Rücken. Ein Schmerz wie ein Lanzenstoß und ein Schrei, der von wieherndem Gebrüll erstickt wird.

Gott, lass mich sterben!

Aber die Stunden vergehen, und ich sterbe nicht. Das ist Facharbeit.

Endlich verebben die Kräfte der Henker. Die Stockschläge verlieren ihre Kraft und ein Mann schaut auf die Uhr, vielleicht will er ins Kino.

Ich bin immer noch bei Bewusstsein, als sie mich in den Keller hinuntertragen.

Aber sie sind nicht fertig, noch nicht.

Wir werden dich knacken, Magnusson, verlass dich drauf!

Alles ist ein Nebel von Schmerz.

Nein, nicht alles. Ich schaffe es, einen Gedanken zu fassen, einen Namen, etwas, was ich gehört habe.

Bjarne Thorsen …

Was war mit ihm?

Die Glühbirne an der Decke macht auch diese Nacht zum Tag. Ich flehe mit dem Gesicht im Kissen um Schlaf, um einen Augenblick Befreiung, aber die Birne an der Decke hält mich wach, und der Gedanke ist noch da …

Wer war das, der über Bjarne Thorsen sprach?

Er gab mir den Brief von Vassenden – über die 3.000 Kronen. Aber da war noch etwas …

Dann dämmert es mir. Als ich gefasst wurde, kam auch er in die Gefahrenzone, und ins Kreisgefängnis wurde eine Nachricht geschmuggelt, dass Thorsen geflohen war. Einige Tage später bekamen wir die Meldung, dass das Schiff in England gelandet war. Warum denke ich jetzt daran?

Ich drehe den Kopf und gleichzeitig mache ich eine verkehrte Bewegung mit dem Rücken.

Danach überlege ich, ob jemand im Gebäude den Schrei gehört hat.

Ich liege wie betäubt da, als sie am Morgen kommen und mich holen. Sie müssen mich aus dem Keller heraus und in den Aufzug tragen und von dort den Korridor entlang hinüber in die Folterkammer.

Behrens und Eckhardt sind da.

Ob ich mich entschlossen habe, jetzt zu reden?

Ich drehe mich weg.

Meine Handgelenke werden mir auf dem Rücken zusammengebunden. An der Decke ist ein Haken befestigt von der Art, wie sie für ein Feuerwehrseil verwendet werden, und ohne weiteres werde ich hinaufgezogen, bis die Füße den Boden nicht mehr berühren. Ich werde ohnmächtig. Als ich zu mir komme, liege ich am Boden. Jemand schüttet Wasser über mich.

Dann werde ich aufs Neue hinaufgezogen.

Um die Belastung der Schulter zu vergrößern – und der Punkt ist ja der, dass mir die Hände auf den Rücken gebunden sind –, versetzen sie den Körper ins Schwingen wie ein Pendel. Das fühlt sich so an, als ob die Arme bei den Schultergelenken vom Körper gerissen werden. Und das Gesicht scheuert an der Wand, die Lippen platzen auf, das gebrochene Nasenbein bricht wieder auf.

Und Stunden vergehen …

Immer wieder werde ich ohnmächtig, immer wieder werde ich abgeduscht und hinaufgezogen.

Zum Schluss haben sie es geschafft, die Arme haben sich vom Körper gelöst. Die Schultermuskeln sind teilweise durchgerissen und die Glieder aus ihrer Stellung gedreht.

Was ist aus den Pässen geworden? Bin ich zur Vernunft gekommen oder müssen sie mich ganz verstümmeln, bevor ich rede?

Ich antworte nicht, und das Letzte, was ich höre, bevor ich in die Bewusstlosigkeit gleite, ist Behrens, der vor Wut heult …

Am Nachmittag erwache ich auf dem Zellenboden. Ich habe kein Zeitgefühl, weiß nicht, wie viele Stunden sie es getrieben haben …

Ich schaffe es nicht länger.

Einmal im Laufe der Nacht wird mir glasklar bewusst, dass die Grenze des Möglichen erreicht ist.

Hätte ich den Mut gehabt, mir das Leben zu nehmen? Ich glaube schon. Das, was jetzt Mut kostet, ist nicht so sehr, sich das Leben zu nehmen, sondern es zu behalten.

Großer Gott, ich habe solche Angst …

Bjarne Thorsen, was war mit ihm? Ich liege in einem Fiebertaumel, wo sich die Schmerzen mit den Angstphantasien mischen, ich höre mein eigenes Jammern und spüre warmen Geifer den Hals hinunterrinnen. Aber ich halte an dem Gedanken fest, weiß, dass ich etwas weiß.

Dann ist es Morgen, und wieder werde ich vom Boden aufgehoben und zum Lift getragen.

Sie setzen mich auf den Stuhl zu Eckhardt. Ich nehme Behrens, Klein und noch einen vierten Mann wahr, Klötscher, ein Rohling, der noch brutaler ist als die anderen.

Will ich jetzt reden? Ist es mir endlich aufgegangen, dass sie es ernst meinen?

Die Arme hängen mir kraftlos an den Seiten herunter, das Gesicht ist zu einer blauen Masse angeschwollen, Rücken und Beckenpartie senden Schmerzsignale durch den verbrannten Körper.

Dass sie es ernst meinen!

Die Tränen kommen von selbst, ich werde mir meiner eigenen Abscheulichkeit bewusst und gebe auf. Jemand knöpft mir das blutige Hemd auf und reißt es herunter, und Klein stellt einen Kübel zwischen meine Beine. Ich habe nur noch das nackte Leben, ist es das, was sie mir nehmen wollen? Dann ist es überstanden …

Ein Mann kommt mit einer Injektionsspritze, er setzt die Nadel links an, gleich über dem Herzen. Drückt zu.

Die Wissenschaft im Dienst des Kulturvolkes.

Ich beginne mich zu übergeben, und ich ahne nicht, wie Recht ich hatte. Das ist keine gewöhnliche Übelkeit, die sie bei mir verursachen, kein lästiger Kater nach einem fünfzigjährigen Jubiläum, das ist eine innere Katastrophe an der Grenze zum Delirium tremens, der endgültige Zusammenbruch eines Alkoholikers nach lebenslanger, ausdauernder Berauschung. Ich speie unkontrolliert, fürchte, dass die Gedärme und die Gallenblase bei der Explosion mitkommen, und dann merke ich, wie der letzte Rest von Widerstandskraft aus dem Körper herausgetrieben wird, wie das Leben selbst mich zu verlassen scheint und im Kübel verschwindet.

»Wo sind die Pässe? Wohin fuhr das Schiff? Magnusson, wo sind die Waffen, wer ist mit Ihnen in der Organisation?«

Ich spucke und weine, weine und spucke, und ich weiß, dass ich reden muss, ich kann nicht mehr …

»Keine Ahnung«, lalle ich.

Und damit habe ich das Ende dieses Weges erreicht. –

Es passiert etwas Schmerzvolles an diesem Nachmittag.

Sie sind mir in die Zelle gefolgt, haben sich über die Pritsche gebeugt und mich mit ihren Fragen bombardiert. Aber ich brauche einen kleinen Aufschub zum Denken, und ich habe getan, als wäre ich zu krank, um ihnen zu antworten. Endlich haben sie ein paar Drohungen ausgestoßen und sind ihres Weges gezogen.

Dann kommen zwei Putzfrauen, ich kenne sie flüchtig. Seinerzeit arbeiteten sie im Aeolus-Gebäude, dann aber begannen sie mit Deutschen Umgang zu pflegen, und es wurde zu riskant, sie dazuhaben. Ich musste ihnen kündigen.

Sie haben den Auftrag, das Blut aufzuwischen, sagen sie. So ist es also selbst Eckhardt und Behrens zu viel geworden. Die Damen haben keine Eile. Sie setzen sich auf den Rand der Pritsche, überkreuzen die Beine, wollen einen ganzen Abend daraus machen. Ob ich jetzt auf den Teppich gekommen sei? Ob ich nicht mehr so hochnäsig wäre? Der gebieterische Hausmeister ist nicht mehr ganz so gebieterisch, wenn man das so sagen darf. Der Sportler hat ein bisschen an Form verloren, was?

Sie genießen den Triumph, kichern über ihre Schlagfertigkeit. Als sie mit den Putzkübeln dastehen und gehen wollen, wirft ihr Gelächter das Echo auf den Kellergang. Dann knallt die Tür hinter ihnen zu.

Es gibt etwas Böses im Menschen …

Als mich die Wächter am nächsten Vormittag auf den Stuhl bei Behrens heben, breche ich über dem Schreibtisch zusammen und schluchze:

»Nicht schlagen, ich kann nicht mehr, bitte …«

Es wird still im Zimmer, alles, was zu hören ist, ist Weinen. Dann ist es so, als ob Vorhänge weggezogen und Fenster geöffnet würden. Die Atmosphäre im Zimmer verändert sich plötzlich und wird freundlich und hell.

»So, so, Magnusson.«

Behrens ist neben mir, er streicht mir über den Rücken und hebt meinen Kopf vorsichtig von der Tischplatte hoch.

»Schauen Sie her …«

Er zündet eine Zigarette an und steckt sie mir zwischen die zerschlagenen Lippen.

Ich rauche normalerweise nicht, aber ich lehne mich zurück und lasse es geschehen, genieße hemmungslos dieses Zeichen von Mitmenschlichkeit, obwohl ich den Preis kenne, den ich dafür bezahlen muss.

Dann sind Klein und Eckhardt da, jemand schenkt einen Schnaps ein und flößt ihn mir ein. Der Branntwein brennt die wunde Gurgel hinunter. Jetzt bin ich vernünftig, ja, jetzt wird sich alles ordnen, ich werde es sehen. Ich kann nicht damit rechnen, ungeschoren davonzukommen, das versteht sich wohl von selbst, aber Behrens hat Einfluss und kann ein gutes Wort für mich einlegen. Es wird jetzt nicht mehr lange dauern, bis ich wieder auf freiem Fuß und daheim bei den Meinen bin. Aber zuerst muss ich zur Ruhe kommen – bin ich hungrig?

Klein füttert mich wie ein Baby, und Behrens sitzt auf dem Schreibtischrand und ist der einfache und vorsorgliche Freund in der Not. Hm, ja, er denkt oft an daheim, an seine Frau, ach ja, der Krieg, Magnusson, der Krieg …

Wir sind jetzt die engsten Duzfreunde.

Aber nun zur Sache.

Ich verdrücke noch einen Schnaps und beginne:

Was das Paket betrifft – es lässt sich nicht leugnen, ich habe ein Paket von Dagfinn Vassenden bekommen, und vielleicht beinhaltete es sowohl Stempel als auch fertige Pässe, das ist gut möglich. Vassenden hat mir den Auftrag gegeben, es direkt zu Bjarne Thorsen zu bringen, und das habe ich gemacht, ohne zu schauen, was darin war. Wo ich Thorsen traf? Ja, das war beim Rundetarn auf der Bryggen, und was Thorsen mit dem Paket gemacht hat, davon habe ich keine Ahnung.

Und dann die 3.000 Kronen. Das stimmt wohl auch, leider, merkwürdig, wie die Gestapo alles Mögliche erfährt. Die Sache war ja, dass Dagfinn Vassenden nach England zog, und dann schrieb er diesen Brief an Thorsen und bat um Hilfe für seine Mutter, damit sie keine Not leiden musste. Thorsen ist dann zu mir gekommen und ich habe ihm 3.000 Kronen gegeben – und soweit ich weiß, ist Thorsen mit dem Geld direkt zu Frau Vassenden gegangen.

Waffenübung? Organisation von Widerstandsgruppen? Da kann ich Ihnen leider nicht helfen, davon weiß ich nichts.

Natürlich komme ich damit nicht durch. Eckhardt braust auf und beschuldigt mich der glatten Lüge, und auch Behrens zweifelt, er findet, beim Geständnis stimmt irgendwas nicht. Sie beginnen ein Kreuzverhör, gehen in Details, sie versuchen Widersprüche aus mir herauszulocken, aber ich weiche keinen Zoll ab – das muss jetzt stehen. Ich habe einige »Auskünfte« in der Hinterhand und die trage ich noch bei, wenn ich glaube, dass es nötig ist, aber sonst halte ich an meiner Erklärung fest, ich habe die ganze Nacht gebraucht, um sie auswendig zu lernen. Meine einzige Sorge ist, dass Thorsen von England zurückkommt und gefasst wird, aber dieses Risiko muss ich auf mich nehmen.

Zuletzt wird das Geständnis aufgeschrieben, und es kommt zu einem Intermezzo, als ich unterschreiben soll. Ich kann den Arm nicht bewegen, und Behrens muss für mich den Arm auf den Tisch heben. Er steckt mir die Feder zwischen die Finger und so schaffe ich es gerade, meinen Namen hinzukritzeln.

Die Verhöre gehen mehr oder weniger brutal noch eine Weile weiter. Jeden Tag werde ich hinauf in den 4. Stock gebracht und geschlagen, oder ich bin so schwach, dass sie herunter in die Zelle kommen und mich dort traktieren. Schließlich hängt mein Leben nur noch an einem Faden, und Behrens und Eckhardt merken, dass ich draufgehe, wenn sie so weitermachen. Das können sie vorläufig noch nicht zulassen.

Am 10. Dezember werde ich auf der Krankenbahre ins Internierungslager Ulven außerhalb von Bergen transportiert. In der Wachstube bekommen zwei Gefangene den Befehl, mich in die Gefängnisbaracke zu tragen. Dort sind Professor Nils Henrik

Kolderup und ein guter Freund und Skikamerad, Carl Frönsdal. Sie versuchen mich zu beruhigen und Kolderup sagt: »Jetzt brauchen Sie keine Angst mehr zu haben, hier werden Sie es gut haben.«

Und Frönsdal fragt: »Wie heißen Sie?«

»Aber Kalle, das bin doch ich, Oscar!«

Er schaut mich ungläubig an. »O Gott im Himmel …!«

Ich habe ein Gefühl, als ob etwas in meinem Innern zerbricht. Bin ich so entstellt, dass nicht einmal enge Freunde mich wieder erkennen?

Mein Leben im »Verlies«

Als ich an jenem Dezembertag im Advent 1941 in Ulven abgeliefert wurde, war ich fünf Wochen lang täglich von der Gestapo verhört worden, davon vier Wochen ohne Schlaf.

Der Befund war folgender:

Die Wirbelsäule war zwischen dem vierten und fünften Wirbel angebrochen, die Beckenpartie war zerquetscht und die Muskeln am Darmausgang waren zerstört, so dass ich meine Ausscheidungsfunktionen nicht regulieren konnte. Die Arme waren teilweise an den Schulterblättern ausgerissen, ich hatte ein gebrochenes Nasenbein und andere Gesichtsverletzungen sowie Brandwunden an Gesäß und Schenkeln. Zusätzlich waren die inneren Organe und der Körper im Allgemeinen ernsthaft geschädigt von Stößen und Schlägen, und Professor Kolderup konstatierte, dass ich von den Schultern bis zu den Knien blauschwarz war. Mir wurden an mehreren Stellen Nadeln in die Haut gesteckt, ohne dass irgendeine Reaktion erfolgte.

Dazu kam der allgemeine Schwächezustand wegen der Nervenbelastung und des Schlafmangels; meine Körpertemperatur lag gleich bleibend bei etwa 39° C, das Fieber sollte noch lange Zeit anhalten. Es ging ums nackte Überleben.

In dieser Situation erwiesen die Deutschen wieder ihren »Sinn für Mitmenschlichkeit«. Der einzige Ort, wo ich hingehörte, war ein Krankenhaus mit chirurgischer Abteilung. Stattdessen wurde ich in ein Gefangenenlager gebracht, aber nicht nur das: Gleich bei meiner Ankunft wurde ich, von der übrigen Belegschaft abgetrennt, in eine Baracke für besonders gefährliche Gefangene untergebracht und in eine Einzelzelle gelegt.

Man wollte verhindern, dass Kolderup mir das Leben leichter machte.

»Hier wirst du es gut haben«, hatte Kolderup gesagt. Das musste verhindert werden.

Ich war in *Lenkegjengen* gelandet, was etwa so viel bedeutet wie »Verlies«. Der Sinn dieser Unterbringung war, dass wir fünfzehn Insassen von jedem Kontakt mit den anderen Gefangenen und der Umwelt abgeschirmt werden sollten, und die deutschen Wächter legten sich mächtig ins Zeug, um diesen Befehl auszuführen. Aber ganz glückte das nie. Schon am ersten Tag in der Wachstube gelang es mir, eine Nachricht an Mons Haukeland hinauszuschmuggeln. Es war Professor Kolderup, der mir zuflüsterte, dass Haukeland schrecklich Angst habe, dass ich etwas verraten hätte.

»Grüß ihn und sag ihm, dass alles in Ordnung ist«, sagte ich.

Der Professor lächelte. »Gott sei Dank, er ist in den letzten Tagen vor Angst nicht mehr von der Toilette runtergekommen.«

Dann wurde ich weggetragen.

Sie legten mich auf die Pritsche, und dort lag ich hilflos wie ein Kind. Ich konnte nicht zur Essensluke kriechen, nicht die elementarste Hygiene besorgen – sogar die Deutschen kamen darauf, dass ich eine Art Hilfe brauchte, wenn nicht aus humanitären, dann aus praktischen Gründen. Es hätte einen eigenartigen Eindruck gemacht, wenn ich nach all den Torturen an etwas so Banalem wie Hunger gestorben wäre.

Auch auf diesem Gebiet schaffte es Behrens, seine Meisterhand zu zeigen. Einer von den Männern in *Lenkegjengen* war Fähnrich Harald Skjold, der im Alltag Revisor in einer Sparkasse gewesen war. Er hatte zu einer Gruppe gehört, die unter deutschen Soldaten Propaganda ausgestreut hatte, eine der merkwürdigsten Formen des Widerstands während des ganzen Krieges, und die Gestapo hatte ihn 45 Tage lang verhört und gefoltert. Er ist der Einzige außer mir selbst, von dem ich gehört habe, dass er der Spritzenkur ausgesetzt worden ist. (Nach dem Krieg habe ich mit vielen Ärzten gesprochen, um herauszufinden, was die Spritze beinhaltet haben könnte, aber vergeblich.)

Jetzt wartete er auf sein Todesurteil; er hatte sich damit abgefunden, dass sein Leben bald vorbei sein würde.

Lenkegjengen, das »Verlies« in Ulven, wo Magnusson nach der Misshandlung ebenso wie 14 andere Gefangene in Einzelhaft kam. Nur eine geringe Zahl von ihnen überlebte die Kriegsjahre. Die Baracke steht noch immer als Zeugnis für die Untaten der Gestapo.

Er war blond und breitschultrig, ein standhafter, ruhiger Mensch, der sich durch nichts aus der Fassung bringen ließ. Er sprach mit leiser und freundlicher Stimme, und ich konnte mir vorstellen, wie diese Bedächtigkeit die Gestapoleute aus dem Konzept gebracht haben musste.

Ein Todesurteil war deshalb nicht genug für Behrens, er musste mit Sicherheit wissen, dass es auch vollstreckt wurde, dass er wirklich seine Rache bekam. Am liebsten sähe er auch, dass der Bursche gedemütigt würde, bevor er in den Tod ging. Wie sollte er das anstellen? Er appellierte an Harald Skjolds Ehre als norwegischer Offizier. Bitte sehr, Sie können sich frei innerhalb des Lagers bewegen, aber wenn Sie fliehen, gibt es Repressalien für die anderen Gefangenen. Versprechen Sie, sich ruhig zu verhalten? Skjold musste es versprechen. Geben Sie mir Ihr Ehrenwort? Skjold gab sein Ehrenwort. Er kannte Ulven wie seine Westentasche, er hatte selbst dort Dienst getan und es wäre ein Leichtes für ihn gewesen, sich in den Wald zu verdrücken. Aber er hatte sein Ehrenwort gegeben, damit war die Sache klar.

Behrens' teuflischer Plan war aufgegangen …

Und dann, wie um Salz in die offene Wunde zu streuen: Behrens hatte einige Gänse zur Mast in Ulven, in einem Gehege am Waldrand. Ob sich Harald Skjold derer annehmen würde? Behrens beabsichtigte, sie auf dem Weihnachtstisch zu haben, und sie sollten so dick und fett wie möglich werden.

So wurde es die letzte Aufgabe im Leben dieses Mannes, für das Weihnachtsessen seines Henkers zu sorgen.

Gleichzeitig wurde er gebeten, sich meiner anzunehmen. Er wohnte in derselben Baracke, und die ganze Pflege, die ich in diesen ersten Wochen bekam, habe ich Harald zu verdanken. Er wusch mich und pflegte meine Wunden, er saß auf der Pritsche und fütterte mich mit dem Löffel. Er trug mich auf seinen Armen hinaus auf die Latrine, trocknete mir den Schweiß von der Stirn und legte mir das Kissen zurecht, er kümmerte sich um mich wie ein lieber Bruder. Als ich mich wieder so weit erholt hatte, dass ich sprechen konnte, versuchte ich ihn dazu zu überreden, abzuhauen.

Vier Gefangene – Mons Rasmussen, Harald Skjold, Alfred Offerdal und Gustav Gjertsen – wurden im Lager fotografiert und sandten das Bild und einen letzten Gruß an Magnusson. Kurze Zeit später waren alle vier hingerichtet.

Lieber Oscar!
Wir senden dir unsere besten Grüße. Wir sind guten Mutes, hoffen das Beste, sind aber auf alles vorbereitet. Jetzt haben wir alles in Gottes Hand gelegt und da sind wir sicher. Alles Gute und auf Wiedersehen.

Herzliche Grüße …

»Nein, Oscar«, sagte er. »Du weißt, ich habe mein Ehrenwort gegeben.«

»Ehrenwort! Behrens ist selbst der Erste, der ein Ehrenwort bricht. Die Deutschen geben einen Dreck auf die Ehre. Verstehst du nicht, dass sie dich ausnutzen?«

»Ich verstehe es, aber denk an die Repressalien.«

»Harald, bei dir geht es um Leben und Tod. Wenn die anderen zehn oder zwölf Stunden Appell stehen müssen, glaubst du nicht, dass sie das mit Freude machen? Hau ab!«

»Ich kann nicht, Oscar.«

Wie er starb, erfuhr ich später von Pastor Brekke. Es geschah am 23. Januar, und ich war zum Lazarett Grönnestölen überführt worden, als sie ihn holten. Gleich nach der Hinrichtung war ein deutscher Soldat zu Pastor Brekke gelaufen und hatte verzweifelt geweint: »Was für Menschen sind wir Deutschen, dass wir einen Mann wie Harald Skjold erschießen können? Es steht auf unseren Gürteln, dass Gott mit uns ist, aber das kann nicht wahr sein, das kann nicht wahr sein.«

Der Pfarrer hatte ihn nach und nach beruhigt, und da hatte der Soldat erzählt, was geschehen war: Als Harald aufgestellt worden war, um hingerichtet zu werden, hatte er sich an den Zug und an den Offizier gewandt und sie gebeten, keine Gewissensbisse zu haben.

»Ich bin norwegischer Offizier«, hatte er gesagt, »und ich weiß, was Befehle sind. Ihr führt nur einen Befehl aus. Ich bin bereit zu sterben.«

Sie hatten gefragt, ob er eine Binde vor den Augen haben wollte. Nein, aber er wollte das Vaterunser beten. Als er fertig war, schaute er zum Himmel und sagte: »Vater, ich übergebe mich in deine Hände …« Und danach zu den Soldaten: »Jetzt bin ich bereit.« Er stand ruhig und blickte aufwärts, als der Schuss fiel.

Mir war von Behrens verboten worden, mit jemandem zu sprechen, er war jetzt überzeugt davon, dass mein Geständnis Lüge

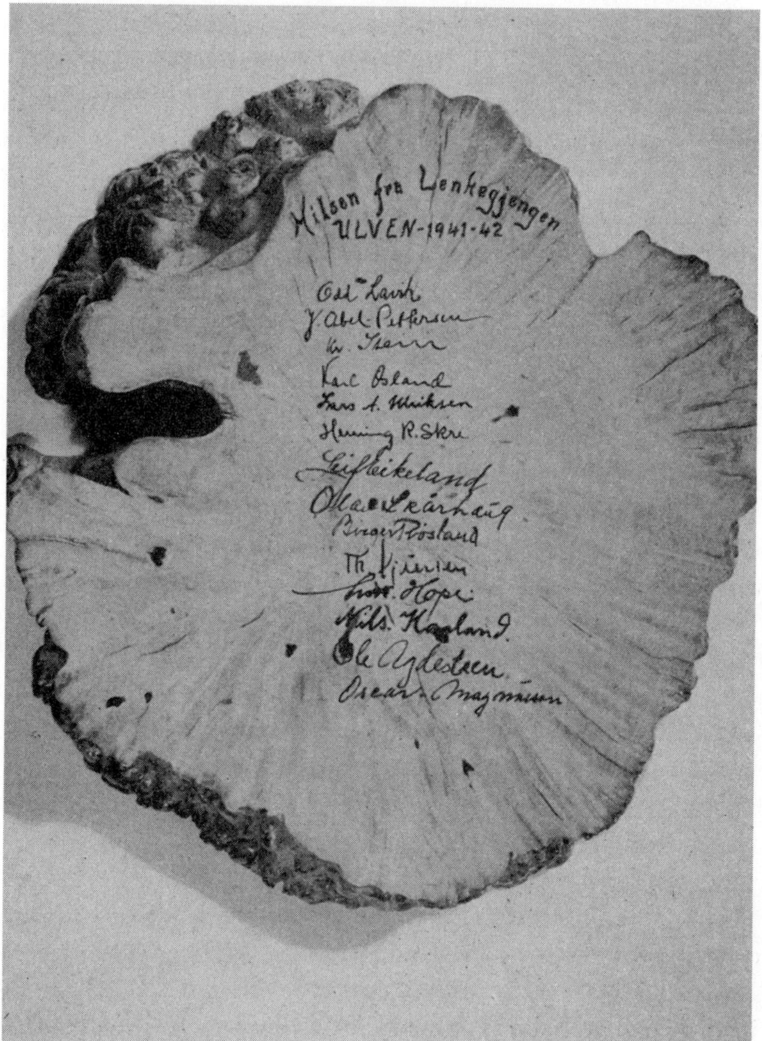

Während des Aufenthaltes in Ulven machte Magnusson diese Holzscheibe aus einer Wurzel und schaffte es, sie zu Nina hinauszuschmuggeln. Die gefangenen Kameraden schrieben ihre Namen darauf. Als der Krieg zu Ende war, waren die meisten hingerichtet oder an Krankheit und Hunger gestorben.

und eine verdammte Erfindung war, und einmal tauchte er in Ulven auf, um die Angelegenheit weiterzuverfolgen. Aber ich war so elend, dass er es aufgeben musste, und im Großen und Ganzen lebte ich in meiner eigenen isolierten Welt.

Eines Abends hörte ich einen kratzenden Laut, ganz nahe, und als ich den Kopf drehte und zur Wand schaute, bemerkte ich ein Loch im Falz zwischen zwei Brettern. Es weitete sich und Späne fielen aufs Bett.

»Hallo Oscar!«

»Ingebrigt!«

Wir mussten flüstern, aber das Loch wurde größer und dann war er wieder da.

»Wie geht es dir, sie haben dich auch nicht geknackt, was?«

Die warme, melodiöse Stimme ließ keinen Zweifel zu, hier hatte ich Ingebrigt Valderhaug von Alesund zum Zellennachbarn bekommen. Verständlich, dass das dem Gemeinschaftsgefühl einen Aufschwung gab.

»Nicht wirklich«, flüsterte ich zurück. »Und dich?«

Er erzählte mir, wie es ihm ging – er sei bei Gesundheit, wie er sich ausdrückte, obwohl es damit nicht weit her sein konnte. Ich wusste ja inzwischen, wie die Gestapoleute ihre Gefangenen behandelten.

Dann erinnerte ich mich: »Gratuliere übrigens.«

»Ja, danke, das waren tolle Flitterwochen!«

Guter, alter Ingebrigt, alles wurde heller jetzt, da ich wusste, dass er in der Nähe war.

Ich konnte ihn vor mir sehen, wie er auf der Pritsche lag auf der anderen Seite der Wand, groß und blond und ein bisschen schmal im Gesicht – wie ich ihn zum ersten Mal gesehen hatte, als er zu mir nach Hause in die Smaastrandgaten kam, und später, als ich ihn im vorletzten Herbst mit der *Leda* nach England schickte. Und hier trafen wir uns wieder …

Ingebrigt Löeg Valderhaug war sein voller Name, und ich möchte gern ein bisschen über ihn erzählen; er war zu dem Zeitpunkt gerade 27 Jahre alt geworden.

Bei Kriegsausbruch war Ingebrigt auf der Festung Akershuis in Oslo als Cheftelegraphist des Verteidigungsministeriums stationiert gewesen und am 9. April 1940 hatte er die letzten Anweisungen an militärische Abteilungen gesandt. Danach war er getürmt.

Er hatte eine gründliche Ausbildung in Telegraphie. 1937 war er mit besten Zeugnissen von der Steuermannsschule in Alesund abgegangen, das Jahr darauf absolvierte er den Telegraphielehrgang der Seemannsschule Oslo, ebenfalls mit besten Zeugnissen, und 1939 war er als Telegraphist im Ausland zur See gefahren. Er verstand etwas von seinem Handwerk. Es war wichtig für die Besatzer, eines Mannes habhaft zu werden, der in einer solchen Schlüsselposition im Verteidigungsministerium gesessen hatte, und durch den Norwegischen Rundfunk wurde er aufgefordert, sich zurückzumelden. Das tat er auch in gewisser Weise: Zusammen mit einem anderen Telegraphisten kam er zurück nach Akershus, drang in den Senderaum vor und zerstörte die Geräte, ebenso einige Meldungen von Landesverrätern, die schon zur Sendung bereitlagen. Danach machte er sich auf den Weg über die Hardangerweite, um sich den norwegischen Abteilungen anzuschließen, aber er schaffte es nicht, bevor Südnorwegen kapitulierte. Daher begab er sich nach Hause nach Alesund, und bevor der Sommer vorüber war, hatten er und einige Kameraden aus Oslo einen Radiosender gebaut, den er nach Bergen mitbrachte. Und das war der Zeitpunkt, als ich ihn kennen lernte. Er hatte sich zu der Zeit der Stein-Organisation angeschlossen. Dann wurden einige Radioteile gebraucht, die sich nicht beschaffen ließen, und Stein schlug vor, es bei mir zu versuchen. Es gelang mir, ihm zu helfen, und von da an waren wir gute Freunde.

Im Spätsommer 1941 musste Ingebrigt nach England hinüber, um mehr Ausrüstung zu beschaffen und Kontakte zu knüpfen. Ich wurde gebeten, den Transport zu organisieren, und am 2. September fuhr er davon.

Ich hatte eigentlich nicht damit gerechnet, ihn vor Kriegsende wieder zu sehen. Und hier waren wir nun …

Alles ist relativ, heißt es, und in den folgenden Tagen wurde es direkt gemütlich in Ulven, dank Skjold und dem Kontakt mit Ingebrigt durch das Loch in der Wand. An den Abenden konnten wir stundenlang daliegen und flüsternd Gespräche führen, und wir kamen mit der Zeit auf alle möglichen Themen – vor allem die nahe liegenden, Leben und Tod. Ebenso wie Skjold machte er sich keine Illusionen über sein eigenes Schicksal. Es kann nur ein Ende geben, meinte er, und sosehr er das auch beklagte, bereute er nichts. Es tat ihm nur Leid, dass er es nicht geschafft hatte, mehr auszurichten. Es wirkt vielleicht eigenartig, dass ich ein Wort wie »gemütlich« in dem Zusammenhang verwende, aber die ganze Situation war eigenartig und unwirklich. Nach dem, was wir durchgemacht hatten, war der Tod eine nahe Möglichkeit geworden, über die sich diskutieren ließ wie über alles andere. Und gerade das – dass wir einen Mitmenschen trafen und das aussprechen konnten, was uns bedrückte – gab der Seele Ruhe und ein Gefühl von Wohlbefinden. Wir schafften uns eine Art Ausgleich.

Es gibt etwas Merkwürdiges, über das ich seither oft nachgedacht habe. Nach dem Krieg hat man so viel über Kontaktschwierigkeiten gelesen, über die Einsamkeit der Menschen – dass sich gleichsam jeder freiwillig in seine Einzelzelle einschließt und nach Wärme ruft, während er inwendig erfriert. Während des Krieges kratzten wir Löcher in die Zellenwand und gaben einander Wärme. Warum ist diese Fähigkeit zur Mitmenschlichkeit verloren gegangen?

Ingebrigt erzählte von den Verhören bei der Gestapo. In England war er gebeten worden, einen Auftrag für den britischen Nachrichtendienst *Secret Intelligence Service* anzunehmen, und als britischer Sergeant war er 14 Tage später nach Norwegen zurückgekommen und hatte Kontakt zur Seespionage in Alesund aufgenommen. Dann war er wieder nach Bergen heruntergefahren und hatte sich zur Tarnung als Student der dortigen Seemannsschule angemeldet. Es war dann seine Absicht gewesen, den Kontakt zur Stein-Organisation abzubrechen, nicht, weil er sich mit ihr überworfen hatte – er schätzte sowohl Kristian Stein als auch die Gruppe sehr –, sondern weil die Aufträge von einem solchen

Charakter waren, dass er aus Sicherheitsgründen eine separate Zelle aufbauen musste. Dann jedoch wurde die Stein-Organisation aufgedeckt und er wurde ebenfalls gefasst.

Die Gestapo hatte ihn nicht mit Samthandschuhen angefasst, und er erzählte etwas, das ihn auf eine ziemlich treffende Weise charakterisierte:

Eines Tages hatten die Gestapoleute mit ihm »Ball gespielt«, genau wie mit mir, und zuletzt war Ingebrigt so blind vor Wut über diese erniedrigende Vorstellung, dass er es nicht länger ertrug.

»Ich hielt es nicht mehr aus«, sagte er, »ich musste mich wehren. Es war so ungefähr das Dümmste, was ich machen konnte, aber die Rohlinge behandelten mich wie ein Paket Abfall, Oscar, ich hatte das Gefühl, als würde ich mit zu ihnen in den Schmutz gezogen werden, und *das* hielt ich nicht aus.«

Er hatte es geschafft, zwei Männer zu Boden zu schlagen, bevor sie sich besinnen konnten. Was danach geschah, will ich lieber nicht erzählen. Ja, ich kannte die Situation. Der Unterschied war, dass ich nur daran *gedacht* hatte, während er es *getan* hatte. Dass das ein Todesurteil war, darüber war er sich im Klaren.

»Du hast wohl auch keine große Chance«, sagte er, »aber du hast jedenfalls eine. Ich habe keine.«

»Aber schaffen sie es, dir etwas nachzuweisen? Kannst du nicht alles abstreiten?«

»Ich wurde durchsucht. In meiner Westentasche fanden sie – du wirst nie erraten, was …«

»Nein?«

»Einen Busfahrschein aus London«, schnaubte er.

Ingebrigt war frisch verheiratet. Während er im Kreisgefängnis Bergen saß und von der Gestapo verhört wurde, ging seine Verlobte Gjertrud zu Pastor Brekke. Sie bat ihn, für sie und Ingebrigt eine Heiratserlaubnis zu erwirken. Ingebrigt war sich damals schon sicher, dass er hingerichtet werden würde, und hatte versucht, ihr das auszureden. Aber Gjertrud hielt daran fest, sie wollte ihr Schicksal mit dem Mann verbinden, den sie liebte. Eines Tages wurden sie von Pastor Brekke im Gefängnis getraut. Gleich nach der Zeremonie wurde Ingebrigt zurück in die Zelle gebracht und sie sahen einander nie wieder.

Es wurde ein merkwürdiges Weihnachten.

Das Leben in Ulven bot niemandem viel Abwechslung und für uns im Verlies wurde es in keiner Beziehung besser, wir waren auf unsere Zellen beschränkt, durften nicht hinaus, uns nicht bewegen, alles war verboten. Nur bei besonderen Gelegenheiten gewährte man uns eine Gnade, da öffneten die Wächter die kleine Essensluke, so dass wir dem Gesang und der Musik der anderen in der Baracke lauschen konnten. Da hörten wir einmal diese Strophen, die das Stein-Mitglied Kalle Osland gedichtet hatte und nun auf der Mandoline begleitete:

Wenn's im Leben nicht geht, wie es sollte,
die Welt aus dem Gleichgewicht ist,
dann reichen wir still uns die Hände,
denn die Hoffnung in uns ist gewiss.
Stimm ein Lied an, mein Freund, heb die Hände hoch,
denn wir leben noch, ja, wir leben noch.

Am Weihnachtsabend hörten wir Weihnachtslieder und bekamen ein bisschen mehr aufs Tablett. Das war alles.

Nur *eine* Form von Abwechslung konnten die Deutschen uns nicht gut verweigern, und das war, austreten zu gehen. Die Latrine lag am anderen Ende des Lagers, und wenn wir dorthin sollten, wurden wir von einer Wache begleitet, die draußen stand und wartete. Ich, der ich nicht selber gehen konnte, wurde von Harald Skjold getragen. Wir ließen uns viel Zeit bei diesen Exkursionen; es sah so aus, als sei die Darmträgheit in *Lenkegjengen* allgemein verbreitet, und es kam vor, dass ich Bekannte traf und ein paar Worte mit ihnen wechselte. Einer von ihnen war Kristian Stein.

Er war am Boden zerstört und voller Selbstvorwürfe; er hatte das Gefühl, dass er die Schuld an allem trug, was geschahen war.

»Ich hätte tun sollen, was du gesagt hast, Oscar …«

Es hatte wenig Sinn, jetzt darüber zu spekulieren. Ich versuchte die Dinge ins rechte Licht zu rücken und ihn von der großen Bedeutung zu überzeugen, die die Stein-Gruppe gehabt hatte, nicht zuletzt für die Zukunft.

»Du musst bedenken«, sagte ich, »dass wir alle Amateure sind und dass wir Fehler machen müssen, um daraus zu lernen. Der, der vorangeht, muss experimentieren, damit die, die nachkommen, etwas haben, worauf sie aufbauen können … So ist das überall im Leben …«

Ich weiß nicht, ob er darauf gehört hat, aber ich wollte es zumindest gesagt haben.

Ein anderes Mal kam er darauf zu sprechen, was bei der Gestapo geschehen war. Sie hatten ihm kein einziges Haar gekrümmt, das war nicht nötig gewesen. Und trotzdem hatte er wie ein Löwe für die Kameraden gekämpft.

Ich sah die Szene vor mir: Behrens gut gelaunt mit freundlichem Lächeln und lieblichen Versprechungen, Stein am Anfang skeptisch – und dann bereit zu glauben, dass es die Worte eines ehrlichen Mannes waren.

»Hören Sie, Stein, das sind ja Bubenstreiche, und wir haben anderes zu tun. Erzählen Sie uns jetzt alles, dann können wir die Sache aus der Welt schaffen.«

Stein hatte nach den Kameraden gefragt, was mit ihnen geschehen würde, und Behrens hatte versichert, dass alle davonkommen würden. »Natürlich müssen wir sie registrieren, das verstehen Sie sicher selbst, aber danach …«

Und Behrens hatte wirklich eine große Anzahl laufen lassen. Sie durften auf freiem Fuß sein, bis die Gestapoleute aus Stein herausbekommen hatten, was sie wissen wollten, und dann wurden sie der Reihe nach wieder eingesammelt.

»Ich vertraute ihm, Oscar, ich vertraute ihm total …«

Naiv? Ja. Und dennoch – nur eine solche Haltung kann uns letztendlich eine bessere Welt bescheren. –

Eines Sonntags kommt es zu einer dramatischen Episode, als Harald Skjold und ich auf dem Weg zurück von einem Besuch bei der Latrine sind. Er trägt mich auf den Armen wie ein Wickelkind.

Wir sind ein Stück hinaus auf den Appellplatz gekommen, als wir eine Gruppe von SS-Männern treffen, Behrens, Eckhardt und Klötscher sind da und sechs, sieben andere, alle in Uniform. Bei meinem Anblick erstarrt Behrens, dann wird er rot im Gesicht und tobt: »Lass ihn runter, das Schwein ist nicht kränker als ich, der kann selber gehen!«

Skjold hat keine Wahl, ich gleite auf den Boden. Da liege ich im Schlamm, die Deutschen stellen sich im Kreis um mich auf. Behrens beginnt zu treten.

»Geh!«

Ich krabble auf den Knien.

»Geh, verdammtes Schwein!«

Ein neuer Tritt, der mich wieder umhaut.

»Bitte, Behrens, ich muss ins Krankenhaus, mein Rücken …«

»Ich werde dir einen Rücken geben, oh, ich werde dir einen Rücken geben, Magnusson. Ich werde ihn mit meinen eigenen Händen brechen, und wenn er zusammengewachsen ist, werde ich ihn wieder und wieder brechen – wo sind die Pässe?«

Haben Sie schon mal versucht zu kriechen, ohne die Arme zu gebrauchen? Während Behrens nach mir trat, wand ich mich durch den Schlamm, und da hörte ich das Geheul. In den Baracken ringsum hatten die Gefangenen bemerkt, was vor sich ging, und jetzt standen sie an den Fenstern und heulten ihr Urteil über die Deutschen heraus, ein lang gezogenes, volltönendes Geheul, das kein Ende nehmen wollte. Einige von den Gestapoleuten wurden nervös und legten die Hand an den Revolverschaft, während Behrens nichts anderes im Sinn hatte als mich im Schlamm. Er tanzte um mich herum, trat und schrie, und ich wand und krümmte mich wie eine Kohlraupe, bis ich auf der ersten Treppenstufe total erschöpft zusammensank. Skjold wollte mich aufheben, wurde aber brutal weggeschoben.

»Die Pässe!«

Ich schnappte nach Luft.

»Ehrenwort, Magnusson, du wirst erschossen, ich schwöre es dir – du wirst sterben, ich werde dich eigenhändig erschießen, du Abschaum der Hölle ...«

Er hatte Schaum vorm Mund und war nahe daran, verrückt zu werden, es war grässlich.

Ich rutschte die Stufen hinauf und kroch den Boden entlang in den Korridor. Das Geheul von den Baracken wurde stärker und erfüllte die Luft. Erst dann hörte er auf. Er wandte den Kopf und horchte, kam gleichsam zu Bewusstsein. Dann drehte er sich plötzlich auf der Treppe um und ging mit flatternden Rockschößen über den Platz. Seine Lakaien schlotterten gehorsam hinter ihm her. Und das Geheul stieg zum Sonntagshimmel hinauf.

Kurze Zeit später wurde ich ins Feldlazarett Grönnestölen überstellt. Es war der höchste Stabsarzt der SS im Vestland, Felix Rauscher, der von Professor Kolderup herbeigerufen wurde und die Sache in die Hand nahm. Rauscher war ein Mensch, Österreicher, und ein Arzt in Geist und Wahrheit. Er kam zu dem Ergebnis, dass es bei mir um Leben und Tod ging, und er sah es als seine Pflicht an, mir zu helfen. Er war eine Schande für die SS.

Der letzte Kontakt mit Behrens und die Abreise nach Deutschland

Grönnestölen war vor dem Krieg eine Schule gewesen, aber das Gebäude wurde nun als Feldlazarett für deutsche Soldaten benutzt, und in der Lehrerwohnung war eine Abteilung mit fünf Betten für Patienten aus dem Internierungslager Ulven errichtet worden. Die ersten Tage wurde ich mit einem Verrückten zusammengelegt, und ich glaubte, selbst verrückt zu werden. Er schrie unaufhörlich, und einmal schleuderte er den vollen Nachttopf auf eine deutsche Wache. Dann wurde ich in ein ruhigeres Zimmer verlegt.

Dr. Rauscher tat für mich, was er konnte, aber er hatte keine leichte Aufgabe, weder medizinisch noch praktisch. Er wollte mich ins Haukeland-Krankenhaus verlegen lassen – Behrens sagte Nein. So flickte er mich zusammen, so gut es sich machen ließ, und stellte Rezepte für verschiedene Medikamente aus – Behrens blockierte sie. Da versuchte er, über den Kopf von Behrens hinweg zu dessen Vorgesetzten zu gehen, aber Behrens war der Stärkere von beiden.

Dennoch schaffte es Dr. Rauscher, *eine* Entscheidung durchzusetzen. Das Fieber wollte nicht aufhören, er musste mich röntgen lassen. Er brachte mich zum Haraldsplass-Krankenhaus, wo die Bilder mit aller Deutlichkeit die Rückenschäden zeigten, und in Grönnestölen legte er mich dann in eine Gipsschale, bis ein Eisenkorsett für mich gemacht war.

In dieser Zeit kam auch eine neue Frau in mein Leben, ich finde, ich muss es auf diese Weise sagen. Selten hat ein Mann mit größerer Erwartung nächtlichen Besuchen entgegengesehen. Borghild Styve war Rot-Kreuz-Schwester im selben Lazarett und es war ihr verboten, sich in der Gefangenenabteilung sehen zu lassen. Sie war hübsch und resolut, eine Krankenschwester von der Sorte, die einem Patienten das Gefühl vermittelt, dass er sich auf dem Weg der Besserung befindet. Wenn sie nur in der Tür erschien, folgte ihr Sicherheit wie ein Schatten.

Am frühen Abend, wenn alles dunkel und still war, kam sie hereingeschlichen wie eine Florence Nightingale und schaute nach uns Gefangenen. Sie wechselte Verbände, pflegte uns mit sanfter und tüchtiger Hand und dann erzählte sie Neues von draußen und übermittelte Nachrichten von Ehefrauen und Verwandten. Aus wunderlichen Verstecken in der weißen Schürze zog sie Medizinflaschen und Salbentuben hervor, und nach und nach verschaffte sie mir die Medikamente, die Rauscher mir verschrieben hatte. (Nur einmal musste Fräulein Styve passen – das war, als der Arzt optimistisch 1 Kilo Orangen verordnete. Ich habe das Rezept immer noch zur Erinnerung an seine edle Absicht.)

Dass dieser nächtliche Verkehr möglich war, war auch zwei anderen Menschen zu verdanken, die für mich taten, was sie konnten: die deutschen Krankenwächter Heinrich und Peter. Sie hatten nicht mehr Ahnung von Krankenpflege als irgendein Maurergehilfe, aber sie waren für den Kriegsdienst untauglich – Peter konnte zum Beispiel nicht schlafen –, und so waren sie hier in der Gefangenenabteilung gelandet. Sie hatten den Krieg satt und sehnten sich nach Hause zu Frau und Kindern, und sie mochten es am liebsten, wenn sie am Bettrand sitzen und mit uns in aller Freundschaft plaudern konnten. Sie riskierten sehr viel, wenn sie Fräulein Styve zu uns in die Abteilung ließen.

Nun versuchten die Deutschen merkwürdigerweise, bei aller Willkür eine Art juristische Fassade aufrechtzuerhalten. Praktisch tat die Gestapo, was sie wollte, Behrens hätte mich im Bett ermorden und es als »auf der Flucht erschossen« protokollieren können, aber offiziell folgte man einem zivilisierten Schema. Es sollte eine Beschuldigung vorliegen und eine Anklageschrift ausgefertigt werden; die Sache musste einem Gericht vorgelegt werden und die Gefangenen hatten das Recht auf einen Verteidiger. Freilich glänzte in diesem System Frau Justitia durch Abwesenheit, aber ein gewisses

Minimum an Hoffnung hatte man doch. Sofern man noch am Leben war, wenn die Sache vor Gericht kam, konnte der Richter – wenn er nur eine Spur von Anstand besaß – dem Ärmsten eine neue Chance geben: Er war in der Regel nicht verpflichtet, die Todesstrafe zu verhängen. Natürlich ist es Geschmacksache, ob man schnell durch eine Kugel sterben oder später auf einem Leichenhaufen in Deutschland enden will, aber es ist so eigenartig: Solange man lebt, gibt es Hoffnung. Mit anderen Worten – ich hätte so furchtbar gern eine Nachricht an den Verteidiger geschickt. Ich wusste nicht, wer er war, die Deutschen hatten zwei, drei Rechtsanwälte in Bergen benannt, die abwechselnd den Dienst versahen, und ich musste mit ihnen in Kontakt kommen.

Ich grübelte lange darüber. Das, was ich sagen wollte, war von solcher Art, dass ich nicht irgendjemanden damit beauftragen konnte, die Nachricht zu übermitteln. Es musste Nina sein. Aber wie sie hierher nach Grönnestölen bringen? Ich redete frei heraus mit Heinrich und Peter, aber die wiesen den Gedanken von sich – irgendwo müsse es eine Grenze geben. Ich war da nicht so sicher.

Heinrich war aus Köln, er war verheiratet und hatte zwei kleine Mädchen, die er sehr lieb hatte, sie waren 6 und 8 Jahre alt. Nun traf es sich, dass ich eine Schachtel »Kong Haakon« hereinbekommen hatte, und eines Tages bot ich Heinrich an, davon zu probieren. Er betrachtete das Konfekt lange, bevor er es in den Mund steckte, und dann seufzte er: »So etwas haben meine Mädchen noch nie gekostet!«

Man greift zu den ungewöhnlichsten Mitteln, wenn das Leben auf dem Spiel steht. Durch Borghild Styve gab ich Nina Bescheid, noch eine Schachtel zu beschaffen. Nina erklärte die Situation einer Dame in einem Schokoladengeschäft in Aeolusbygget, und eines Tages wurde eine neue Schachtel »Kong Haakon« hereingeschmuggelt, die ich Heinrich verehrte.

»Die sollst du deinen Mädchen schicken«, sagte ich, »und erzähl ihnen, dass sie von Papa ist, und nicht von mir.«

Heinrich bedankte sich so herzlich, dass es mir ins Herz schnitt. Jetzt saß er in der Falle. –

Einige Tage später hatte ich ihn überredet, Nina hereinzuschmuggeln. Ich weiß nicht, wer sich mehr fürchtete, als sie zum ersten Mal auf Besuch kam, Peter und Heinrich, die Wache standen, oder Nina selber. Falls sie erwischt würde, sollte sie tun, als ob sie ein »Soldatenliebchen« wäre, das kam, um sich mit Heinrich zu treffen. Und sie hatte sich wie eine richtige Hure herausgeputzt. Ich sperrte die Augen auf, als ich sie kommen sah.

Dann saß sie auf der Bettkante und alles war gut. Peter wandte uns höflich den Rücken zu, als ich sie küsste und an mich drückte. Unglaubliche Zeiten folgten, Nina wurde direkt heimisch in den folgenden Monaten. Einmal musste sie in einen Schrank gesperrt werden, als eine Inspektion in die Abteilung kam, ein anderes Mal glückte es im letzten Augenblick, sie im oberen Stock zu verstecken. Peter wurde schlafloser als je zuvor, und Heinrich war nicht mehr so entzückt über das Konfektgeschenk.

Dann erreichte mich eines Tages eine Meldung. In der Widerstandsgruppe waren alle Hebel in Bewegung gesetzt worden, um mich aus Grönnestölen herauszuholen. Ich sollte nach England geschickt werden. Die Begründung war, dass man mit weiteren Verhören rechnete, und man wollte nicht das Risiko eingehen, ob ich eine weitere Runde ertragen würde. Eine Reihe von Leuten befasste sich mit dem Projekt. Der Plan war, dass ich von einem Polizeiauto abgeholt werden sollte mit der offiziellen Begründung, dass ich zur Gestapo gebracht würde. Es waren Uniformen beschafft worden und Schlüssel und alles, was dazugehörte. Ich konnte ja nicht ohne Hilfe gehen, so war eine Bahre bereitgestellt worden, und man wollte mich nach Hagevik fahren und von dort aus in den Schärengürtel bringen, wo ein Schoner nach England auf mich wartete. Aber die endgültige Entscheidung lag bei mir selber.

Eines Abends erörterte ich die Sache mit Nina.

»Ja, Oscar«, sagte sie, »du musst selbst bestimmen, aber ich bitte dich, die Konsequenzen zu bedenken. Du weißt, was Behrens dir geschworen hat …«

Genau das war es. Wenn ich türmte, würde Behrens gegen meinen Vater und meine vier Brüder Repressalien ergreifen, und dieses Mal glaubte ich ihm aufs Wort.

»Aber sie werden nicht erschossen«, sagte ich.

»Nein, das werden sie wohl nicht, aber verkraftet es dein Vater, wenn er den Deutschen in die Hände fällt? Denk daran, er ist jetzt ein alter Mann, Oscar …«

Das war eine harte Entscheidung. Auf der einen Seite die Möglichkeit, von allem wegzukommen. Weg von Behrens und den Knüppeln und der nagenden Angst, auf der anderen Seite mein Vater und meine Brüder – ich wog das Für und Wider ab. Würde ich weniger Angst haben, wenn ich nach England zog und darüber phantasierte, was Behrens daheim mit ihnen machte? Ich überlegte und grübelte tagelang.

Und dann steckte ich das Gesicht ins Kissen und beschloss dazubleiben, das anzunehmen, was kommen würde. Ich bat Nina, die Entscheidung weiterzugeben.

An diesem Tag hatte ich das Gefühl, alle Brücken niederzureißen. Und ich hatte ein bisschen Mitleid mit mir selbst.

Monate vergingen und es wurde Frühling. Eines Tages Anfang Mai sagte ich Borghild Styve, Peter und Heinrich Ade und wurde auf der Bahre ins Kreisgefängnis von Bergen gefahren. Meine Sache sollte vor Gericht.

Ich war immer noch ziemlich geschwächt. Ein bisschen Gefühl hatte ich in die Arme bekommen, das Eisenkorsett stützte meinen Rücken, so dass er nicht mehr so gewaltig schmerzte, und ich konnte mich auf eigenen Beinen vorwärts schleppen, wenn mich an beiden Seiten jemand stützte. Aber sonst war nicht viel mit mir los. Das Fieber kam und ging, die Muskeln schmerzten und ich fühlte mich elend und zerschlagen. Besonders hübsch anzusehen war ich auch nicht mit der gebrochenen Nase und ohne Haare. Aber das Schlimmste waren die Schäden im Beckenbereich, die dafür verantwortlich waren, dass ich meine Schließmuskeln nicht unter Kontrolle hatte. Ich fühlte mich wie ein Baby.

Im Gefängnis traf ich Ingebrigt Valderhaug wieder, unsere Angelegenheiten sollten gleichzeitig vor Gericht gebracht werden. Ich war ziemlich sicher, dass das das Ende für uns beide bedeuten werde, und Ingebrigt war davon überzeugt. »Am Mittwoch passiert es«, sagte er.

Er hatte sich damit abgefunden.

Ich weiß nicht, wer von uns beiden davon anfing, aber wir fanden heraus, dass wir beide den Wunsch hatten, zum Abendmahl zu gehen. Wir fragten Pastor Brekke, ob er uns das ermöglichen könnte, und schon am selben Abend wurden wir in eine Zelle geführt, die er hatte vorbereiten dürfen. Es war ein kleiner Altar aufgestellt worden mit einer schönen Decke und zwei Kerzen, einer aufgeschlagenen Bibel, einem Kelch mit Wein und einem kleinen Silberteller mit dem Abendmahlsbrot. Ingebrigt und ich knieten nieder, und dann las Brekke die Einsetzungsworte und reichte uns Brot und Wein. Er sprach uns die Sündenvergebung zu, und nachdem die eigentliche Zeremonie beendet war, hielt er eine kleine Predigt für uns. Die Worte waren zu persönlich, um sie hier wiederzugeben, aber er schloss damit ab, uns zu danken für das, was wir seiner Meinung nach getan hatten, und er sagte, dass wir uns nicht fürchten sollten. Ich glaube, wir beide, Ingebrigt und ich, waren damals bereit zu sterben. Wir fühlten eine tiefe Ruhe, und als wir uns auf dem Gang voneinander verabschiedeten, sagte ich zu ihm:

»Wir müssen der Tatsache ins Auge sehen, Ingebrigt, dass wir am Ende des Weges angelangt sind. Aber wir müssen an das denken, was Brekke uns ans Herz gelegt hat: dass es nichts gibt, wovor wir uns fürchten müssten.«

»Nein, es soll kommen, was mag, ich habe keine Angst, Oscar. Leb wohl!«

»Leb wohl, du auch!«

Wir reichten einander die Hand, und dann kamen die Wächter und führten uns weg.

Ich rechnete damit, zum letzten Mal mit ihm gesprochen zu haben, aber so war es nicht. Denn während das geschah, lag Behrens in einem Landhaus auf dem Fußboden und tat seinen letzten Atemzug. Und so war die Lage mit einem Schlag anders geworden.

Ich war wahrscheinlich der Erste im Gefängnis, der davon erfuhr. Spät in der Nacht erwachte ich, und dann hörte ich eine Stimme, die eindringlich flüsterte: »Oscar, Behrens ist tot!« Ich wartete auf die Fortsetzung, aber sie kam nicht.

»Wer bist du?«, flüsterte ich.

»Warum fragst du, *Behrens ist tot!*«

Die Schritte entfernten sich rasch, und alles wurde wieder still. Wer war das? Ich weiß es bis heute nicht.

Dann brach das Unwetter los, und die Welt erlebte die Schandtat, die später als Telavag-Affäre bekannt wurde. Einige Stunden danach hörte ich Geklapper auf den Gängen, Türen wurden auf- und zugeschlagen, und die Rufe deutscher Soldaten vermischten sich mit dem Jammern und Klagen von erwachsenen Menschen, die wie Babys weinten. Ein Schlüssel wurde umgedreht und ein verschreckter Bursche im Alter von circa 14 Jahren wurde zu mir hereingeschoben. Ich richtete mich auf der Pritsche auf und nahm mich seiner an, so gut ich konnte. Der Ärmste war fast hysterisch vor Schock, er schluchzte und zitterte und ich legte einen Arm um seine Schultern und redete ihm gut zu, bis er sich entspannte. Dann erzählte er mir, was geschehen war.

Einige norwegische Verräter hatten der Gestapo gemeldet, dass ein Schoner nach Telavag gekommen war mit Waffen aus England. Eine Gruppe Gestapoleute unter Behrens und Klötscher war losgezogen, und die beiden Männer, die die Waffenladung herübergebracht hatten, waren im Schlaf überrumpelt worden. Sie erwachten, sahen die Deutschen, rissen die Pistolen unter ihren Kopfkissen hervor und schossen. Behrens und ein anderer Gestapomann wurden auf der Stelle getötet. Dann wurden die Norweger selbst von Klötscher getroffen. Er tötete sie nicht, verwundete sie aber so schwer, dass sie aufgeben mussten. Der Rest ist allgemein bekannt. Wie die Bevölkerung aus Rache deportiert und Telavag bis auf den Grund niedergerissen wurde, ist heute Weltgeschichte.

Schon während der Junge redete, wurde klar, dass Ingebrigt und ich einen Aufschub bekommen hatten. Behrens war erschossen worden und durch seinen Tod waren die Karten neu gemischt worden. In dem Durcheinander konnte es geschehen, dass Ingebrigt und ich mit dem Leben davonkamen. Und zunächst schien ich Recht zu bekommen.

Einige Tage später wurden alle Gefangenen von Ulven in einen Zug mit Kurs nach Osten verfrachtet. Ingebrigt und mir wurden reservierte Plätze zugeteilt – in einem Waggon, der für die ehemaligen Insassen von *Lenkegjengen* bereitgestellt worden war. Das nächste Reiseziel war Deutschland.

Stunde um Stunde rollten wir dahin.

Am Spätnachmittag geschah etwas Eigenartiges, das ich hier erzählen muss. Die Skeptiker können sagen, was sie wollen, aber dieses Ereignis gehört unbedingt dazu, wenn man meine Haltung zu dem, was mich in den kommenden Monaten erwartete, verstehen will. Ich weiß, dass die Episode wegerklärt werden kann, aber was sich wirklich ereignete, ist kontrolliert und bestätigt worden, so wie ich es hier wiedergebe. Es gibt keinen Zweifel darüber, dass mein gesamtes Schicksal mit diesen Ereignissen verknüpft ist. Ohne Geschehnisse wie diese wäre ich heute nicht mehr am Leben. Das ist eine Tatsache.

Die Stunden vergingen und ich begann eine starke Unruhe zu fühlen, die nach und nach zu Verzweiflung anwuchs. Jetzt, da die erste Erleichterung vorüber war, schlich sich die Ungewissheit ein, und zusätzlich hatte ich körperliche Schmerzen. Lange Strecken saß ich aufrecht, schief und gequält auf dem Sitz. Die Kameraden um mich herum waren in fast gehobener Stimmung, sie waren sich so sicher, dass dies die Rettung für sie war. Aber ich konnte ihren Optimismus nicht länger teilen. Ich hatte eine Vorahnung, wohin wir fuhren, mir fielen Artikel über Konzentrationslager und Massenvernichtung ein, und das alles häufte sich auf zu einer kalten Angst.

Bete für mich, Mutter, dachte ich.

Nun traf es sich, dass der Zug über Drammen geführt werden musste, weil einige Brücken während der Kampfhandlungen gesprengt worden waren. Am späten Nachmittag, um 17.10 Uhr, rollten wir in den Bahnhof Geithus ein. Dort war meine Heimat. Ich konnte die Häuser erkennen, zwischen denen ich als Kind gespielt hatte, ich ließ den Blick über die Landschaft gleiten, über die bekannte Gegend, und mir kam der Gedanke: Irgendwo dort drüben sind Vater und Mutter. Was machen sie in diesem Augenblick? Ich schaute auf die Uhr und wusste es so ungefähr. Zu dieser Zeit pflegte sich Vater zum warmen Abendessen zu setzen, er war um 17 Uhr in der Fabrik fertig und brauchte 10 Minuten für den Heimweg.

Während ich so beim Fenster sitze, versammeln sich nach und nach einige Leute auf dem Bahnsteig, unter ihnen ein alter Bekannter und Nachbar, Hartvig Arneberg. Er lächelt und winkt mir zu, ich hebe die Hand und winke zurück. Da ist ein SS-Soldat über mir, gibt mir einen Schlag mit dem Gewehr und ich falle zu Boden. Ich klettere auf den Sitz zurück, und bis der Zug um 17.30 Uhr wieder aus dem Bahnhof hinausrollt, sitze ich ruhig und schaue Hartvig nur an. Mir ist schlecht von dem Schlag und weh in der Seele. Mutter und Vater, die Heimat meiner Kindheit, die warme Sicherheit, das alles ist so nahe – und dennoch so fern und unwirklich.

Das, was zu Hause gleichzeitig geschehen ist, ist Folgendes: Mutter hat das Essen bereitet und Vater und meine Schwester Gunna haben sich zu Tisch gesetzt. Sie warten eine Weile, dann sagt Gunna:

»Mama bleibt sehr lange weg.«

»Ja, du solltest vielleicht nach ihr sehen.«

Sie geht hinauf in den ersten Stock und findet Mutter im Schlafzimmer neben dem Bett auf den Knien liegend. Gunna streicht Mutter über das Haar. »Du musst jetzt essen kommen, Mama.«

»Nein, ich muss für Oscar beten, ich weiß, dass es ihm gerade jetzt so schlecht geht.«

Gunna achtet nicht besonders darauf, es ist ganz üblich geworden, dass Mutter zu jeder Tages- und Nachtzeit für mich betet.

»Ja, ja«, sagt sie, »aber schau, dass du kommst, solange das Essen noch warm ist.«

Dann geht Gunna hinunter, aber Mutter kommt nicht. So geht der Vater hinauf, und da liegt sie noch immer auf den Knien und betet für mich. Und wieder sagt sie: »Esst ihr nur. Ich weiß, dass Oscar mich jetzt braucht, lasst mich für ihn beten …«

»Mach das, Mutter«, sagt der Vater.

Er streichelt ihre Wange und geht wieder hinunter zum Abendessen.

Eine halbe Stunde später klopft es an der Tür. Es ist Hartvig Arneberg, der von mir Grüße bringt.

Wie gesagt, ich weiß es selber, dass sich die Episode wegerklären lässt. Aber der springende Punkt ist: Durch all die Jahre der Drangsal wusste ich, dass Mutter für mich betet. Ich spürte den Kontakt zwischen uns als eine Realität, sah vor mir, wie sie auf ihre einfache und zuverlässige Art Gott anflehte, mir in schweren Stunden zu helfen. Und weil ich diese Gewissheit hatte, bekam ich diesen winzigen Überschuss, der mich immer wieder über den entscheidenden Knickpunkt brachte. Sie betet für mich, sagte ich mir. Mir geht es schlecht, ja, aber ich werde einmal heimkommen, sie betet ja für mich.

Und deshalb war es so, wenn alles um mich herum schrie, dass ich sterben sollte, dass ich es schaffte, die Stimme zum Protest zu erheben: *Nein, ich will leben.* –

Nina hatte noch am selben Vormittag, als der Zug aus dem Bahnhof rollte, die Nachricht über den Transport bekommen. Das Telefon daheim in der Smaastrandgaten läutete und eine Stimme sagte:

»Jorunn ist heute Morgen ostwärts gefahren.«

»Was ist los?«

»Jorunn ist heute Morgen ostwärts gefahren.«

Dann wurde aufgelegt.

Nina verstand die Botschaft, und eine Stunde später saß sie im Zug nach Oslo. Sie kam am Abend an, suchte den obersten Gestapoarzt in Norwegen auf und legte einen Brief von Dr. Rauscher vor, dass ich ins Krankenhaus musste. Er konnte nichts tun. Dann ging sie zu einem Freund, dem Sportarzt Birger Tvedt, und lief mit ihm auf gut Glück in der Stadt herum, um mich aufzuspüren. Sie blieben vor der Möllergaten 19, Victoria-Terrasse stehen, dem Gefängnis in Akebergveien, und Nina pfiff unsere alte Erkennungsmelodie. Aber niemand antwortete. Ich lag im Bauch des Frachtschiffes *Oldenburg* und am nächsten Tag wurde ich in Deutschland an Land getragen.

Das Zusammenleben mit Osvald und Arthur in Zelle Nr. 576

Es gibt einen Umstand, der vielen heute kaum noch bewusst ist: Die Deutschen betrachteten ihre Gefangenen nicht als homogene Masse, die so weit wie möglich nach denselben Richtlinien behandelt werden sollten. Auf der einen Seite hatte man die Kriegsgefangenen, die im Kampf gefangen genommen worden waren und die auf internationale Konventionen zur Gefangenenbehandlung verweisen konnten. Nicht, dass die Deutschen die Bestimmungen einhielten, es gibt erschreckende Beispiele vom Gegenteil, aber bis zu einem gewissen Grad wurden diese Gefangenen mit milderen Augen betrachtet und konnten daher eine begründete Hoffnung nähren, zu überleben.

Auf der anderen Seite hatte man all diejenigen, die des »Verbrechens gegen die Besatzungsmacht« angeklagt waren und die die Deutschen wieder in verschiedene Kategorien einteilten. Zuerst kamen die unrettbar Verlorenen, die das unverzeihliche Verbrechen begangen hatten, als Juden geboren zu werden. Dann gab es eine Zwischenschicht von politischen Gefangenen oder weniger gefährlichen Personen, die Pakete und Briefe von daheim entgegennehmen durften und die sich – freilich innerhalb eines barbarischen Umfeldes – ein Dasein schaffen konnten, das wenigstens entfernt nach Freiheit roch. In dieser Hinsicht bot zum Beispiel Sachsenhausen gewisse Möglichkeiten.

Und dann, am anderen Ende der Skala, hatte man die »Nachtmenschen«, die infolge eines heimlichen Dekretes aufgehört hatten zu existieren, die grauen Schatten, die in der Unterwelt wanderten, die »Nacht und Nebel« genannt wurde.

In seinem Buch »Unter der Geißel des Hakenkreuzes« erklärt Lord Russel aus Liverpool den Hintergrund dieses dämonischen

Dekretes, das am 7. 12. 1941 erlassen wurde. Und er zitiert aus dem Brief Hitlers an die Abwehr: »Die Gefangenen sollen in Zukunft heimlich nach Deutschland gebracht werden [...]. Diese Maßnahme wird eine abschreckende Wirkung haben, weil a) die Gefangenen verschwinden, ohne eine Spur zu hinterlassen, und b) keine Auskünfte über deren Aufenthaltsort und Geschick gegeben werden können.«

In der Praxis wurden die Gefangenen dieser Kategorie ihrer Identität beraubt. Namen und Daten wurden für immer »vergessen« und den Opfern wurden Nummern zugeteilt. Ihr Leben wurde als bereits beendet betrachtet. Sie waren genau so viel wert wie ein Zündholz, das seine letzte Flamme abgibt und dann weggeworfen wird. Die letzte Flamme war die Arbeitskraft, die man aus den zerstörten Körpern herauspressen konnte.

Das war das Schicksal, das mich in Deutschland erwartete. Ich war verschwunden, ohne eine Spur zu hinterlassen. Nina erhielt keinerlei Nachricht über meinen Aufenthaltsort. Und wie ein rastloser Geist sollte ich durch das Tal des Todes wandern, in ewiger Nacht und ewigem Nebel.

Aber noch nicht. Denn ich bekam einen Aufschub.

Mitten während der Gefangenschaft, im fremden Land, erlebte ich etwas Schönes und Wertvolles.

Ich landete im Gerichtsgefängnis Kiel, und Osvald und Arthur kamen zu mir in die Zelle.

Die *Oldenburg* legte am 12. 5. 1942 in Kiel an, und spät in der Nacht wurde über unseren Köpfen eine Luke geöffnet und eine Stimme schrie: »Oscar Magnusson, kommen Sie schnell!«

Ich war kaum imstande, mich zu rühren, geschweige denn, schnell eine Leiter hinaufzusteigen, aber Valderhaug und andere Männer schafften es, mich aufzuheben und an Deck zu schleppen und weiter hinauf zur Kommandobrücke. Es war stürmisch und kalt, aber ich sog die frische Luft gierig ein und spähte durch die Finsternis, um einen Blick auf das gefürchtete Land zu werfen. Der

Wind heulte und Kommandorufe schnitten durch den Morgennebel. Was hatte ich hier oben zu tun? Ein Offizier mit einem Dokument in der Hand kam zu mir.

»Sind Sie Oscar Magnusson?«

»Jawohl.«

»Ist es richtig, dass Sie ein Eisenkorsett tragen?«

Ich nickte.

»Lassen Sie sehen.«

Ich zog das Hemd aus und zeigte es ihm. Er rief einen Befehl, und vier Krankenpfleger kamen auf die Kommandobrücke und legten mich auf eine Bahre. Sie trugen mich über den Steg und hinein in einen Krankenwagen mit dem Rot-Kreuz-Zeichen und wir fuhren davon. Ein ähnlich exklusives Willkommen erlebte wohl kein Gefangener der Deutschen vorher oder nachher.

Ich begriff, dass Felix Rauscher ein Telegramm gesandt und seinen Einfluss geltend gemacht haben musste. (Nach dem Krieg versuchte ich Rauscher aufzuspüren, aber ohne Erfolg. Es gibt Hinweise darauf, dass er später an die Ostfront geschickt wurde und dort fiel.)

Die Autofahrt währte einige Minuten, dann wurde ich in ein riesiges Gebäude getragen – oder in einen Komplex von gewaltigen Gebäuden; an der Tür stand: Gerichtsgefängnis Kiel. Gefängnisbedienstete übernahmen mich und brachten mich über eine Menge Treppen hinauf in den 5. Stock; dort wurde ich in Zelle Nr. 576 auf eine Pritsche gelegt. Ich musterte das kleine Kämmerlein, roch die fremden Gerüche und fühlte mich entsetzlich einsam.

Die Zelle maß circa 1,5 mal 2,5 Meter. In diesem Loch befanden sich ein Tisch, zwei Schemel, die Pritsche, auf der ich lag, ein Eckschrank mit einer deutschen Bibel, ein Spüleimer, eine Waschschüssel und eine Wasserkanne. Hoch oben in der Wand erblickte ich ein vergittertes Fenster; es saß in einer Mauervertiefung und der Gefangene konnte das Gitter gerade noch mit den Händen erreichen, wenn er auf einen Schemel stieg. Auf dem

Boden lag braunes Linoleum, und zuletzt erwähne ich noch einen Kübel, der so unschuldig in einer Ecke stand – aus guten Gründen kann ich noch immer nicht an ihn denken, ohne ins Zittern zu kommen.

Am Morgen kam der Gefängnisdirektor – der Oberwachtmeister – und schaute nach mir. Er sah die Papiere durch und folgerte, dass ich Hilfe brauchte. Eine Weile später wurde die Tür wieder geöffnet und zum ersten Mal in meinem Leben begrüßte ich Osvald Kristiansen und Arthur Jamne. Dieses Kapitel ist ihnen gewidmet – in Dank und Ehrerbietung.

Darf ich vorstellen:

Arthur Jamne, Bergen, 20 Jahre, so groß und blond und nordisch aussehend, dass Himmler vor Entzücken Atemnot bekommen hätte. Er war der Älteste der Geschwisterschar zu Hause und träumte davon, Ingenieur zu werden. Er war verlobt mit einer Sigrid, die in einem Radiogeschäft stand, hatte eine kluge und vernünftige Lebenshaltung – und konnte stur sein wie ein Panzer. Status heute: Ingenieur in Haakonsvern, glücklich verheiratet mit seiner Sigrid und Vater von drei Kindern.

Und: Osvald Kristiansen, Laksevag, 25 Jahre, dunkelhaarig, braune Augen, musikalisch, auf viele Arten ein Heilkünstler. Der ganze Kerl war Mimik und Gestik und unverwüstlicher Humor, er glaubte blauäugig an das Gute im Menschen und war außerstande, sich zwei Minuten hintereinander ruhig zu verhalten. Status heute: weit bekannt als Verwalter von Jugendherbergen, zur Zeit in Skulstadmoen in Voss, verheiratet mit Riva, die er in der Schweiz auf dem Weg von Deutschland nach Hause traf, und wie Arthur glücklicher Vater von drei Kindern.

Beide waren gerade zur Stein-Organisation gestoßen, als diese aufflog und ihre Namen in der Kartei gefunden wurden.

Die Lage war also folgende: Hier waren wir drei Männer von 20, 25 und 30 Jahren, die auf unbestimmte Zeit auf 1,5 mal 2,5 Metern Bodenfläche miteinander wohnen sollten. Nacht und Tag sollten wir enger zusammenleben als Eheleute, wir sollten dieselben Worte hören, dasselbe Geschnarche, in dieselben Gesichter glotzen und dieselben Unarten bemerken – nicht hier und da, sondern 24 Stunden hindurch, ohne Möglichkeit, den Raum zu verlassen und einen einzigen Augenblick für uns selbst zu sein. Menschen haben sich unter weit günstigeren Umständen bis zur Scheidung und sogar bis zum Mord zerstritten.

Wir wussten, dass wir uns aktiv einsetzen und einen Plan machen mussten, um zu verhindern, dass wir den Verstand verloren. Unser erster Schritt war, dass wir das aussprachen und uns darüber klar wurden, wo wir standen.

Dann entschieden wir über den Krieg. In zwei Monaten ist Deutschland geschlagen, sagten wir, dann kommen wir heim. Und sollten wir es nicht schaffen, zwei Monate zusammenzuleben? Blödsinn! Da ist doch nichts dabei, habt ihr übrigens den Witz von der Dame gehört, die in den Rasiersalon kommt …

Zweitens sagten wir uns, dass die Deutschen nicht klug waren – alles, was sie machten, war dumm, zum Lachen. Was immer sie uns noch antaten, wir würden die Komik darin sehen und uns auf ihre Kosten amüsieren.

Und drittens nahmen wir uns vor, uns nach dem Krieg wieder zu treffen, vielleicht ein Geschäft miteinander aufzumachen. Da war es wichtig, einander kennen zu lernen, die Möglichkeiten zu besprechen – kurz gesagt, die Sache von Anfang an gründlich vorzubereiten. Gott bewahre, was hatten wir für Möglichkeiten!

So planten wir unseren Alltag und so sicherten wir uns ein friedliches Zusammenleben bis zum letzten Tag. Aber Oscar und Arthur taten mehr. Es gab nur den einen Schlafplatz in der Zelle, und den verehrten sie mir als Erbe und Eigentum – jetzt galt es, mich gesund zu kriegen. Sie selbst lagen jeder auf seiner Matratze am Boden, die Beine angezogen unter der Pritsche, und sie behaupteten steif und fest, noch nie so gut geschlafen zu haben – nein, dieses Zuchthausleben war wirklich großartig! Sie dokterten auch an mir herum. Stundenlang massierten sie mir den Rücken, und diesbezüglich hatten wir eine Übereinkunft: Für jede Stunde, die sie kneteten, schuldete ich ihnen eine Stunde Skiunterricht. Des Weiteren machten sie sich daran, mir wieder zu meiner Haarpracht zu verhelfen. Sie massierten mir abwechselnd die Kopfhaut, und dann riefen sie begeistert: »Jetzt kommt es, jetzt kommt es!« Unter uns gesagt, sie sahen mehr Haare als ich.

Die ersten Tage hatten wir es hervorragend in Zelle Nr. 576; das Essen war gut und die Wächter ließen uns in Ruhe. Dann wurden unsere Papiere von der Gestapo in Bergen nachgeschickt, und sofort trat eine Veränderung ein. Ein Plakat mit »Sonderabteilung« wurde im Korridor aufgehängt, und die 200 Gefangenen aus Ulven bekamen bald die Folgen zu spüren. Die Essensrationen wurden so drastisch eingeschränkt, dass wir hungerten. Wir litten keine direkte Not, aber der Hunger nagte ständig im Zwerchfell. Dann bekamen wir Idiotenarbeit. Vor allem war es der teuflische Kübel. Es war ein gewöhnlicher, grauer, metallbeschichteter Küchenkübel, und wir erhielten Befehl, ihn so blank zu putzen, dass sich die Wächter darin spiegeln konnten. Das Putzmittel machten wir aus zwei Ziegelsteinen, die wir aneinander rieben, und wir rieben und putzten, bis wir uns beherrschen mussten, den Kübel nicht flach zu trampeln. Dann war es das Linoleum, in dem sie sich zu spiegeln wünschten, oder die Gitter unter der Matratze oder der Eckschrank, und wehe uns, wenn die Wächter nicht zufrieden waren. Dann setzte es Prügel, oder viel schlimmer: Sie reduzierten die Essensrationen noch mehr. Und das war eine Katastrophe.

Wir bekamen einen Gefängnisaufseher, den wir den »Alten« nannten, einen Quälgeist mit stechendem Blick und eindeutig sadistischen Tendenzen. Besonders, wenn er etwas getrunken hatte – und das tat er ziemlich regelmäßig in den Mittagspausen daheim bei Frau und Kindern weiter oben in der Straße –, war er ein Teufel. Da leuchtete die Bosheit ihm aus den Augen, er teilte Ohrfeigen aus und setzte uns für alle unmöglichen Arbeiten ein. Im Hof bereitete er den Gefangenen eine Hölle mit halsbrecherischen Gymnastikübungen, für die bei dieser mageren Kost keiner die Kraft hatte. Er war ein dicker, stattlicher Kerl und durch und durch ein Prolet.

Als er zum ersten Mal erschien, fragte Osvald nichts ahnend, ob wir nicht ein Kartenspiel in die Zelle bekommen könnten. Er vollführte mit temperamentvollen Gebärden die Geste des Kartenmischens und sagte: »Karten spielen, Karten spielen …«

Der Alte sah aus, als ob er eine Fischgräte in den Hals bekommen hätte und dabei wäre, aus dem Leben zu scheiden. Die Augen traten ihm aus dem Kopf und wurden zu Stielaugen, die Gesichtshaut nahm eine rötliche Farbe an, die in Blau überging, und wir hörten deutliche Erstickungslaute hinter dem Doppelkinn. Dann kam ein gequältes Geheul, ein verzweifeltes Schnappen nach Luft:

»K-karten spielen, ich werde es euch zeigen – Karten spielen!«

Plötzlich löste sich die Fischgräte und die Explosion, die folgte, war furchtbar.

Es hagelte Schimpfwörter und Ohrfeigen, und den ganzen Gang entlang waren sich die Gefangenen sicher, dass er uns jetzt erschlug. Seitdem hatten wir, was den Charakter des Alten betraf, nie mehr den geringsten Zweifel.

Der »Brüllaffe« war von anderem Schlag – trotz des Namens. Er war ein kleiner, dunkler Kerl und machte mehr Spektakel um sich herum als die anderen Wächter zusammen. Aber der Hund, der bellt, ist bekanntlich nicht immer der, der beißt. Was in ihm steckte, entdeckte ich eines Tages, als er zusammen mit dem Küchenjungen mit unserem Essen kam.

Es geschah einmal, dass Erbsensuppe auf der Speisekarte stand. Nun wurde die Suppe in großen Kübeln transportiert, und wenn der Gangbursche auf die Männer in einer Zelle schlecht zu sprechen war, schöpfte er von ganz oben aus dem Kübel heraus, so dass sie nur das Dünne bekamen. Die stärksten Männer weinten, wenn dies geschah. An diesem Tag versuchte der Bursche den Trick bei uns, aber sofort war der Brüllaffe über ihm. Nicht, dass er ihn ausschalt, aber er dirigierte die Kelle hinunter in die tiefere Lage und achtete darauf, dass wir auch Erbsen bekamen. Der

Brüllaffe hatte menschliche Eigenschaften, das war eine lobenswerte Entdeckung.

Allmählich schafften wir es, mit ihm ins Gespräch zu kommen. Es begann damit, dass die Kriegsschiffe *Scharnhorst* und *Gneisenau* nach harter Behandlung durch britische Einheiten zurück nach Deutschland zur Reparatur kamen. Die Paradeuniformen der Besatzungsmitglieder wurden dann zum Auftrennen ins Zuchthaus geschickt, und so kam Osvald auf die Idee, ein Paket mit Stoffen herzurichten und dem Brüllaffen zu verehren. Er fuchtelte mit Armen und Beinen und schaffte es, dem Wächter begreiflich zu machen, was wir im Sinn hatten, aber der Brüllaffe wollte sich solch einen Anschlag gegen die deutsche Schutzmacht sehr verbeten haben. Er schalt und schimpfte und machte viel Aufhebens darum, und Osvald bekam eine schallende Ohrfeige. Zwei, drei Stunden später tauchte er wieder auf, befühlte den Stoff, brummte. Und *die* Sprache verstanden wir. In den folgenden Tagen konnte der Brüllaffe viele Pakete mit schönem Stoff hinausschmuggeln.

Alle zivilen Wertsachen waren uns genommen worden, aber wir hatten es geschafft, einen Bleistiftstummel hereinzuschmuggeln. Osvald hatte den – mit Respekt zu melden – im Hintern versteckt. Nun zeichneten wir eine Karte von Italien, und eines Tages, als der Brüllaffe auf Inspektion kam, zeigten wir auf Rom und behaupteten, dass dort die Amerikaner stünden. Er brüllte und schrie bei offener Tür, so dass alle glauben mussten, das würde unser letzter Tag werden, und während er wie verrückt tobte, markierte er auf der Karte – die auf Klopapier gezeichnet war –, wie weit die Amerikaner gekommen waren. Im Folgenden hielt er uns ganz gut über die Entwicklung des Krieges auf dem Laufenden.

Es ist grässlich, das über eine ganze Nation zu sagen, aber der Brüllaffe war der einzige Deutsche, für den ich während meines Aufenthaltes etwas Sympathie empfand. Er war auf seine Weise ein netter Mensch, und er tat uns Leid. Nach einem heftigen Bombardement auf den Kieler Hafen erzählte er uns eines Tages sein

Schicksal. Er war eigentlich aus Lübeck und hatte glücklich mit Frau und Kindern gelebt. Dann wurde die Stadt bombardiert und er war der Einzige der Familie, der überlebt hatte.

Es wirkt heute fast rätselhaft, wie wir es schafften, uns auf das Zuchthausdasein einzustellen und alle Chancen zu unserem Vorteil auszunützen. Wie die Geschichte mit den englischen Zigaretten:

Schon längere Zeit hatten wir auf den Brüllaffen eingeredet, uns eine deutsche Zeitung hereinzubringen, aber davon wollte er nichts hören. So fragten wir ihn, ob er mit einem Tauschhandel einverstanden wäre.

»Herr Wachtmeister, wenn ich Ihnen eine englische Zigarette verschaffe, werden Sie uns dann eine Zeitung geben?«

Ja, die Bedingung konnte er annehmen. Er schlug sich auf die Schenkel, brüllte und lachte – es wäre leichter, auf dem Mond zu spazieren, meinte er – und so stimmte er zu und schalt und schimpfte noch eine Runde, denn es galt, die Fassade aufrechtzuerhalten.

Nun war es so, dass im Parterre, aber in einem ganz anderen Flügel, norwegische Seeleute saßen, und die hatten es geschafft, einige Zigaretten hereinzuschmuggeln. Diese Männer wurden nicht so streng behandelt wie wir anderen, und sie halfen uns mit kleinen Diensten, wenn sich die Gelegenheit bot. Nun schickten wir die Nachricht aus, dass wir eine Zigarette bräuchten. Die Meldung wurde von Zimmer zu Zimmer geflüstert, von Flügel zu Flügel, von Etage zu Etage, und die Zigarette kam. Es geschah mithilfe von Drähten, die aus den Matratzen gezogen wurden. Die Zigarette pendelte denselben Weg zurück, den die Nachricht genommen hatte, durch die Etagen, von Fenster zu Fenster, von Flügel zu Flügel – und am nächsten Morgen standen Osvald, Arthur und ich stramm in Hab-Acht-Stellung, als der Brüllaffe die Tür aufschloss und zu uns hereinfegte. Mit den Händen auf dem Rücken inspizierte er die Zelle, untersuchte uns von Kopf bis Fuß – und fragte leichthin:

»Und was ist mit der Zigarette, meine Herren?«

Ich steckte die Hand in die Tasche, griff nach der Zigarette und gab sie ihm.

»Bitte sehr, Herr Wachtmeister.«

Er nahm sie an sich, studierte die Marke – Players, das stimmte. Und er machte ein Gesicht, dass wir uns auf die Zunge beißen mussten, um nicht in Gelächter auszubrechen. Es war das längste, das ich je gesehen habe, so viel ist sicher.

Am nächsten Morgen kam er mit der Zeitung, und während er in der Tür stand und tobte und schrie, lasen wir, dass die Amerikaner wirklich das italienische Festland erreicht hatten. Am selben Tag waren die Neuheiten im ganzen Gefängnis verbreitet.

Ich war jetzt dank Arthurs und Osvalds Massage auf dem Weg der Besserung. Ich konnte einigermaßen ohne Hilfe gehen und jedenfalls einen Arm wieder benützen. Deshalb konnte ich jeden Tag einige Minuten im Hof herumgehen. Das kam mir vor, als würde ich ins Leben zurückkehren.

Die Verordnung lautete, dass die Gefangenen im Kreis gingen. Aber innen war ein kleinerer Kreis, der so genannte »Krankenkreis«. Wir, die wir dazugehörten, brauchten bei den Gymnastikübungen nicht mitzumachen. In dieser Zeit wurde ich Bauchredner. Das ist die reine Wahrheit. Wochen- und monatelang hatte ich geübt zu sprechen, ohne die Lippen zu bewegen, und im Hof begann ich, auf diese Weise Neuigkeiten zu erzählen. Die Deutschen hörten, dass jemand redete, und setzten spezielle Wächter aus, um den Sünder zu erwischen. Aber es war nutzlos. Alles, was ich über den Vormarsch der Amerikaner wusste, erzählte ich frisch und fröhlich weiter und trieb damit die Deutschen fast zur Hysterie.

Ein Gefangener aus Bodö war dabei überzuschnappen, er auch. Er ging hinter mir im Krankenkreis und flehte mich an, mit der Nachrichtentätigkeit aufzuhören. »Sie erwischen uns«, sagte er, »es endet damit, dass sie uns erwischen, Magnusson.« Aber das taten sie nicht. –

Das Essen war das ewige Problem, das zentrale Thema bei jeder Diskussion, das, worum sich in diesen Monaten alles drehte: Ich nahm 30 Kilo ab.

Die erste Mahlzeit des Tages war eine Tasse durchsichtigen Malzkaffees und ein kleines Stückchen Brot – nie mit Butter. Die drei Brotstücke wurden auf den Tisch gelegt, und dann begann eine langwierige Zeremonie. Wir hatten einen Turnus eingeführt, der folgendermaßen funktionierte: Einen Tag durfte ich das Brotstück als Erster auswählen, während Arthur Nummer zwei und Osvald Nummer drei waren. Am nächsten Tag war Arthur Nummer eins, Osvald Nummer zwei und ich Nummer drei und so weiter. Und diese Wahl erforderte Eifer und Überlegung. Die Brotschnitten wurden von allen Seiten begutachtet, wir knieten uns hin und untersuchten, welche die größte war, und für den Fall, dass immer noch ein Zweifel bestand, hatten wir eine Waage konstruiert. Die bestand aus einem Hebel, einer Schnur und einem Wasserglas, das genau einen Deziliter beinhaltete. Mithilfe dieser Waage konnten wir die Brotschnitten fast auf ein Milligramm genau abwiegen. Auch die Brösel gingen an den ersten Mann des Tages, und wenn alle diese Vorbereitungen getan waren, konnten wir endlich beginnen zu essen. Wir brachen kleine Stücke ab, die wir kauten und kauten und mit Speichel vermischten, und auf diese Weise konnte sich das Frühstück hinausziehen wie ein Vier-Gänge-Menü mit Bier und Schnaps. Aber noch waren wir nicht fertig. Denn jetzt mussten wir mit der Nachbarzelle in Verbindung treten, um zu hören, wie es dort ging. Habt ihr heute einen Kanten bekommen? Und wenn sie einen Kanten bekommen hatten, waren sie sehr zu beneiden. Da redeten wir darüber bis 12 Uhr, bis wir das Mittagessen bekamen. Die Hauptmahlzeit des Tages bestand in der Regel aus Kartoffeln oder Gemüsesuppe. Wenn es Kartoffeln waren, kamen sie in einem kleinen Netzbeutel, und wir hatten wieder dieselbe Zeremonie mit Wiegen und Messen und Wählen. Die Schale und alles wurde mitgegessen, und wieder wurde an die Zellenwand geklopft: Wie viele Kartoffeln habt ihr bekommen? Die Anzahl konnte ein bisschen variieren.

Die Suppe war eine zweifelhafte Angelegenheit. Wir sollten in der Regel einen Dreiviertelliter bekommen, und den bekamen wir wohl auch. Aber der Gangbursche konnte, wie gesagt, manch einem das Leben schwer machen. Wenn er etwas für die Kerle in der Zelle übrig hatte, konnte er die Kelle ganz hinuntertauchen und das Dicke heraufholen, und dann wurde Weihnachten in der Stube. Aber wenn er mit ihnen über Kreuz war und die Suppe von ganz oben im Bottich schöpfte, war das eine Tragödie, die uns in dumpfe Verzweiflung stürzte. Abends bekamen wir noch eine Tasse Kaffee und eine hauchdünne Brotscheibe, das war alles.

An Sonntagen konnte es manchmal ein Fleischscheibchen geben, oder wir bekamen eine Art Gulasch. Es geschah auch einmal, dass der Brüllaffe uns einen Apfel zusteckte – das einzige Obst, das ich während des ganzen Deutschlandaufenthaltes bekam. Das war eine herrliche Sache, trug aber leider mehr dazu bei, unseren Appetit zu reizen, als unseren Hunger zu stillen.

Wir entwickelten etwas, das wir Magenonanie nannten. Das ging so vor sich, dass wir über Essen redeten, über Essen phantasierten, einander in unserer Vorstellung nach dem Krieg zu Gesellschaften einluden und bis ins kleinste Detail beschrieben, was für ein Essen wir aufzutischen beabsichtigten. Von Zelle zu Zelle tauschten wir Rezepte aus, und besonders ein Lotse, der Svendsen hieß, war Experte auf dem Gebiet, er konnte in solchen Ausdrücken über Essen erzählen, dass wir den Duft rochen. Das war ziemlich aufregend. Und ab Herbst 1942 wurde uns der Hunger zur Gewohnheit.

Eines Tages wurde die Zellentür geöffnet und einige Säcke mit Zuckererbsen aufgestapelt, die wir reinigen sollten. Sie hatten offensichtlich zu lange gelegen; sie waren nass und aufgequollen und wir hätten ein bisschen skeptisch sein sollen. Aber weit gefehlt! Wir öffneten die Säcke und fühlten uns, als ob wir direkt in die Herrlichkeit des Paradieses blicken würden. Wir reinigten und aßen, aßen und reinigten, dann pfiffen wir auf die Reinigung und aßen nur noch – das war ein Schlemmerleben ohnegleichen. Arthur und Osvald glänzten wie frisch polierte Schillingstücke, sie saßen da mit feuchtem Gesicht und grinsten zufrieden. Eine Erbse nach der anderen verschwand in unseren hungrigen Schlünden. Und immer mehr aßen wir.

Einige Stunden später musste die Zelle zum Katastrophengebiet erklärt werden.

»Ich sterbe«, stöhnte Osvald und klammerte sich an den Klokübel, während wunderliche Laute aus seinem Inneren kamen und durchdringende Gerüche den Raum füllten. Auch Arthur und ich waren dem Sterben nahe. Die Erbsen brummten und rumorten, es gärte und kochte, und ich schrie nach der Wache, damit wir hinaus und den Kübel ausleeren konnten, aber genau an diesem Tag war es natürlich der Alte, der Dienst hatte. Er prallte mit einem »Puuuhhhh!« zurück und knallte die Tür wieder zu.

»Schaut, Burschen!«, sagte Arthur fasziniert und zeigte auf den Kübel. Der Deckel bewegte sich von selbst auf und nieder, balancierte auf den Gasen, dann bekamen wir keine Atemluft mehr, steckten die Köpfe in den Fensterschacht und schnappten nach Luft.

Endlich kam der Alte mit einem soliden Nasenschutz zurück. Wir liefen hinaus, leerten den Kübel aus, setzten eine Reihenfolge fest und begannen von vorne …

Und spät in der Nacht hörten wir etwas Komisches: Blupp machte es, blupp, blupp …

Wir lagen da und hielten uns den schmerzenden Bauch, starrten in die Dunkelheit und dachten, wir hätten eine Schraube locker. Und die ganze Zeit machte es blupp, blupp, blupp, wir hielten es fast nicht mehr aus. Dann begriffen wir. Bevor wir uns hingelegt hatten, hatten wir Erbsen in die Wasserkanne oben auf dem Eckschrank gefüllt, und jetzt quollen sie auf und kugelten über den Rand. Der Boden floss über vor Erbsen. Im Stockfinstern krochen wir herum und sammelten sie auf – wehe, wenn der Alte hereinkäme und uns sähe. Wir schluchzten und krochen, stießen uns den Kopf an der Wand an und hatten Bauchweh, diese höllischen Erbsen! Es dauerte viele Jahre, bis ich wieder mit festem Blick einer Erbsenschote begegnen konnte.

Wir hungerten, nun gut, das war hart. Trotzdem war der Aufenthalt in Kiel die beste Zeit, die ich in Deutschland hatte. Wir wurden als Menschen betrachtet, und es war sauber und ordentlich. Alle 14 Tage durften wir baden und die Kleider wechseln, das allein war ein Ereignis.

Und wir hatten unsere Freundschaft.

Der Krieg wurde nicht in zwei Monaten entschieden, auch nicht in vier. Aber wir setzten neue Fristen fest und versicherten uns, dass alles einfach sei, dass es vorbeigehen werde wie ein Traum. Und während sich die Männer in den Nachbarzellen an die Gurgel sprangen, herrschten in Zelle Nr. 576 Eintracht und Frieden, wir wechselten nie ein unfreundliches Wort.

Doch, einmal! Wir waren uns einig geworden, ein Fischgeschäft aufzumachen, wenn wir heimkämen, und eines Abends bekamen wir Streit darüber, wie der Ladentisch stehen sollte. Zwei Stunden saßen wir da und schauten uns schief an. Dann sagte Osvald: »Ehrlich gesagt, jetzt brauchen wir nicht kindisch zu sein.«

Und das war es.

Ein Weihnachtsabend und ein letzter Gruß

Es ist ein bekanntes Phänomen in der Physiologie, dass sich der Körper selbst die Nahrungsstoffe sucht, die er braucht, um ein gesundes Gleichgewicht aufrechtzuerhalten.

Menschen, die in Friedenszeiten den Geruch von Lebertran nicht ertragen können, nahmen in den Kriegstagen Lebertran mit Wohlbehagen zu sich, aufgrund des großen Fettbedarfes, der sich bemerkbar machte. Ich glaube, eine ähnliche Gesetzmäßigkeit existiert im mentalen Bereich. Da saßen wir monatelang in der engen Zelle, ohne irgendwelche Impulse. Die Bibel war uns an einem der ersten Tage weggenommen worden, wir sahen kein einziges Buch, hörten nie Musik, hatten nichts anderes anzusehen als die vier Wände – es kam zu einer geistigen Verarmung. Aber die Not geht ihre eigenen Wege. Osvald und Arthur hatten beide als Installateure in einer Mechanikwerkstatt in Bergen gearbeitet und kamen eines Tages darauf, über Sanitäranlagen auf norwegischen Schiffen zu reden. Ich fing an zu fragen, wünschte Details, und sie erklärten mir das System bis hinunter zur kleinsten Schlauchklemme – das, was ich zuletzt über maritime Sanitäranlagen nicht wusste, war nicht wert es zu wissen. Wir begriffen, dass sich hier eine Möglichkeit eröffnete, und wir kamen überein, über uns selbst zu erzählen. Mit diesen Erzählungen wurden wir nicht im Handumdrehen fertig, sie erstreckten sich über mehrere Wochen hintereinander – schon so etwas wie eine Wohnzimmerbeschreibung konnte stundenlang dauern. Jedes Detail nahmen wir mit, das Muster auf den Teppichen, wie ein Stuhl platziert war, die Farbe der Lampenschirme, die Blumen in den Fenstern, alles. So gründlich gingen wir zu Werk, dass Osvald viele Jahre später meine Wohnung wie seine eigene Westentasche kannte, als er zum ersten Mal Nina und mich in der Smaastrandgaten besuchte.

»Aber du hast geschwindelt«, sagte er. »Diesen Stuhl hier hast du nie erwähnt, und du hast viel mehr Bücher, als du uns erzählt hast.«

Die Erklärung war, dass Nina den Überzug des Stuhles bestickt hatte, während ich weg war, und die Anzahl der Bücher war mit der Zeit auch gestiegen.

Und wir erweiterten den Rahmen, gingen zurück bis in die Kindheitsjahre, nahmen einander mit auf die Ausflüge in Wald und Feld. Nicht so, dass wir nur Zeit und Ort grob andeuteten – wir beschrieben alles detailliert und sorgfältig: die Dachstuben, in denen wir schliefen, den Geruch in einem alten Stall, die Farbe einer Forelle und mit welcher Fliege wir sie gefangen hatten, die Einlegsohlen in den Gummistiefeln …

Auf diese Weise bekam der Kopf etwas, womit er sich beschäftigen konnte. Wir konnten zum Beispiel die Beschreibung eines Sonnenunterganges so in uns aufsaugen, dass wir die Empfindung hatten, selbst dabei zu sein.

Von dieser Technik sollte ich in den Monaten, die vor mir lagen, noch oft profitieren, auch wenn ich in einer Einzelzelle saß. Da nahm ich die Phantasie zu Hilfe, und ich entdeckte einen Reichtum von Eindrücken, die ich aus dem Boden der Truhe hervorholen konnte, Episoden, die viele Jahre zurücklagen, die aber immer noch als lebende Realität existierten, wenn ich sie ans Licht zog und abstaubte.

Eines Tages begann einer von uns – ich weiß nicht mehr, wer – von einem Weihnachtsabend zu erzählen, mit dem Duft nach Hirschhorn und Walnüssen und allem, was gut war. So ging es uns auf, dass sich auch im Zuchthaus Weihnachten näherte, das erste Weihnachten in einem fremden Land. Der Gedanke streifte uns, dass wir vielleicht eine Extraverpflegung spendiert bekamen. Es war eine angenehme Hoffnung, die man hegen konnte, wenn man nach dem Abendkaffee dasaß und den Hunger spürte wie einen körperlichen Schmerz.

Wir wurden aufgeregt wie Kinder, erörterten die Chancen eingehend – wusste jemand von uns, was die Deutschen zu Weihnachten aßen? Nein, keiner wusste es, wir wetteten auf Gans und Kaninchen und ich weiß nicht was, machten Vorschläge zu Soßen und Gemüse und die Nachspeise, malten uns aus, wie wir die Kartoffeln in der Soße zerquetschen, die Gabel nur halb füllen, sie dann hochhalten und den Duft einsaugen würden, bevor wir sie in den Mund steckten. Wir saßen da mit glänzenden Augen und geiferten wie alte Wüstlinge, während wir von unseren Ausschweifungen träumten.

Jeden Tag kamen wir auf dieses Thema zurück, und eines Abends sagte einer von uns, ich glaube, das war ich:

»Aber sollten wir zu Weihnachten nicht etwas Festliches machen – ein Lied singen oder so? Wir können nicht die ganze Zeit essen.« Wir überdachten den Vorschlag und kamen in Gewissensnöte. Denn die Sache war die: Gesang war streng verboten. Mit anderen Worten, wir konnten riskieren, dass uns das Essen weggenommen wurde, dass wir überhaupt nichts bekamen – ja, wenn der Alte an diesem Abend Dienst hatte, konnten wir das mit Sicherheit sagen.

Tagelang wogen wir das Für und Wider ab. »Es gibt etwas Gutes im Menschen«, sagte Osvald, »und sie können nicht so herzlos sein. Burschen, wir wagen es.«

Arthur drückte seine Skepsis aus, er glaubte nicht an das Gute im Alten. Aber gut – Weihnachten war Weihnachten, man durfte versuchen, selbst Mensch zu sein, wenn schon nichts anderes …

Wir wurden uns einig, es zu riskieren.

Mehrere Tage hielten wir an dem Beschluss fest, versicherten einander verbissen, dass wir das einzig Richtige taten. Der Geist war ausgesprochen willig, aber … Die Nerven ließen uns im Stich. Im allerletzten Augenblick kamen wir zu einem Kompromiss: *Zuerst* aßen wir das Weihnachtsessen, und *dann* sangen wir »Stille Nacht«. Wir sagten uns, dass wir auch so noch eine Menge riskierten, wir würden ganz sicher eine Strafe bekommen, vielleicht würde uns für den Rest der Weihnachtstage das Essen entzogen werden. Ganz sicher …

Wir fühlten uns bedeutend erleichtert im Gemüt, wenn auch nicht ganz reinen Herzens, als wir diese Entscheidung getroffen hatten.

Der Weihnachtsabend kam.

Der Tag begann wie alle anderen auch, aber bald erlebten wir die erste Überraschung: Wir entkamen der Idiotenarbeit. Das stärkte die Hoffnung, dass die Deutschen auch auf den Kalender geschaut hatten, und wir fühlten die Feiertage im Körper, summten innerlich, als wir in der Waschschüssel plätscherten und gaben uns besondere Mühe mit der Morgentoilette.

Überraschung Nummer zwei fand sich später am Tag in Form des »Walrosses« ein, einem Wächter, auf den wir sonst nicht so geachtet hatten. Er war ein Mann in den Sechzigern, ein stattlicher Kerl mit einem imponierenden Bart, und er hatte die Angewohnheit, dass er immer vor sich hin murmelte, in seinen Bart blies und leise schimpfte.

So waren wir jedenfalls dem Alten entkommen, jetzt hörten wir schon fast den Klang der Domglocken. Und dann kam das Essen. Es war gekochter Dorsch. Gekochter Dorsch *und* Kartoffeln. Das Walross achtete darauf, dass uns der Gangbursche extra viel auflegte, er gab uns das Kartoffelnetz und dann brummte er etwas, was wir nicht verstanden, und warf die Tür wieder zu.

Dorsch!

Wir sogen den Geruch ein, hoben vorsichtig ein Stück Fisch hoch, um einen Eindruck von der Größe zu bekommen, stocherten hinein, um zu schauen, ob der Fisch gar war, aber trotzdem fest, wie gekochter Dorsch sein soll.

Die Kartoffeln wurden nach dem festen Ritual gleichmäßig verteilt, und wir begannen zu kauen, winzig kleine Stückchen, die wir mit der Zunge im Mund herumführten. Andacht in der Zelle, Festtag …

Lange, lange sitzen wir beim Essen, ziehen es hinaus, warten mit Schlucken, bis der Mund voll Speichel ist. Und dann ist es vorüber. Aber noch haben wir die Gräten. Wir sammeln sie, legen sie auf den Heizkörper – am Morgen werden sie knusprig wie

Kekse sein, wir schauen schon in froher Erwartung auf den Weckruf.

»Ja«, sage ich, »dann war da noch das Lied, Burschen.«

Wir stellen uns unter das Fenster, schauen hinauf in den Winterhimmel hinter den Gittern, und dann singen wir laut und deutlich mit aller Innigkeit, die wir hineinlegen können:

»Stille Nacht, heilige Nacht,
alles schläft, einsam wacht …«

Nach einer Weile hören wir, dass die Männer in der Nachbarzelle sich anschließen, und als wir mit der zweiten Strophe anfangen, scheint es, als ob der ganze Flügel zum Leben erwacht ist und am Gesang teilnimmt. Ständig mischen sich mehr Stimmen in den Chor, der Klang kommt von allen Stockwerken, bald tönt der Gesang aus zweihundert Kehlen:

»… tönt es laut von ferne und nah:
Christ der Retter ist da!«

Die letzte Strophe ist noch nicht zu Ende, da hören wir Spektakel im Gang, und die Tür wird weit aufgerissen. Wir stellen uns in Hab-Acht-Stellung auf, wie es üblich ist, wenn die Wächter kommen, zuerst ich als Ältester, dann Osvald und Arthur.

Das Walross ist aufgebracht, sind wir verrückt, was fällt uns ein?

Er bläst in seinen Bart, poltert unverständlich, aber ich fühle, dass kein echter Zorn dahinter ist, und als er eine Pause macht, um Luft zu holen, sage ich:

»Aber Herr Wachtmeister, es ist Heiligabend …«

Er schaut mich an. Und dann geschieht etwas. Seine Augen werden feucht, und er wendet sich ab. Dann poltert er wieder irgendein Kauderwelsch, geht hinaus, haut die Tür hinter sich zu und wir hören, wie seine Schritte in der Ferne verhallen.

Es wird spät am Abend, und die meisten Wächter verlassen das Gebäude. Ich klettere zum Fenster hinauf und schaue hinaus. Der Hof liegt verlassen da, aber auf der anderen Seite – direkt gegenüber von mir im 4. Stock – nehme ich ein Gesicht wahr. Er ist auf seinem Platz. Sjövold heißt er und kommt aus Nessjöen in Fjeld, ein tief religiöser Mann, der seine Bibel kennt. Er und ich haben etwas vereinbart. Ich beginne, das Weihnachtsevangelium zu rezitieren:

»Es begab sich aber zu der Zeit, dass ein Gebot von dem Kaiser Augustus ausging …«

Die Stimme schwingt sich hinüber zu seinem Teil des Flügels, wo sich Gesichter hinter den vergitterten Fenstern zu sammeln beginnen. Aber in meinem eigenen Teil des Flügels können mich nur die nächsten Nachbarn hören, und deshalb wiederholt er:

»Es begab sich aber zu der Zeit, dass ein Gebot von dem Kaiser Augustus ausging …«

Ich setze fort: *»… dass alle Welt geschätzt würde …«*

Er wiederholt: *»… dass alle Welt geschätzt würde …«*

Satz für Satz sagen wir das Evangelium auf, und die ganze Zeit fürchten wir, dass die Traktwächter eingreifen werden, aber nichts passiert. So verklingt das abschließende Amen und ich stimme an:

»In dulci jubilo,
nun singet und seid froh …«

Und wieder passiert das Gleiche. Eine Zelle nach der anderen schließt sich an, und bald stehen zweihundert Mann im ganzen Flügel vor den Fenstern und singen in die Nacht hinaus:

»Eia, wär'n wir da, eia,
wär'n wir da.«

Danach begeben wir uns zur Ruhe. Niemand durchbricht die Stille. Die Zeit ist gekommen, in der wir versuchen, in uns selber unsere Lieben zu finden. –

Die Männer von *Lenkegjengen* saßen in einem anderen Teil des Gebäudes, ich war aus irgendeinem Grund von ihnen getrennt worden und hatte keinen engen Kontakt mehr zu ihnen. Wir hielten uns zu verschiedenen Zeiten im Hof auf, und die einzige Verbindung, die ich mit ihnen aufnehmen konnte, war ein seltenes Zuwinken. Dann waren eines Tages plötzlich acht Mann weg.

Unter den Ersten, die vor Gericht geholt wurden, waren Kristian Stein, Ingebrigt Valderhaug und der fast 60 Jahre alte Sergeant Andreas Hope. Es gab Todesurteile für sie alle. Hope hätte vielleicht sein Leben retten können, aber in der Verhandlung nahm er eine solche Haltung ein, dass er sich selbst jeder Chance beraubte. Auf die Frage, ob er das, was er getan hatte, bereue, antwortete er mit einem klaren Nein und fügte hinzu: »Ich bin norwegischer Offizier und es ist meine Pflicht, mit allen Mitteln gegen Angreifer zu kämpfen, wer immer sie sind. In dem Fall sind es die Deutschen. Ich bereue nichts. Wenn sich noch einmal die Gelegenheit geboten hätte, hätte ich nicht anders handeln können.«

Das Ergebnis stand fest.

Sonst erzählten sie alle, dass die Gerichtsverhandlungen eine Komödie gewesen seien, eine unnötige Anstrengung, die sich die Deutschen genauso gut hätten sparen können.

Ich zitiere wieder aus dem Buch von Lord Russel:

> »Wenn sie (die Gefangenen) unter Nacht- und Nebelrichtlinien vor ein Gericht gestellt wurden, wurde ihnen gewöhnlich das Recht zur Konfrontation mit den Zeugen verweigert, wenn eine Zeugenaussage der Grund für die Anklage war, und sie bekamen keine Erlaubnis, Zeugen der Verteidigung vorzuführen. Oft lag überhaupt keine Anklageschrift vor, und der Angeklagte bekam erst einige Minuten vor dem Prozess über die Art der Beschuldigung Bescheid, wegen der er nun verurteilt werden sollte. Die Gerichtsverhandlungen wurden in Gerichtssälen abgehalten, aber solche Gerichtsverhandlungen waren reine Komödien und waren auch nicht als etwas anderes beabsichtigt.« –

Er betont wieder die Worte »Nacht und Nebel«.

Es ist der Nebel der Nacht, der jetzt auf uns herabsinkt.

Das letzte Mal, dass ich mit diesen meinen acht Kameraden, die nun in den Tod gehen sollten, in Kontakt war, war etwa zwei oder drei Wochen, nachdem das Urteil gefällt worden war. Sie befanden sich im Hof und riefen hinauf zu mir in den 4. Stock. (Das war selbstverständlich nicht erlaubt, aber sie hatten ja, gelinde gesagt, nichts zu verlieren.) Ich kletterte zum Fenster hinauf und sah eine freundliche, lächelnde Gruppe. Die Burschen winkten und riefen Grußworte, und dann ertönte ein Satz, den ich in den kommenden Monaten wieder und wieder hören sollte und der sich förmlich in mich hineinbrannte:

»Kümmere dich um die zu Hause …!«

Ich gelobte es, und ich war fest davon überzeugt, dass ich im Namen des ganzen norwegischen Volkes antwortete, als ich das Versprechen gab. Die Möglichkeit, dass diese Männer – und viele andere mit ihnen – kläglich verraten werden sollten, kam mir nicht in den Sinn.

Dann winkten sie zum letzten Mal und wurden weggeführt. Es herrschte lange Ungewissheit über ihr endgültiges Schicksal. Es kursierten Gerüchte, dass sie nach Hamburg geschickt wurden, aber erst 1946 kam etwas Klarheit in die Angelegenheit. Ingebrigt Valderhaugs Bruder, Leutnant Kjell Valderhaug, war zu der Zeit einige Tage im britischen Pressezentrum in Hamburg. In voller Uniform trat er im so genannten Untersuchungsgefängnis der Stadt auf, verlangte Einsicht in alle Gefängnisprotokolle, falls der Direktor Unannehmlichkeiten mit höheren Offizieren vermeiden wollte, und dann ackerte er die Bücher durch, bis er fand, was er suchte: In einem Protokoll waren fünf oder sechs Namen der Stein-Gruppe mit zierlichen Lettern in Rubriken eingetragen mit allen Personalien, Todestagen und -stunden, und in der Schlusskolonne stand die Begründung: »Hingerichtet wegen verräterischer Tätigkeit gegenüber seinem Heimatland«.

So konnten sie es sagen, die Deutschen und die Verräter, die daheim saßen.

Aus den Protokollen ging hervor, dass Ingebrigt, sein Bruder, der Erste war, der hingerichtet wurde, am 28. Juni 1943 um 9.05 Uhr. Kjell Valderhaug verlangte die Hinrichtungsmethode zu erfahren. Der protestantische Gefängnisseelsorger – ein Deutscher, der den Verurteilten Ruhe und Tapferkeit bezeugte – konnte ihm erzählen, dass sie im Keller des Gefängnisses guillotiniert worden waren. Valderhaug fragte nach dem Grab, bekam aber nur ausweichende Antworten. Er gab nicht nach, sondern verschaffte sich an verschiedenen Stellen Auskünfte und setzte die Puzzlestücke zusammen. Er konnte es nicht beweisen, aber die Indizien wiesen in eine bestimmte Richtung: Die sterblichen Überreste der Hingerichteten wurden von den Studenten des Marinehospitals in Hamburg für den Anatomieunterricht verwendet, danach im Krankenhaus verbrannt und zum Abfall geworfen.

Was taten die norwegischen Behörden nach dem Krieg, um das Gedenken an diese Freiheitskämpfer zu ehren? Ein Beispiel: In einem offenen Briefumschlag wurde der Mutter Ingebrigts, Frau Elisabeth Valderhaug, ein Post-mortem-Diplom zugesandt. Die Behörden fanden nicht, dass die Männer eine Tapferkeitsmedaille verdient hätten.

Anfang April wird eines Tages ein Appell auf dem Gefängnisplatz angeordnet. Ich nehme Abschied von Osvald und Arthur, werde in ein Lastauto verfrachtet und zum Bahnhof gefahren. Einige Stunden später sitze ich in einer Einzelzelle in Rendsburg.

Hunger und Entbehrung und ein weiteres Verhör

Im Zuchthaus Rendsburg wurde mir endlich klar, dass die Deutschen moralische Prinzipien hatten. Sie konnten wohl mit ansehen, dass ein Gefangener Schmerzen litt, fror, hungerte und schließlich erschossen oder aufgehängt wurde, aber ein homosexuelles Verhältnis, das konnten sie nicht zulassen! Eine Grenze musste es geben.

Also wurden wir in die Zellen nach einem System verteilt, das solche Exzesse verhindern sollte. Ein Teil von uns landete in Einzelzellen, die anderen wurden zu dritt in eine Zelle gesteckt, und nur während der Arbeitsstunden durften sich zwei Mann miteinander hinter geschlossener Tür aufhalten. Dann wurde ein Mann von der Dreierzelle zu dem Armen, der allein saß, hinübergeführt.

Die deutsche Moral lag auf einem hohen Niveau!

Was die Deutschen in ihrer Keuschheit übersahen, war, dass die Gefangenen keine geschlechtlichen Triebe mehr hatten, weder von der einen noch von der anderen Art. Eine Folge der Unterernährung war, dass sogar das Phantasieleben in dieser Beziehung eintrocknete. Ich kann mich nicht erinnern, dass ich während des ganzen Deutschlandaufenthaltes zum Beispiel eine deftige Geschichte hörte. Wir waren geschlechtslose Wesen, und für die meisten Nacht-und-Nebel-Gefangenen sollte einige Zeit nach der Freilassung vergehen, bis sie wieder normal funktionierten.

Wahrscheinlich hat die Natur eine Absicht damit, dass es so ist. Ich landete in einem rauen und feuchten Keller, und es vergingen nicht viele Tage, bis ich fast mit Wehmut an die Zeit in Kiel mit Arthur und Osvald zurückdachte. Die Einsamkeit meisterte ich wie bereits früher erzählt. Wenn das Licht um 21 Uhr gelöscht wurde, flüchtete ich heim zu Nina und machte mit ihr Ausflüge, oder wir aßen zu Abend im Flöyrestaurant oder heckten sonst irgendetwas aus.

Im Hof traf ich einen meiner Kameraden von daheim, Lars Lie von Fjell. Er saß ebenfalls in Einzelhaft, aber im Gegensatz zu mir fürchtete er sich immer sehr, wenn der Abend kam. Er bekam fast keine Luft mehr und hatte das Gefühl, als ob die Wände über ihm zusammenstürzten. Er hatte einen Leistenbruch und so trafen wir uns im Krankenkreis und konnten einige Worte wechseln. Ich erzählte ihm von meinen eigenen Erfahrungen, versuchte ihm zu erklären, wie er vorgehen sollte, und nach ein paar Wochen begann er meine Vorschläge umzusetzen.

»Jetzt geht es besser«, sagte er eines Tages, und einige Monate später hatten sich seine Nerven beruhigt und er war wieder der Alte. Aber sehr viele hielten die Einzelzelle nicht aus, und wenn sie zu den langen Transporten wieder herauskamen, war ihr Nervensystem so zerrüttet, dass sie am Boden zerstört waren.

Es ging bergab mit der körperlichen Gesundheit, die Essensrationen waren noch kleiner als in Kiel, und dazu hatten wir die Kälte. Das Gebäude war nicht beheizt, und im Keller wurde es zeitweise eiskalt. Ich schaffte es, etwas Papier hereinzuschmuggeln, das ich in die Gefängniskluft stopfte, aber eines Tages gab es eine Kontrolle im Hof. Wir mussten uns bei Minusgraden splitternackt aufstellen und das Papier hergeben. So wagte ich es nicht noch einmal. Mit der Gefängniskluft sollte ich in den kommenden Monaten noch gut bekannt werden. Wir hatten eine Kappe auf dem Kopf, Hemd und Hose, Jacke und Holzschuhe. Keine Unterwäsche, keine Socken – wir trugen die Holzschuhe an den nackten Füßen. Ab dem Tag, als ich Rendsburg verließ, hatte ich diese Kleidungsstücke fast zwei Jahre lang am Körper.

Untertags mussten wir für die Ernährung arbeiten, wir wurden eingesetzt, Kartoffelnetze zu knüpfen. Die Quote waren 5.500 Knoten pro Tag, und schafften wir dieses Ziel nicht, wurde uns das Essen entzogen. Also knüpfte ich, bis meine Finger steif wie Stäbe waren, und nach einigen Wochen und einigen 100.000 Knoten sahen sie dann wie das Gegenteil aus, wie weiche Gurken mit gefährlichem Blauschimmer, der auf den »kalten Brand« hinwies. Ich meldete mich zur ärztlichen Untersuchung und durfte acht Tage im Krankenrevier liegen – einer einfachen Krankenstube. Ich empfand ein intensives Glücksgefühl.

In Rendsburg gelang es mir, einen Gruß an Nina hinauszuschicken, den einzigen während des ganzen Deutschlandaufenthaltes. Im 2. Stock saß ein Mann aus Bergen, der nicht zu den Nacht-und-Nebel-Gefangenen gehörte, sondern zu einer begrenzten Haftstrafe verurteilt war und die Erlaubnis hatte, jeden dritten Monat nach Hause zu schreiben. Nun durfte er freilich weder meinen noch Ninas Namen erwähnen, da hätte es Spektakel gegeben. Aber noch einmal sollte der Hund daheim nützlich sein. Ich bat ihn, »Grüße an Peggy« zu schreiben, kurz und bündig. Der Brief erreichte seinen Vater, der eine Mechanikwerkstatt betrieb, und einer der Angestellten, ein Kamerad von *Viking*, löste das Rätsel.

»Peggy«, sagte er, »das muss der Hund von Oscar sein!«

Und er ging in die Smaastrandgaten und brachte Nina die frohe Nachricht.

Eines Tages kam der Befehl in die Zelle, ich solle zum Verhör. Das war eigenartig. Ich legte das Werkzeug zur Seite, folgte dem Wächter hinauf durch die Stockwerke und wurde in ein Zimmer geführt, wo drei Mann in Zivilkleidern saßen.

Ich hatte erwartet, bald ein endgültiges Urteil zu erhalten, so wie die Männer aus *Lenkegjengen,* dem »Verlies«, die in Kiel verurteilt worden waren, aber warum ich jetzt wieder verhört werden sollte, das verstand ich nicht. Danach war ich auch nicht viel klüger.

Der Mann in der Mitte hatte Dokumente vor sich liegen; er war derjenige, der das Wort führte. Die anderen waren der Dolmetscher und der Schreiber. Der Untersuchungsrichter – oder wie ich ihn nennen soll – blätterte in den Papieren und überprüfte mich genau, und dann sagte er etwas, das mich die Ohren spitzen ließ:

»Sie sind in Modum geboren?«

Ich nickte.

»Wo liegt das?«

Ich erklärte es ihm – genau zwischen Drammen und Hönefoss.

»Ist das in der Nähe von Kongsberg?«

Ich nickte wieder. Wahrscheinlich merkte er, dass ich verwirrt war, denn er erklärte mir, dass er als Offizier in Oslo, Drammen und Kongsberg stationiert gewesen sei. Und dass er den größten Respekt vor Birger Ruud habe, den er als der Welt besten Skispringer betrachte. Kannte ich ihn?

Ob *ich* Birger Ruud kannte!

»Jawohl«, sagte ich. »Birger Ruud ist einer meiner besten Freunde und außerdem einer meiner härtesten Konkurrenten.« Das Letzte konnte gerade noch stimmen, wenn man guten Willens war. Als ich 12 Jahre alt war, hatte ich zusammen mit Birger bei einem Bezirksrennen in Buskerud teilgenommen. Seither hatte ich ihn höchstens noch ein paar Mal getroffen, aber ich bin sicher, hätte er gewusst, wie sehr ich seine Freundschaft gerade jetzt brauchte, hätte er auf der Stelle erklärt, dass wir praktisch unzertrennlich wären. Ich fügte auch hinzu, dass ich außerdem mit Sigmund und Asbjörn Ruud auf bestem Fuß stände. (Heute kann ich das leicht sagen. Nach dem Krieg kam ich in die Hauptverwaltung des norwegischen Skiverbandes und da wurde Birger wirklich einer meiner guten Freunde.)

Der Untersuchungsrichter war kein argloser Norwegerfreund, der sofort sentimentale Gefühle bekam, falls ich in dieser Richtung Hoffnungen gehegt hatte. Aber ich spürte einen Anflug von Interesse, und als er einige Fragen über Birger und die Brüder und meinen eigenen Einsatz als Skispringer stellte, konnte ich ihm so antworten, dass es recht professionell klang. Das gefiel ihm offensichtlich.

Dann wurde er auf einmal der kühle Beamte, und ich wusste

nicht mehr, was ich von dem Mann halten sollte. Er nahm dieselben Fragen wieder auf, die ich tausendfach gehört hatte – über die Englandfahrten, die Waffentransporte und besonders die Pässe. Aber ich erinnerte mich Wort für Wort daran, was ich im »Geständnis« unterschrieben hatte, und darüber hinaus wollte ich nichts zugeben. Das hatte ich verschuldet, ja, aber das war auch alles. Er seufzte, als ob er Mitleid mit mir hätte, und dann sagte er:

»Magnusson, Sie wissen selbst, dass Sie lügen, dass Sie die ganze Zeit gelogen haben. Das soll sein, wie es will. Aber jetzt sollten Sie mir die Wahrheit sagen. Ich versichere Ihnen, dass Sie es sich auf diese Weise viel leichter machen.«

»Aber ich habe ja die Wahrheit erzählt, Sie haben mein Geständnis hier.«

»Seien Sie doch vernünftig!«

Ich traf seinen Blick und hielt ihn fest.

Woher ich den Mut hatte, weiß ich nicht, aber das Gespräch über Birger Ruud hatte mir wahrscheinlich das Gefühl gegeben, dass etwas Gutes in dem Mann wohnte. Ich stand auf, zog die Jacke aus und legte sie auf einen Stuhl, knöpfte das Hemd auf und zog es mit dem gesunden Arm über den Kopf.

»Was machen Sie?«

Ich knöpfte die Hose auf und ließ sie auf den Boden fallen. Zuletzt hakte ich das Eisenkorsett auf und zog es aus. Ich stand nackt vor ihm.

»Sie, Herr Richter, Sie kennen die Methoden der Gestapo.«

Ich sprach langsam, damit der Dolmetscher jedes Wort mitbekam. Und so erzählte ich im Detail die Behandlung, der ich ausgesetzt gewesen war, verwendete den Körper als Beweismaterial, ich zeigte während des Berichtes auf die einzelnen Schäden, ließ nichts aus, auch nicht die »Hinrichtung« im Keller, die dazu geführt hatte, dass ich die Haare verloren hatte. Dann sagte ich:

»Glauben Sie, Herr Richter, dass ein Mensch, der so viel durchgemacht hat, nicht die Wahrheit gesagt hat?«

Er schaute mir lange in die Augen.

»Ich weiß nicht.«

Endlich schaute er wieder weg und schloss das Protokoll.

Während ich in meinen Kleidern kramte, begann er in einem anderen Ton von Norwegen zu reden – es sei ein schönes Land, er sei gern dort gewesen. Ich versuchte ihm zu folgen und die richtigen Antworten zu geben. Aber ein einziger Gedanke war in meinem Kopf: Hatte ich es geschafft, ihn zu überzeugen?

Dann gab er das Zeichen, dass das Verhör zu Ende war, und die Wache führte mich in die Zelle zurück.

Ich war so klug wie zuvor.

Eines Tages werden die Gefängnistüren in Rendsburg hinter uns geschlossen und Neumünster ist das nächste Ziel, wie die Gerüchte lauten. Am Stadtrand von Neumünster werden wir aus den Fahrzeugen kommandiert und in Reihen aufgestellt.

Während wir dastehen und in der Septemberkälte zittern, passiert etwas, was einen tiefen Eindruck auf uns macht. Eine Kolonne deutscher Soldaten marschiert vorbei, sie tragen volles Gepäck und sollen anscheinend ostwärts. Soldaten? Die Gewehre schlottern herunter bis zu den Kniekehlen, die schweren Säcke sind viel zu groß, es ist eine Gruppe junger Buben, nicht älter als fünfzehn, sechzehn Jahre. Der Krieg muss sich wirklich dem Ende nähern, wenn Hitler es über sich bringt, diese Kinder in den Kampf zu schicken.

Der Marsch durch die Stadt zum Zuchthaus wird ein tristes Erlebnis. Wir sind eine jämmerliche Versammlung, durch die Unterernährung abgemagert, mit fahler Haut – man sollte glauben, dass wir auf jeden Fall ein bisschen Mitleid hervorrufen. Aber die Deutschen auf den Gehsteigen haben eine andere Auffassung von uns. Einige lachen begeistert, in einem Ton, als ob sie sagen wollten: Schaut, was der Meister Hitler jetzt vollbracht hat! Andere bellen mit hassverzerrtem Gesicht Schimpfworte, und wieder andere gehen auf die Straße und spucken uns an.

Mir tut es in der Seele weh. Dieses sind normale Menschen,

Familienmütter, Buchhalter und Bäckergesellen. Aber sie sind alle von demselben Geist beseelt. Armes Deutschland …

Der Aufenthalt in Neumünster dauert einige Monate, darüber gibt es nicht viel zu sagen. Das Essen ist noch schlechter, die Gefängniswächter sind noch fieser und die hygienischen Verhältnisse unter aller Kritik. Ich muss einen Strick verwenden, um die Hose oben behalten zu können, und ich bekomme Krämpfe im Zwerchfell vom ständigen Hunger. Aber es geht, es geht, sagen wir uns selbst, wir könnten es noch schlechter haben.

Am 10. 11. 1943 wird zum Aufbruch geblasen, und wir kommen auf einen langen Zugtransport. Fünf Tage später halten wir in Stettin, wo wir einige Wochen bleiben. Dann geht die Fahrt nach Berlin und ins Polizeigefängnis am Alexanderplatz. Die letzten Kilometer bekommen wir etwas von der Zerstörung zu sehen, große Viertel sind praktisch dem Erdboden gleichgemacht, die Gegend ist platt. Wir marschieren in die Stadt hinein, durchs Brandenburger Tor. Wieder müssen wir die Spucke von netten Bürodamen und runzeligen Großvätern entgegennehmen.

Ja, ja …

Das Gefängnis auf dem Alexanderplatz ist ein Vorgeschmack auf die Hölle. Ich bin in einer Gruppe von 60 bis 70 Gefangenen, die in eine enge Zelle hineingepresst werden. Sie ist wohl für acht bis zehn Mann berechnet. Dort stehen wir wie Ähren auf dem Acker, wir spüren den Atem des Nachbarn in den Nackenhaaren, fühlen seinen Körper auf unserem kleben. Der Raum ist ohne Lüftung, der Wasserdampf setzt sich an der Decke fest und tropft wie Regen herunter, wir ziehen uns nackt aus und ballen die Kleider zusammen, damit sie nicht durch und durch nass werden.

Viele schlafen stehend ein, andere schlafen ein und sinken in die Hocke. Einige Kameraden schaffen es, mich in eine Ecke zu manövrieren. Ich sinke auf den Boden und stütze den Rücken in den Winkel hinein, das lindert etwas. Und die Stunden vergehen, die Tage vergehen.

Sechs Tage lang dauert dieser Alptraum.

Aber das ist nur ein Vorgeschmack. Die Zeit wird kommen, da ich mich zurück nach dem Alexanderplatz sehnen werde.

Das endgültige Urteil und der Massenmord in Sonnenburg

Etwas abseits von Küstrin – oder Kostrzyn, wie die Polen den Ort nennen – macht die Oder eine Biegung in der Tiefebene. Die Landschaft hier ist für gewöhnlich in kalten Nebel getaucht, die Luft ist klamm und ekelhaft, und auch an Sommertagen mit klarem Himmel hat es die Sonne schwer durchzubrechen. In dieser öden Gegend lag damals ein kleines Dorf, einige arme zusammengewürfelte Bauernhöfe, und am Rand dieser Senke konnte man die grauen Umrisse der Strafanstalt Sonnenburg erkennen. Es war ein großes Backsteingebäude, das aus verschieden hohen Einzelteilen bestand. Dazu gehörten einige Holzhäuser mit Farbresten, und ein langer Zaun umschloss ein feuchtes Stück Erde, wo verschiedene Gemüsesorten ein ungesundes Dasein fristeten.

Dorthin kam ich kurz vor Weihnachten, am 20. Dezember 1943.

Der Empfang war gewalttätig. Unser Transport bestand aus 66 Mann aus verschiedenen Nationen, und wir wurden mit brutalen Tritten, Schlägen in den Nacken und einer Sturzflut von Flüchen und Schimpfwörtern in das Gebäude hineingejagt. Die Wächter trieben uns wie Vieh die Treppen hinauf, und dann landeten wir wie betäubt in einer Zelle. Die Tür wurde verschlossen. Fast acht Monate lang sollte ich in diesem Schweinestall leben. Es gab keine Pritschen, sondern an der Wand entlang war etwas Stroh hingeworfen worden, auf dem wir liegen sollten. Die Ausstattung bestand aus fünf Wasserkannen und vier Toilettenkübeln für 66 Mann. Und dann bekam jeder von uns seinen Aluminiumnapf von $1^1/_2$ Litern und einen Löffel, das war alles. Wie soll ich diesen Zustand beschreiben, dass der Leser sich nicht übergeben muss? Es ist im Grunde verrückt, das als Schweinestall zu bezeichnen, eine Beleidigung der Bauern – ich habe nie ein Schwein in solcher Erniedrigung leben sehen. Um die sanitären Verhältnisse zu erwähnen – ich möchte, dass es so gedruckt wird, wie es da steht. Die Deutschen wussten ganz genau, dass die vier Kübel den Bedarf nicht decken konnten. Sie hatten das beabsichtigt. Und gleichzeitig gaben sie den klaren Befehl aus: Verrichteten wir unsere menschlichen Bedürfnisse auf dem Fußboden, würde der ganzen Zelle die Essensration entzogen werden. Was sollten wir da tun? Die einzige Lösung war, den Essensnapf zu verwenden und den Inhalt danach aus dem Fenster zu schütten. Aber wie sollten wir die Näpfe wieder reinigen? Wir konnten sie nicht sauber bekommen. Mit dem Zipfel der Jacke oder einer Hand voll Stroh trockneten wir sie aus, so gut wir konnten, und dann stellten wir uns an, um in denselben Gefäßen die Essensration entgegenzunehmen.

»Lauskammer« wurde diese Zelle genannt, und das ist kein Wunder. Wir durften uns nie waschen oder herrichten, die Kleider befanden sich Tag und Nacht am Körper und wurden steif und unbequem vor Dreck und Schweiß. Die Läuse hatten paradiesische Zustände in dieser Umgebung, und es wimmelte nur so von ihnen. Es war nicht möglich, sie in Schach zu halten. Jeden Nachmittag pflegten wir die Jacken auszuziehen und Treib-jagd auf sie zu machen. Ich zerquetschte jedes Mal Hunderte, aber es war nutzlos. Am nächsten Tag fand ich wieder genauso viele.

Noch schlimmer waren die Kakerlaken. Abends, wenn das Licht gelöscht wurde, kamen sie aus den Verstecken heraus und gingen zum Angriff über, Myriaden von ihnen, die unter die Kleider krochen und zu allen Körperstellen vordrangen. Wir lagen da im Stroh und spürten das kribbelnde Ungeziefer und wussten, dass wir nichts hatten, um uns zu wehren. Brachten wir einige Tausende um, stand die Reserve bereit und lauerte uns in der Dunkelheit auf.

Die Gefangenen reagierten ganz unterschiedlich auf die Bisse. Alle verspürten ein intensives Jucken, natürlich, aber Einzelne bekamen Geschwüre, manche so gewaltige, dass sie nicht mehr zu erkennen waren. Ich erinnere mich zum Beispiel an einen Briefträger aus Bergen, Johannes Clausen: Sein Gesicht schwoll an wie ein Hefeteig, bis die Augen gerade noch als zwei schmale Striche sichtbar waren. Die Hände wuchsen zu Keulen an, so dass er die Finger nicht mehr bewegen konnte. Aber Clausen sollte schwerere Prüfungen als diese erleben; ich werde später darauf zurückkommen.

Der Tag begann mit dem üblichen Malzkaffee und einem Stück Brot. Dann wurden wir zu unterschiedlichen Arbeiten im Gebäude verteilt. Ich selbst verbrachte die meiste Zeit mit 250 anderen im so genannten »Glimmersaal«; die meisten waren Norweger, Franzosen, Holländer und Belgier, außerdem einige Polen. Da saßen wir auf Holzbänken elf Stunden lang und schnitzelten Glimmer, also Katzensilber, was damals als Isolationsmaterial in Bügeleisen, Kochplatten und Ähnlichem verwendet wurde. Die tägliche Quote betrug 100 Gramm – in Wirklichkeit ein enormes Quantum. Das Katzensilber kam in Platten zu uns herein, und mit einer Stahlspitze sollten wir die hauchdünnen Blätter voneinander trennen. Die fertigen Blätter wurden vorsichtig in einen Pappkarton gelegt, den wir vor uns hatten. Und wenn der Tag zu Ende war, wurde der Inhalt gewogen. Hatten wir die Quote nicht geschafft, verloren wir die Essensration für einen Tag.

Das Mittagessen wurde am Arbeitsplatz serviert, es waren in der Regel einige Kartoffeln oder etwas Gemüsesuppe, gerade so viel, dass wir nicht hungers starben. Später am Tag wurden wir unter strenger Bewachung 20 Minuten hinaus in den Hof kommandiert; auch hier durfte ich im Krankenkreis gehen. Abends bekamen wir eine Tasse Malzkaffee, nichts zum Beißen.

Der Direktor dieser Strafanstalt war vom selben Schlag wie der Alte in Kiel, ein Mann mit eindeutig sadistischen Tendenzen – nein, nicht Tendenzen, hier stand dieser Charakterzug in hellen

Flammen. Jeden Tag kam er in den Glimmersaal, angeblich zur Kontrolle, aber in Wirklichkeit, um seine Perversität zu befriedigen. Er suchte sich unter dem windigsten Vorwand einen Gefangenen aus, dann ging er mit dem Fuß zum Angriff über und stieß ihn mit aller Kraft in den Bauch oder in den Schritt. Er hat auf diese Weise vor meinen Augen viele gestandene Männer kaputtgemacht.

Zeitweise bekam ich auch eine andere Arbeit. Ich flickte Netze, knüpfte Kartoffelnetze für die Marine, arbeitete ein bisschen in der Mechanikwerkstatt. Es klingt unglaublich, aber zwei Männer in der Werkstatt, ein Norweger und ein Belgier, schafften es, ein Radio zu bauen und zu verstecken. Sie empfingen die Nachrichten und überbrachten uns die Neuigkeiten, und so hörten wir vom Attentat auf Hitler am 20. Juli 1944. Die erste Meldung war, dass der »Führer« getötet worden war, und die Stimmung war vor lauter Erwartung kurz vorm Überkochen. Später wurde die Nachricht korrigiert, aber auf jeden Fall trug sie dazu bei, in uns Mut zu wecken. Nun konnte der Zusammenbruch nicht mehr lange auf sich warten lassen, glaubten wir.

Selbst ohne Radio hätten wir gemerkt, dass etwas Ernstes geschehen war – die Behandlung wurde von dem Tag an noch härter. Dieses Muster setzte sich in allen Zuchthäusern und Lagern fort, in die ich noch kam, merkwürdig genug. Hatte es in der Nähe einen heftigen Luftangriff gegeben oder wurden größere oder kleinere alliierte Siege gemeldet, gab es sofort Konsequenzen, entweder in Form von kleineren Rationen oder von Brutalität.

In Sonnenburg wurden beide Methoden angewandt.

Ungefähr zur gleichen Zeit fanden die Deutschen den Radioapparat. Der Norweger und der Belgier wurden totgeschlagen. Wir konnten ihre Schreie hören.

Als wir Kiel verlassen hatten, waren noch sieben Mann aus *Lenkegjengen,* dem »Verlies«, am Leben gewesen. In der Zwischenzeit waren weitere Urteile gefällt worden und im Sommer 1944 waren es nur noch fünf von den ursprünglichen 15.

Wann würde ich drankommen?

Die Antwort kam in der zweiten Junihälfte. Ich lag in der Lauskammer, als der Wächter mich und einen anderen Mann rief, einen Maschinisten namens Furnes. Wir wurden zur Kapelle geführt – glauben Sie ja nicht, dass es kein Gotteshaus innerhalb der Mauern gab! Vor dem Altarbild war ein langer Tisch aufgestellt, wo drei ehrwürdige Herren plus ein Schreiber und ein Dolmetscher saßen, alle in Uniform. Furnes und mir wurde ein Platz auf einer Bank davor angewiesen. Auf dem Weg zur Kapelle hatte ich die ganze Zeit das Vaterunser gebetet, und jetzt suchte mein Blick das Altarbild. Ich wusste nicht, ob ich lachen oder weinen sollte. Da stand Jesus mit geöffneten Händen und der Text lautete: »Kommet her zu mir alle, die ihr mühselig und beladen seid; ich will euch erquicken …«

Furnes stieß mich an: »Schau, Oscar«, flüsterte er. Zwei, drei Läuse hatten uns verlassen und waren auf dem Vormarsch in Richtung Richter. Furnes kicherte wonnevoll. Ich war nicht imstande, am Spaß teilzunehmen. Hier saß ich und erwartete das Todesurteil, hatte Angst und war außer mir, und ich fand wirklich nicht, dass dies Zeit und Ort für Belustigungen war. Wieder suchte ich das Altarbild mit dem Blick und ich betete unruhig bei mir selbst: »Lieber Gott, lass mich bitte wieder heimkommen.« Ich konnte auch gar nichts anderes glauben, die wunderbare Gewissheit saß tief in mir, und besonders nach dem Verhör in Rendsburg hatte ich das Gefühl, dass meine Chancen, mit dem Leben davonzukommen, gestiegen waren. Aber ich betete die ganze Zeit: »Lieber Gott, hilf mir …«

Furnes war der Erste; er stand zuversichtlich auf, mit einem Seitenblick auf die Läuse.

Ob er sich schuldig bekenne?

Ja, das tat er. Sein Name war in der Stein-Kartei gefunden worden, und er hatte ein Abzeichen oder etwas Ähnliches entgegengenommen, das war richtig. Aber sonst sei er so unschuldig wie ein Kind.

Das Gericht wollte auch nichts anderes behaupten. Aber die Mitgliedschaft in der Stein-Organisation war ernst genug, und es befand, dass es ihn zu fünf Jahren Zuchthaus verurteilen musste.

Furnes verneigte sich zufrieden und ging zur Bank zurück.

Nun war ich an der Reihe.

Dieser Tag verlief anders, das merkten wir. Der Richter ging das »Geständnis« durch, das ich abgegeben hatte, stellte einige Fragen über die Englandfahrten und die 3.000 Kronen; die Passaffäre wurde nicht erwähnt. Dann wollte er wissen, ob ich etwas hinzuzufügen hätte. Ich antwortete, dass das nicht der Fall sei. Dann hielt er fast so etwas wie eine Ansprache. Während ich dastand, den Blick auf das Altarbild gerichtet, wagte ich fast nicht zu atmen. Lange redete er über den Ernst meines Verbrechens, darüber, wie gefährlich es war, dem Feind zu helfen, wie ich es getan hatte, und über die unerbittliche Strafe für solche Untaten. Diese Einleitung hörte sich nach Todesstrafe an, aber …

Aber – Hitlers Großmut sei weithin bekannt, und obwohl ich es in keiner Weise verdiene, werde seine Gnade auch mir zuteil werden. Er verurteilte mich daraufhin zu lebenslanger Gefängnisstrafe.

Ich fühlte eine Erleichterung, die ich nicht einmal versuchen werde, zu beschreiben. Ich sagte mir selber, dass ich es ja gewusst hatte, sicher gewesen war, dass es so kommen würde, aber die Bestätigung wirkte so überwältigend, dass ich auf dem Weg zurück in die Lauskammer meine Beine nicht mehr spürte.

Meine Kameraden, sowohl die norwegischen als auch die ausländischen, strahlten, als ich durch die Tür kam, sie trauten ihren Augen kaum. Welches Wunder hatte gerade mich gerettet, wo doch so viele aus dem »Verlies« Todesurteile bekommen hatten? Ich konnte es ihnen nicht erklären.

Aber hier war ich jedenfalls, und ich empfand eine tiefe Gewissheit, dass ich den Rest auch noch schaffen würde. Es konnte nicht Sinn der Sache sein, mir das Todesurteil zu ersparen, damit ich dann aus anderen Gründen sterben sollte. Ich *wollte* es schaffen.

Und dann – wie zur Mahnung, demütig zu sein – wurde ich von der Elefantenkrankheit befallen.

Ich weiß nicht, wie diese Krankheit eigentlich heißt, ob sie einen Namen hat, aber sie darf nicht mit der gewöhnlichen Elefantenkrankheit verwechselt werden – einer Hautverdickung, die, soviel ich weiß, von einer Made verursacht wird. Die Form der Elefantenkrankheit, von der wir in den Gefängnislagern heimgesucht wurden, hing mit der Unterernährung zusammen. Die Herztätigkeit nahm ab, Wasser stieg in den Körper, und das Resultat war, dass besonders die Beine zu dicken Pfosten anwuchsen und schrecklich schmerzten. Die Zehen wurden zu einer einzigen formlosen Masse, und drückte man mit dem Daumen auf die Haut, blieb eine weiße Vertiefung stehen. Wenn man nicht sofort auf das Krankenrevier kam, führte die Krankheit zum sicheren Tod – wie ich oft genug an Beispielen sah.

Aber sich wegen der Elefantenkrankheit aufs Revier zu melden, war vergeblich, die Deutschen lehnten es ab, diesen Zustand als Krankheit anzuerkennen. Eine Haltung, die sie bei den meisten Krankheiten einnahmen. Nur zwei Diagnosen waren vom Standpunkt des Gefangenen aus brauchbar: TBC oder Krätze – die Deutschen hatten panische Angst vor Ansteckung. Also galt es für mich, Krätze zu bekommen.

Das war leichter gesagt als getan, wie sich zeigen sollte.

Es gab ein eigenes Revier für Krätzepatienten in der Anstalt, dort lagen regelmäßig 20 bis 30 Mann, und wir schafften es, eine Nachricht hineinzuschmuggeln, dass sie mir ein Kleidungsstück hinausschmuggeln sollten. Am nächsten Tag kam ein Hemd von einem der Männer; ich trug es direkt am Körper und ging mehrere Tage damit herum, aber vergeblich. Mir fehlte zwar einiges, aber Krätze bekam ich nicht.

Meine Beine schmerzten jetzt so sehr, dass ich fast verrückt wurde, und es musste schnell etwas geschehen. Da hatte ich eine Idee. Ich verschaffte mir eine harte Bodenbürste, zog mich nackt aus und bat die Kameraden, mich abzuschrubben. Sie begannen zeitig am Morgen, bevor das Licht eingeschaltet wurde, schrubbten der Reihe nach hemmungslos, und bald bekam der Körper eine heftige Rotfärbung, die sehr überzeugend wirkte, wie wir fanden. Ich stapfte zur Krankenstube, so schnell die aufgeschwollenen Stampfer mich tragen konnten, meldete, dass es sich um Krätze handelte, und wurde dem Arzt vorgeführt.

»Herunter mit den Kleidern!«, kommandierte er skeptisch.

Das Hemd hatte ich schon ausgezogen und jetzt ließ ich die Hosen fallen und zeigte ihm das Hinterteil. Jeder Zweifel war wie weggeblasen.

»Hinaus!«, schrie er. »In die Krätze-Zelle, augenblicklich!«

Es kam kein Nein aus meinem Mund. Ich trottete davon, ließ mich auf eine Pritsche legen mit den Beinen nach oben – und so lag ich acht Tage, bis die Klötze wieder eine einigermaßen normale Form hatten. Das war eine schöne Woche.

Nun ist es eigentlich eine Beleidigung des Berufes, das als Krankenpflege zu bezeichnen, was die Deutschen auf diesem Gebiet praktizierten. Die Angst vor Ansteckung war so groß bei ihnen, dass sie nie einen Fuß zu den Patienten hineinsetzten. Essen und Trinken steckten sie durch die Tür und zogen sich schnell wieder zurück. Die medizinische Behandlung bestand aus einer gelblichen Flüssigkeit, mit der wir uns selber mittels eines Malerpinsels einschmieren sollten. Die gelbe Flüssigkeit wurde zweimal am Tag in einem Waschzuber zu uns hineingestellt. Wir mussten in unseren eigenen Kleidern liegen, ein Wechsel der Bettwäsche fand, soviel ich weiß, nie statt. Und Läuse und Kakerlaken teilten unser Leben hier genauso wie in der Lauskammer. Aber wir klagten nicht. Die Krätze-Zelle bot Ruhe, nicht nur für den Körper, sondern auch für die angespannten Nerven. Gerade die Abwesenheit der Deutschen war die beste Therapie, die irgendein Arzt hätte verschreiben können. In der Zeit bekam ich auch mehr zu essen, nicht wegen der Krankheit, sondern weil einer aus Bergen sich in der Küche ins Mittel legte. Ich schrieb ihm einen Zettel, den ich in den Essenskübel legte, und von dem Tag an sorgte er für Extrarationen. So viel, dass es den Hunger stillte, wurde es bei weitem nicht, aber hinreichend, dass der Organismus den Nahrungszuschuss gut nützte. Übrigens, was das Essen betraf – in der Lauskammer konnte ich zum ersten Mal sehen, wie Menschen wiederkäuten. Oder besser gesagt, hören. Zusammen mit mir lagen zwei Männer aus Bergen, ein Musiker und ein Ingenieur, und die hatten die Magenmuskeln lange Zeit trainiert. Wenn wir zum Beispiel zu Mittag Erbsensuppe bekommen hatten und wir anderen längst damit fertig waren, stießen sie die Suppe wieder auf und kauten an den Erbsen weiter – nicht einmal, sondern mehrere Male. Nachts, wenn ich zu schlafen versuchte, hörte ich, wie sie da in der Dunkelheit lagen und wollüstig auf der ewig währenden Erbsensuppe herumschmatzten, und ich wurde so wild vor Hunger, dass ich sie bitten musste aufzuhören.

»Bitte, Männer, wir verrecken vom Zuhören!«

Der Hunger, ja …

Wir waren in den August gekommen und auf dem Land ist das die Zeit für die Ernte. Ich gehe im Krankenkreis und schaue die grünen Blätter an, weiß, dass Rüben darunter sind, und ich träume davon, die Zähne in die Schale zu setzen und sie abzureißen. Mir fallen die Tage der Kindheit ein und die erste Rübe des Jahres. Ich sehe vor mir, wie ich sie schäle und die Zunge auf das blanke, saftige Fleisch lege, bevor ich abbeiße und drauflos-kaue.

Ich steigere mich hinein und verliere die Selbstkontrolle.

Die Deutschen haben den Befehl ausgegeben: Erschossen wird, wer vom Acker stiehlt.

Einen Mund voll abbeißen …

Eines Tages ziehe ich eine Rübe heraus und stecke sie in mein Hemd. Aber die Deutschen haben es gesehen. Ich werde abgeführt und in einen Keller geworfen. Mehrere Männer wechseln sich ab, um mich zu schlagen.

Ich erwache in einer engen Einzelzelle.

In der Lauskammer wurde gemeldet, Oscar Magnusson sei

Zuchthaus Sonnenburg. Das Kreuz ist aufgestellt zur Erinnerung an die fast 800 Gefangenen, die im Laufe einiger Stunden niedergeschlachtet wurden, bevor die Deutschen selbst am 31. Januar 1945 flüchteten. Eine norwegische Delegation fand später 16 norwegische Leichen, die sich identifizieren ließen. In der nahe gelegenen Ortschaft Slonsk fand sie auch einen der Peiniger aus den Kriegsjahren, Dr. Seidler, der nun ein ruhiges bürgerliches Leben führte. Er beging Selbstmord, als er entdeckt wurde.

erschossen worden. Und bevor das Jahr um ist, ist diese Nachricht durch das Rote Kreuz nach Norwegen gelangt.

Nina glaubt es nicht.

»Ich weiß, dass er lebt«, sagt sie.

Und Nina weiß besser Bescheid als die Kameraden in der Lauskammer.

Am 10. August verlasse ich die Strafanstalt Sonnenburg und werde auf eine Wanderung geschickt, die neun Monate dauern sollte.

Deshalb bin ich beim Blutbad nicht dabei.

Dies ist die Zusammenfassung eines Berichtes, den ein Augenzeuge, der deutsche Gefangene Walter Glasneck, nach dem Krieg abgab:

»Gegen Ende des Jahres 1944 kamen die russischen Kräfte immer näher und Sonnenburg musste zeitweise die Türen öffnen für Gefangene, die aus anderen Straflagern überführt wurden. Alles deutete darauf hin, dass der endgültige Zusammenbruch kurz bevorstand, und es herrschte eine nervöse Stimmung unter dem deutschen Personal. Zu Neujahr wurde gemeldet, dass die Russen dabei waren, die Oder bei Küstrin zu überqueren, und es wurden Vorbereitungen zum Aufbruch aus Sonnenburg getroffen. Die Gefangenen aus den anderen Lagern wurden weiter in Richtung Westen gesandt, und am 30. Januar begann die Evakuierung der Belegschaft. Alle Archive wurden verbrannt, Vorräte und Wertsachen auf Handkarren verladen, und die Gefangenen warteten auf den Marschbefehl.

Es ist 17 Uhr geworden. Da kommen zwei SS-Offiziere nach Sonnenburg, begleitet von einer Gruppe von circa 20 SS-Soldaten, und die Offiziere bitten sofort um ein Gespräch mit der Anstaltsleitung hinter verschlossenen Türen. Als die Konferenz fertig ist, trifft der Zeuge einen Wächter, der sagt:

›Glasneck, etwas Entsetzliches wird passieren.‹

Der Zeuge antwortet: ›Wir sollen liquidiert werden, nicht wahr?‹

Der Wächter nickt. Aber er fügt hinzu, dass Glasneck – der als

Kontorist in der Anstalt gearbeitet hat – unter den Glücklichen ist. 120 Mann sind ausgesucht worden, um die Handkarren zu ziehen, und der Zeuge ist dabei. Der Rest – 715 Mann – wird erschossen werden.

Die 120 werden jetzt im N-Trakt versammelt, die Übrigen in Gruppen von zehn Mann in die Zellen im O-Trakt verteilt.

Um 22 Uhr beginnt der Massenmord. Gruppenweise werden die Gefangenen aus dem Gebäude heraus und über den Platz kommandiert, und in dem Augenblick, wenn sie um die Ecke der Arbeitsbaracke gehen, überwältigen die SS-Soldaten sie mit Polizeigriff und legen sie auf den Bauch in einen Kartoffelacker. Dann werden sie mit Nackenschüssen getötet. Während dies passiert, stehen die beiden Offiziere da und rauchen Zigaretten. Der Zeuge sieht das alles mit eigenen Augen. Zusammen mit einigen Kameraden hat er zu dem Zeitpunkt den Befehl bekommen, Vorräte auf einen Wagen zu laden, und so hat er Gelegenheit, alles zu beobachten.

Einige von den Opfern rühren sich nach dem ersten Schuss noch, und so bekommen sie noch einen dazu. Andere schaffen es noch, ›Es lebe Belgien!‹ oder ›Es lebe Frankreich!‹ zu rufen, bevor der Schuss fällt. Gleichzeitig gehen SS-Soldaten im Krankenrevier von Bett zu Bett und erschießen alle Patienten.

Das Blutbad dauert bis etwa 2 Uhr nachts. Dann steigen die SS-Offiziere und die 20 Soldaten in die Autos und fahren ab.

Die Übriggebliebenen im Gefängnis, die 120 Gefangenen und das ganze Personal, bekommen den Auftrag, das Gebäude zu verlassen und sich zum Abmarsch aufzustellen. Glasneck hört einen Wächter seinem Vorgesetzten melden, dass die Anstalt jetzt leer ist. Dann wird das Hauptportal geschlossen, und man wirft den Schlüssel in den Tiefschnee hinaus. Um 3 Uhr früh beginnt der Transport über die Tiefebene.«

Der Keller der Schrecken in Breslau und mein drittes Weihnachten

Es ist so oft geschrieben worden, dass die Deutschen wussten, was sie während des Krieges taten, und im Wesentlichen ist es wohl wahr. Sie überließen nicht so viel dem Zufall.

Aber ab und zu könnte man zu zweifeln beginnen. Zum Beispiel dann, wenn die Gefangenen ohne nachweisliche Ursache von Ort zu Ort geschickt wurden. Plötzlich, eines Tages, kam der Befehl zur Aufstellung, und dann war man auf der Reise – ohne System oder Muster. Warum wurden zum Beispiel 23 Norweger unter den Gefangenen in Sonnenburg im August 1944 ausgesucht und in den Südosten geschickt? Warum ausgerechnet diese Männer? Und warum ausgerechnet dann?

Fragen Sie mich nicht.

Aber da waren wir jedenfalls – in einem Zug auf dem Weg zu einem unbekannten Ziel.

Seit 14 Tagen sind wir auf der Reise, halten bei einem Zuchthaus hier, bei einem Straflager da, schlafen wenig und essen fast nichts. Wir fühlen uns wie ein Paket ohne Empfängeradresse. Dann bekommen wir ein paar Wochen Rast in Brieg – oder Brzeg – südlich von Breslau, und am 1. September ist wieder Aufbruch. Zwei, drei Tage später werden wir in einen Keller des Breslauer Polizeigefängnisses gestapelt. Alles, was ich bisher erlebt habe, bekommt sofort den Schimmer einer Idylle. Die Atmosphäre kann an den Alexanderplatz in Berlin erinnern, aber hier in Breslau begegnen wir dem schwarzen Mittelalter, hier ist *kein* versöhnlicher Zug. Wir sind etwa 60 Mann, die eine steile Steintreppe hinuntergejagt werden. Im Halbdunkel wird uns schwindlig und wir müssen uns an die Wand stützen; die fühlt sich nass und kalt an. Die Holzschuhe werfen ein düsteres Echo in den engen Gang, wir stoßen aneinander und müssen Acht geben, und dann brüllen die Wächter oben auf der Treppe hinter uns und pressen uns in eine Zelle von vier mal fünf Metern. Kein Fenster, keine Belüftung, nur vier Steinwände – ich schaue auf die schäbige und übel riechende Schar, diesen Haufen von menschlicher Erniedrigung, und ein Ausdruck kommt mir auf die Lippen: verdorbene Konserven!

Es ist keine Heizung in der Zelle, dennoch wird es quälend heiß und es passiert dasselbe wie schon einmal: Der Dampf von den menschlichen Körpern legt sich an die Decke und fällt wie feiner Regen herunter, und bald sind die Kleider durchtränkt von Feuchtigkeit. Wir versuchen ein paarmal, Hemd und Jacke auszuwringen, aber es ist nutzlos. Wir ziehen die Kleidung aus und stehen nackt in den Holzschuhen da. Die Glühbirne, die an einer beschädigten Fassung baumelt, scheint auf fahle Haut – viele haben offene Wunden nach Krankheit oder Misshandlung, und der gelbe Eiter vermischt sich mit Dampf und Schweiß und rinnt in fetten Streifen über die verstümmelten Hüften und Rücken. Der am nächsten steht, versucht ein bisschen auf Abstand zu gehen, aber er wird notwendigerweise zurückgedrängt und bekommt die Schweinerei ab. Der Gestank wird von Stunde zu Stunde ärger. Zuerst riecht man nur den Schweiß, der eklig genug ist, dann aber kommen neue Gerüche hinzu, von Urin und Kot, von den schmerzenden Wunden, und dann kommt das Brechen. Und der Dampf davon steigt wieder an die Decke und tropft auf die nassen Körper herab. Die meisten Gefangenen sind Franzosen, viele von ihnen überlassen sich der Verzweiflung und weinen laut. Kein Wächter hält es im Keller aus, wir sind uns selbst überlassen. Nur wenn wir gefüttert werden, taucht ein Deutscher auf, er jagt ein paar abgezehrte Gefangene vor sich her, die den schweren Eimer schleppen, treibt sie mit Ekel im Gesicht an, und dann läuft er wieder hinaus, wie wenn es darum ginge, die Toilette zu erreichen, bevor er sich übergeben muss.

Der Tag vergeht und die Nacht kommt. Tag und Nacht fließen in eins über. Wir bekommen Schwierigkeiten, wenn wir die Toten melden sollen – jeden Morgen soll Rapport abgegeben werden –, aber wie sollen wir wissen, wann Morgen ist? Die Leichen werden in den Gang hinausgeschleppt, um mehr Platz zu schaffen. Aber das hilft nicht viel – das kommt nur den Einzelnen zugute, die umfallen, um das nächste Mal in den Gang hinausgeschleppt zu werden. Wir anderen müssen stehen, wo wir stehen, aneinander gelehnt, an die nasse Wand, bestenfalls sinken wir hinunter auf den Boden und kriegen ein paar Stunden Schlaf, liegen besinnungslos im Schlamm und in den Exkrementen, viele schlafen für immer ein.

Einmal dazwischen suchen meine Blicke die Kameraden, ich kontrolliere, ob sie da sind – Johannes Rasmussen, Revisor in der Privatbank Bergen, Johannes Clausen, Briefträger, Finn Skre, Sozialökonom aus Vesta, Ingebrigt Jensen, Postbediensteter … Und sie sind da, alle 23, Stunde um Stunde, Tag um Tag, Woche um Woche. Franzosen schlafen zwischen unseren Holzschuhen ein, wir steigen über die Leichen, um Ellbogenfreiheit zu bekommen. Wer wird der Erste sein von den Norwegern? Durch den Dunst schauen wir uns an und schätzen – er ist wohl fertig jetzt – oder er – oder er … Aber die Wochen vergehen und sie sind da, Ingebrigt und Finn und Johannes …

Und dann der Durst – der Lanzenstoß für unsere Widerstandskraft, das schreiende Bedürfnis nach mehr Flüssigkeit. Wie betteln die Wache an, Barmherzigkeit zu zeigen, aber sie hat keine, und wir rationieren die armseligen Tropfen mit zitternder Hand und weinen vor Ekel, wenn wir mit den Fingern an der Wand entlangstreichen und das Kondenswasser unserer eigenen Schweinerei einsaugen müssen.

Bei manchen ist es so, dass zuerst nur der Geist stirbt. Ihre Schreie füllen eine Weile wie zum Abschied den Keller. Dann verlöscht der Blick, und eine Menschenseele hat sich in das Unbekannte verzogen und ist von uns gegangen.

Woche um Woche.

Der Aufenthalt im Keller der Schrecken dauert, soweit ich weiß, 34 Tage, ganz sicher bin ich mir nicht. Es können zwei, drei Tage mehr oder weniger gewesen sein. Man kann fragen, wie es möglich ist, so etwas zu überstehen. Ich kann mir vorstellen, dass diese Frage sowohl von medizinischem als auch psychologischem Interesse ist. Leider gibt es nur einen Einzigen von uns, der darüber berichten kann: mich selbst. Die anderen fielen später den anderen Prüfungen zum Opfer.

Und was kann ich antworten?

Ich werde in einem späteren Kapitel einen Versuch machen. Vorläufig will ich sagen: Was die Lehrbücher über psychische Möglichkeiten und mentales Anpassungsvermögen behaupten, sind leichtsinnige Hypothesen. Es gibt, genau gesagt, *keine* Grenzen dafür, was der Mensch in psychischer und mentaler Hinsicht aushalten kann. Das sind keine leeren Worte, es ist mein voller Ernst. Und ich finde, ich habe meine Kameraden und mich selbst als Beweis angeführt.

Anfang November sind wir in beißender Kälte auf Wanderschaft, hinunter durch Oberschlesien, die weite Landschaft südlich von Breslau. Neue Franzosen sind dazugekommen, wir sind ein Kontingent von 140 Mann im Ganzen, darunter ständig die 23 Norweger. Die Kleider sind dieselben, die wir seit 14 Monaten auf dem Körper haben, sie sind steif vor Schmutz und als Winterbekleidung völlig unzulänglich. Der scharfe Wind bläst durch die Fetzen, und die nackten Füße in den Holzschuhen fühlen sich wie Eisklumpen an. Viele husten, als würden die Lungen reißen.

Der Weg schlängelt sich die Höhe hinauf, an Tälern und Bergkämmen entlang. Wir vermuten, dass wir nach Brieg sollen, aber am zweiten Tag liegt dieses Straflager hinter uns und ständig geht die Reise südwärts die Höhe hinauf weiter.

Die Zahl der Norweger ist jetzt auf 18 gesunken. Fünf Männer sind so schlecht beisammen, dass die Wächter sie nicht mehr mitschleppen wollen, und eines Tages werden sie vom Transport getrennt und ins Krankenhaus nach Brieg geschickt. Keiner von ihnen hat überlebt. Einige sterben im Krankenhaus, andere werden nie mehr gefunden.[3] Sie sind im Nebel verschwunden. –

[3] Die fünf, die ins Krankenhaus nach Brieg gebracht wurden, waren: der Elektroschweißer Aleksander Ask, der Postbeamte Erik Kjösnes, der Ingenieur Monrad Mjelde, die Postbeamten Johan Schultz-Persen und Hilmar Quanvik.

Es ist der 8. November, als der Rest von uns in Langenbilaug ankommt, einem so genannten Arbeitskommando, das dem Zuchthaus Brieg unterstellt ist. Auf einer Ebene liegen einige primitive Baracken, und ein paar Kilometer weiter gibt es angeblich eine kleine Stadt.

Die Kälte verzehrt den Körper, wir befürchten das Schlimmste.

Der Lagerleiter ist ein Deutscher mit polnischem Namen, den ich nicht aussprechen und mir auch nicht merken konnte. Er ist ein kleiner, stiller Kerl und kümmert sich nicht mehr um die Gefangenen als nötig. Aber die SS-Wächter machen die Arbeit für ihn, sie besorgen sie auf eine untadelige Weise, wie wir bald sehen werden …

Wir werden angehalten, Mauern aufzustellen. Sobald es morgens hell genug ist, marschieren wir los zum Arbeitsplatz, und dann stehen wir den ganzen Tag unter freiem Himmel und mischen Sand, Zement und Kies, bis die Dunkelheit kommt. Dann schleppen wir uns todmüde und durchgefroren heim in die Baracken und haben gerade noch die Kraft, das Essen zu kauen, bevor wir in den Kojen einschlafen.

Die Arbeit ist schon hart genug für gesunde Menschen. Für diesen ausgezehrten Haufen ist sie ein Alptraum. Aber so ist sie auch gemeint – es ist nicht beabsichtigt, dass ein Gefangener Lebensmut genug bekommen soll, um sich im Kampf zu behaupten. Das Muster für ein korrektes Benehmen ist, das Letzte zu geben und dann zu sterben. Allen geht es abscheulich, und jeder glaubt, ihm gehe es noch schlimmer als den anderen. Ich persönlich habe den Rücken, der mir zu schaffen macht, und dass ich keine Blähungen loswerden kann, ohne dass der Rest folgt. Außerdem kämpfe ich mit einer Lungenentzündung. Es brennt in der Lunge, wenn ich einatme, und ab und zu hänge ich mit einem heftigen Hustenanfall über dem Spaten. So geht es mir wahrscheinlich am schlechtesten von allen.

Aber weiter drüben stehen der Postbeamte Nils Gjendal und der Postlehrling Lars Thorvald Hofsaeth, die nicht nur mit einer Lungenentzündung kämpfen: Der Schweiß rinnt ihnen herunter

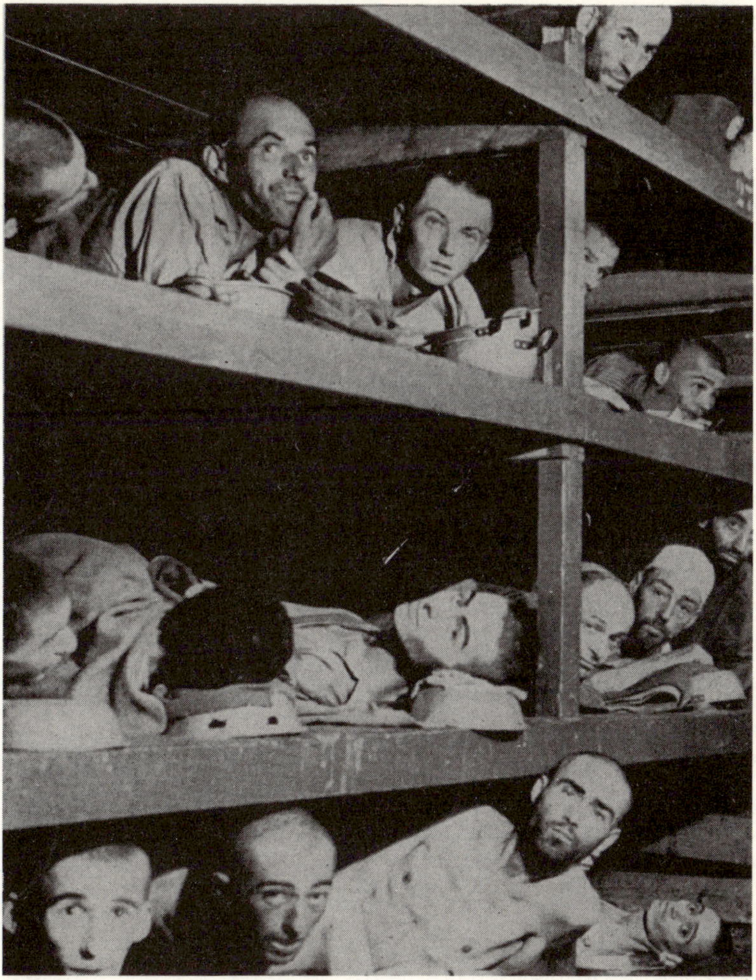

In Deutschland, um zu sterben. Die »Nacht-und-Nebel-Gefangenen« sollten auf direkten Befehl von Hitler ausgerottet werden, und in der Zwischenzeit fristeten sie ein unmenschliches Leben in Zuchthäusern und Konzentrationslagern. Vier, fünf Mann im selben Bett war nicht ungewöhnlich.

in der beißenden Kälte, und wenn sie langsamer arbeiten in der Hoffnung, die Lungen zu schonen, sind die SS-Wachen über ihnen. Sie sind todkrank, und ich weiß das.

Ich habe nicht mehr so viel Mitleid mit mir selber.

Wir sind nicht länger als ein paar Tage dort, da wird Aufstellung befohlen und der Lagerchef kommt zur Treppe heraus. Er braucht einen Dolmetscher, einen norwegischen und einen französischen. Wer ist geeignet? Ich nehme an, wir können alle ungefähr gleich gut Deutsch, das wenige, das wir unterwegs gelernt haben. Ich schaue die anderen an, aber sie halten zu wenig von ihren Fähigkeiten, und nur einer von ihnen fühlt sich berufen. Er und ich treten einen Schritt vor und warten auf die Entscheidung. Ein Dolmetscher darf drinnen bleiben, muss keine Außenarbeit machen, diese Möglichkeit tönt wie Harfenklang in der Luft.

Der Lagerchef studiert uns lange, und dann zeigt er auf mich.

»Kommen Sie her, bitte …«

Der andere geht enttäuscht in die Reihe zurück.

Aber ich soll nicht nur Dolmetscher sein, wie es sich zeigt. Ich soll die privaten Gemächer des Lagerchefs rein halten, das Esszimmer der Gefangenenwächter, den Zementboden in den norwegischen Baracken kehren. Ich muss für warme Öfen sorgen, bis die Burschen am Abend von der Arbeit kommen.

Ich gehe wie im Taumel, fühle mich gleichsam als Auserwählter auf der Erde. Beim Lagerleiter lege ich meine ganze Seele in die Arbeit, Gott weiß, wann wir ihn brauchen können. Und bald kann ich den ersten Gewinn einstecken.

Den Koks für den Ofen hole ich in ein paar alten Marmeladeeimern, und um ins Kokslager zu kommen, muss ich den Gemüsekeller passieren. Ich schaffe es, einige Kartoffeln zu stehlen, die ich in die Jacke stecke, am nächsten Tag erwische ich noch ein paar mehr, und am dritten Tag werde ich selbst erwischt. Es ist der Küchenchef, ein SS-Mann, der Novack heißt und aussieht wie ein Ochse, der mich auf frischer Tat ertappt und versucht, mich zuschanden zu schlagen. Danach geht er zum Lagerleiter und verlangt, dass er mich absetzt.

Aber der will das nicht. Stehle ich, so muss Novack besser aufpassen – ganz einfach.

Novack hasst mich und wartet nur auf eine neue Gelegenheit, er macht täglich Leibesvisitationen bei mir und untersucht die Baracken gründlich – aber vergeblich. Ich habe eine neue Technik entwickelt, die über seinen Verstand geht, er ist auch so dumm wie ein Ochse. Wenn ich Koks hole, mache ich es so, dass ich die Kartoffeln auf den Boden des Marmeladenkübels lege und den Koks obendrauf. Und die Kartoffeln lege ich dann so in den Aschenkasten, dass sie durchgebraten sind, wenn die Burschen hereinkommen. Und dann sage ich zu ihnen:

»Es wird kälter, Leute, aber es gibt mehr Essen …«

Und diese Extrarationen kann ich herbeischaffen, solange der Aufenthalt in Langenbilaug dauert. Eine in der Asche geröstete Kartoffel – ein Nahrungszuschuss und ein Leckerbissen.

Ich habe noch einen anderen Job. Die Gefangenenwächter brauchen ordentliches, angemessenes Essen, und das wird in der Küche einer Textilfabrik oben in der Stadt gekocht. Jeden Tag werde ich – gefolgt von einem Wächter – mit einem zweirädrigen Handkarren dorthin geschickt, um dieses Essen zu holen. Und es kommt vor, dass ich Leute von anderen Arbeitskommandos treffe und Neuigkeiten von ihnen erfahre. Sie flüstern über die Kämpfe bei Küstrin, den Vormarsch der Russen. Abends daheim in den Baracken diskutieren wir dann lange über das, was ich gehört habe, und es trägt dazu bei, in uns allen den Mut aufrechtzuerhalten.

Aber für einige von uns ist es zu spät.

Noch einen Auftrag bekomme ich.

Der Erste, den ich wegfahre, ist Lars Thorvald Hofsaeth. Er liegt schon im Sterben, als der Lagerchef den Befehl gibt, den Mann ins Krankenhaus zu bringen. Ein Kamerad hilft mir, Hofsaeth auf den Handkarren zu heben. Dann schiebe ich den Wagen über holprige Wege hinein in die Stadt. Kalter Wind fegt über die Ebene, seine Jacke bläht sich auf wie eine graue Fahne.

Einmal bleibe ich stehen und versuche ihn besser zuzuknöpfen.

Ich sage ein paar Worte, streiche ihm über die Stirn, aber er weiß, dass das die letzte Reise ist.

Dann ziehen wir weiter.

Ich schiebe den Karren durch enge Gassen in die Stadt hinein. Schaue auf die Leute, die vorbeihasten, bettle sie mit dem Blick an, um eine warme Seele in einem mitleidenden Augenpaar wahrzunehmen. Sie bemerken uns nicht.

Ich rolle den Wagen durch das Krankenhausportal und Hofsaeth wird vom Wagen gehoben und weggetragen. Ich winke ihm nach. Niemand hat ihn mehr gesehen.

Hofsaeth ist der Erste, dann folgt Nils Gjendal. Und eines Tages sitze ich auf der Bettkante des Schiffszimmermannes Martin Samnoen. Martin und ich sind allein in der Baracke, die anderen sind draußen bei der Arbeit. Ich habe mit dem Mut der Verzweiflung den Lagerleiter um einen Arzt für ihn gebeten; das ist undurchführbar. Dann habe ich ihn nach Medizin für ihn gefragt und endlich eine Schachtel mit einigen Pillen bekommen, aber jetzt ist es zu spät. Martin ist so schwach, dass er den Abend nicht mehr erleben wird – wenn ich ihn auf den Karren lade, wird er sterben, bevor wir angekommen sind. So sitze ich bei ihm, das ist alles, was ich machen kann.

Martin ist gläubig, er war bei einer christlichen Seemannsorganisation, sein Kurs ist klar.

»Aber ich möchte so gern heim«, flüstert er. »Ich habe keine Angst vor dem Sterben, Oscar, aber ich möchte so gern heim.«

Ich halte die magere Hand und spüre den Puls, der immer schwächer wird. Es ist so eigenartig, hier zu sitzen und zu fühlen, wie das Leben aus einem Menschen ebbt. Die Stirn ist heiß vom Fieber, aber der Husten hat aufgehört und er hat keine Schmerzen.

Martin war einst ein Kraftpaket gewesen, ein breitschultriger Seemann mit festem Blick und gelocktem Haar. Jetzt ist die Kraft dahin, und der Blick hat begonnen, neue Horizonte zu suchen. Er sagt: »Bete für mich, Oscar. Bete, dass ich heimkomme zu meiner Frau und den Kindern.«

»Das habe ich getan, aber du bist jetzt sehr schwach, Martin …«

»Ja«, flüstert er, »es gibt wohl nur noch den einen Weg.«

Ich lege seinen Kopf vorsichtig in meine Armbeuge, trockne die schweißnasse Stirn. Er schaut mich an:

»Versprich mir etwas.«

»Ja.«

»Wenn du heimkommst, denn ich weiß, dass du heimkommst, Oscar …«

Ich nicke.

»Dann musst du meine Frau besuchen und sie von mir grüßen. Du musst ihr eine Umarmung von mir geben, und dann musst du sagen: Ich habe nie jemanden so gern gehabt wie sie und die Kinder. An sie denke ich bis zuletzt.«

»Das werde ich tun, Martin.«

Er rastet eine Weile. Der Puls ist gerade noch fühlbar, das Ende nähert sich. Dann öffnet er noch einmal die Augen.

»Oscar, ihr, die ihr überlebt, passt auf sie auf.«

»Ja, Martin, das weißt du.«

Ich fange an, leise das Vaterunser zu beten, und er versucht mitzusprechen – die aufgerissenen Lippen formen stumm die Worte.

Als wir fertig sind, flüstert er:

»Oscar, ich möchte so gern heim.«

Der Puls hört auf. Es kommen noch ein paar schnelle Schläge. Dann ist Schluss.

Martin dreht sein Gesicht an meine Brust. Er schläft vertrauensvoll wie ein Kind in meiner Armbeuge ein.

Ich melde den Todesfall, und ein Wächter gibt mir den Auftrag, eine Kiste zusammenzunageln. Ich finde ein paar dünne Bretter, und die Kameraden helfen mir, eine längliche Kiste zu tischlern, in der Martin Platz findet.

Die Kiste wird auf den Handkarren gesetzt, und so ziehe ich also doch noch mit ihm in die Stadt.

Auf dem Friedhof in Langenbilaug wird die Kiste abgeladen. Ich bitte darum, beim Begräbnis dabei sein zu dürfen, aber das wird abgelehnt.

»Hinaus!« –

Ich ziehe den Wagen heraus aus dem Friedhof, ziehe den Höhenzug entlang heim ins Lager als eine graue Silhouette gegen den Abendhimmel. Der Wind heult über die Ebene und es knirscht in den Eichen.

Es ist der Abend vor dem 24. Dezember 1944.

Das Leben muss weitergehen.

Am nächsten Tag kommt die Frau des Lagerleiters auf Besuch, eine hochbusige Walküre mit blondem Haar. Und das ganz Außergewöhnliche geschieht: dass sie unser Elend sieht und uns bemitleidet.

»Aha«, lächelt sie, »das sind Sie, der so flink ist, bei meinem Mann sauber zu machen …«

Und sie reicht mir ein Glas Milch, das einzige, das ich in all den Jahren zu kosten bekam. Das steht heute wie ein Ausrufungszeichen in meinem Gedächtnis.

Ich nicke bescheiden, drehe mich auf dem Absatz herum. Ich bin die Anwesenheit von Frauen nicht mehr gewöhnt, werde linkisch und kriege kein Wort heraus. Dann wird mir klar, was das für Konsequenzen haben kann, und ich reiße mich zusammen.

»Gnädige Frau …«

Ich danke höflich für die Milch, erinnere sie, dass Weihnachten ist, und frage, ob sie mir einen Gefallen tun will.

Sie schaut mich erstaunt, aber nicht unfreundlich an, und ich nehme Anlauf:

»Könnten Sie so nett sein und Ihren Mann fragen, ob wir wegen Weihnachten ein wenig Extraverpflegung bekommen könnten?«

Ihre Augen werden ernst. Sie ahnt vielleicht, was hinter dieser Frage steckt an Hunger, Entbehrungen und Schmerz. Dann nickt sie. »Ich werde sehen, was ich tun kann.«

Und sie kann offenbar tun, was nötig ist. Novack schnaubt vor Wut, während die Wächter die Weihnachtsration ausgeben, eine Art Labskaus oder dicke Gemüsesuppe, das herrlichste Essen, das wir seit Jahr und Tag gekostet haben. Und gezwungenermaßen muss er zusehen, dass wir auch mehr bekommen als sonst, fast einen Liter extra. Für mehr Brot hat sie gesorgt, zwei Brotstücke statt eins, und viele davon sind dicke Randstücke.

Sagte ich früher im Buch, dass der »Brüllaffe« der einzige Deutsche ist, den ich in diesen Jahren sympathisch fand? Er befindet sich in Gesellschaft, die Frau des Lagerleiters bekommt einen Platz an seiner Seite, auch sie ist ein Mitmensch. So eigenartig: Irgendwo in Deutschland leben diese zwei vielleicht noch immer, mit sich selbst beschäftigt, nichts ahnend. Und gerade in diesem Augenblick denke ich an sie und gebe ihnen eine ehrenvolle Erwähnung in einem Buch, weil …

Ein Thema für vielerlei Betrachtungen.

Der Todesmarsch über den Berg und der Besuch in Auschwitz

Es wurde ein strenger Winter mit viel Schnee, und auch wenn die Verhältnisse in Langenbilaug schlecht waren, hofften wir inständig, so lange wie möglich in Ruhe gelassen zu werden. Ganz egal, wie elend es in einem Zuchthaus oder Gefangenenlager sein mochte, wir zogen diesen Zustand dem Transport auf den Landstraßen vor. Wenn wir auf dem Marsch waren, brauchten wir mehr Kraft, bekamen weniger Essen und Schlaf, und die Veränderung selbst schlug sich auf die Nerven nieder und verursachte Durchfall und andere Plagen.

Aber …

Die Nachrichtensender des Auslands berichteten über den Vormarsch der Alliierten an allen Fronten, und hier im Osten bemerkte man dies an vielem. Die Stimmung unter den Deutschen wurde immer unruhiger, wir hörten von Konzentrationslagern, die in aller Eile aufgelöst wurden, bevor die Russen angerückt waren. Und dann: einige unglaubliche Gerüchte, die herumschwirrten, dass alle Gefangenen in Deutschland auf direkten Befehl von Himmler liquidiert werden sollten. Wie solche Gerüchte ein Arbeitskommando an einem öden Platz in Polen erreichen konnten, ist nicht leicht zu verstehen, aber sie taten es jedenfalls, und die Entwicklung sollte zeigen, dass die Gerüchte der Wahrheit entsprochen hatten. Dennoch unglaublich? Nach allem, was wir erlebt hatten, passte Himmlers Befehl genau ins Bild.

Als wir am 14. Januar 1945 um 10 Uhr vormittags den Befehl zum Aufbruch bekamen, waren wir deshalb nicht sehr überrascht. Unsere Einstellung war fast so, dass wir resigniert seufzten und dann versuchten, uns gemäß unseren schwachen Kräften auf das Unumgängliche vorzubereiten.

Im Keller hatten wir einige Zementsäcke herumliegen, die ich herausholte und, soweit sie reichten, unter den Männern verteilte. Die SS-Wächter sahen, was wir machten, waren aber so mit ihren eigenen Aufgaben beschäftigt, dass sie sich nicht um uns kümmerten. Wir rissen die Säcke in passende Stücke, banden sie mit Schnüren in die Kleider, besonders über den Rücken und die Beckenpartie, und aus den Ecken machten wir eine Art Strümpfe, die wir um die Beine und Waden banden. Ein paar Fetzen, die übrig blieben, versteckten wir auf einem Handwagen zum späteren Gebrauch.

Damit waren die Gefangenen startklar, wir waren der weltlichen Güter beraubt, die uns hätten aufhalten können, aber die SS-Männer brauchten ihre Zeit. Als alle Handkarren voll waren, schafften sie einen vierrädrigen Heuwagen herbei, und erst, als auch dieser leidlich voll von persönlichen Gütern war, konnte der Transport beginnen. Zu dem Zeitpunkt waren von den ursprünglich 140 Gefangenen circa 120 übrig, davon im Ganzen zehn Norweger. Fünf waren, wie bereits erwähnt, ins Krankenhaus Brieg gebracht worden, drei waren in Langenbilaug gestorben, und einige Zeit vor dem Aufbruch hatten wir wieder eine dieser rätselhaften Verlegungen erlebt: Fünf Männer wurden abgesondert und in verschiedene Richtungen transportiert, und auch diese Burschen sollten nicht überleben. Nach dem Krieg führten einige Spuren nach Bergen-Belsen, nach Brieg und Berlin, und es gelang auf diese Weise herauszufinden, wo drei von den Männern ihr Leben beendet hatten. Die übrigen zwei verschwanden einfach.[4]

Der Wagen und die Karren wurden um die Mittagszeit aus dem Lager gerollt, und von diesem Augenblick an waren wir auf dem Marsch, der sozusagen ununterbrochen vier Monate dauern sollte. Als ich mich nachher hinsetzte und die Landkarte studierte, konnte ich es kaum glauben, aber die Reiseroute ist kontrolliert worden und unbestreitbar.

Ernstlich krank, unterernährt, zuschanden geschlagen, ging ich

[4] Die fünf, die in Langenbilaug von uns getrennt wurden: die Gaswerkarbeiter Victor S. Johnsen und Ludvig M. Monsen, der Lagerarbeiter Frantz Johan Karstad, der Revisor Magnus Tveiten, der Chauffeur Reidar Asheim.

in Holzschuhen von Polen quer durch die Tschechoslowakei nach Mauthausen in Österreich. Dann zurück durch die Tschechoslowakei hinauf nach Thüringen. Von dort wieder in den Süden nach Cham in Bayern. Wie ein Schiffchen im Webstuhl durchkreuzten wir in diesen Monaten Mitteleuropa. Woher nahmen wir die Kraft? Dem Lehrbuch nach hatten wir keine Kräfte mehr, wir hätten schon seit langem unter der Erde liegen sollen, wir traten eigentlich als klarer Gegenbeweis zu aller beschlossenen Lehrmeinung auf. Und das ist schlecht.

Wie schlecht das ist, konnte ich im Herbst desselben Jahres erfahren, als mich die Ärzte des Haukeland-Krankenhauses untersuchten. Der damalige Oberarzt – ein gutmütiger und warmherziger Mann – erklärte, dass ich unmöglich die Wahrheit sagen könne.

»Sie müssen verstehen, Magnusson, dass Ihre Erklärung jeder Theorie widerspricht. Es lässt sich bei dieser Kalorienmenge, die Sie angeben, nicht überleben. Und der Marsch durch Europa ist auf jeden Fall eine Unmöglichkeit. Wir Mediziner wissen das, verstehen Sie?«

Die Stimme war mild und versöhnlich, als gelte es, einem Patienten gut zuzureden, der im Fieberwahn lallt.

Zuerst war ich stumm – der Mann stand in seinem weißen Mantel da und stempelte mich zum Lügner. Dann wurde ich verzweifelt, ich packte das Wasserglas auf dem Nachttisch und warf es auf ihn. Eine Krankenschwester rettete das Glas, aber das Wasser traf ihn ins Gesicht und rann an ihm herunter. Ich schrie: »Schauen Sie die Papiere der amerikanischen Ärzte an – und zeigen Sie sich nicht mehr hier an meinem Bett, bevor Sie wissen, wovon Sie reden. Dann können Sie kommen und mich um Verzeihung bitten. Hinaus!«

Das war kein kultiviertes Auftreten meinerseits, aber man muss sich die ganze Situation bewusst machen.

Der Oberarzt verließ den Raum und verschaffte sich die amerikanischen Dokumente über den Fall Oscar Magnusson. Und er kam wieder und bat mich um Verzeihung. Danach wurden wir gute Freunde, und als er eines Tages an meinem Bett saß und sich mit mir unterhielt, sagte er:

»Es ist für uns auch nicht so einfach, Magnusson. Sie müssen versuchen zu verstehen, dass die Materie neu für uns ist. Wir haben nie etwas Ähnliches gesehen. Aber der Krieg hat uns dies gelehrt: Theorie ist *eine* Sache, und was zu guter Letzt in einem Menschen lebt, offenbar etwas anderes.«

Das kann man die Erkenntnis der Wahrheit nennen.

Es sind sechs bis sieben Grad unter null, als wir den Heuwagen und die Karren aus dem Lager hinausrollen, und bald kommen wir auf sturmgepeitschte Wege, wo sich die Räder tief in die Furchen graben. Wir teilen uns in Gruppen ein, die schichtweise stoßen und ziehen, während wir einem Bergweg folgen, der uns während des Nachmittags und Abends auf einen ständig steileren Hang hinaufführt, und immer wieder bleiben wir im Neuschnee stecken. Die SS-Wächter rufen und schimpfen, aber das hilft so wenig. Eigentlich sind wir nur froh darüber. Je langsamer es geht, desto mehr sparen wir unsere Kräfte, das ist die *eine* Seite der Medaille. Aber noch wichtiger ist, dass wir wahrscheinlich zu einem Vernichtungslager dirigiert werden, dass wir in den Kamin sollen, wie es im Gefangenenjargon heißt. Schaffen wir es, den Marsch zu verzögern, gibt es Hoffnung, dass die Russen uns einholen.

Glücklicherweise ist es ein stiller und sternenklarer Abend, wir entkommen dem beißenden Wind, der mehrere Wochen lang durch unsere Körper geblasen hat. Die meisten Männer sind sehr krank, der Husten zerstört die angegriffenen Lungen, und jeder Einzelne hat Frostschäden, besonders an den Beinen. Die Fetzen von den Säcken in den Holzschuhen helfen ein wenig, aber sie sind schon feucht und lösen sich auf. Hätten wir zusätzlich zu der intensiven Kälte noch Wind bekommen, hätten wir es nie ausgehalten.

Obwohl, wer weiß …

Hier ist Johannes Rasmussen, ein kleiner, zart gebauter Kerl Anfang vierzig. Sein ganzes Leben hat er über der Buchhaltung daheim in der Bank gesessen, hat nie eine andere Dramatik erlebt als vielleicht ab und zu einen Fehler in der Endsumme. Und hier ist er immer noch, ein Willensbündel, das allem Leiden getrotzt hat und noch einen Kräfteüberschuss hat für ein aufmunterndes Wort und eine helfende Hand. Er sagt, die Lunge schmerze auf eine Weise, dass es sich um eine Rippenfellentzündung handeln müsse. Aber Rasmussen hängt sich hinein, er setzt Fuß vor Fuß mit seinen Holzschuhen und setzt seinen ganzen Willen ein – er ist davon überzeugt, dass er es schaffen wird.

Ungefähr um Mitternacht kommen wir zu einer Wegkreuzung, wo tiefe Radspuren anzeigen, dass wir Leute vor uns haben. Bald finden wir die erste Leiche. Zuerst glauben wir, der Mann schläft. Er lehnt mit dem Rücken an einem Stein und hat die Beine angezogen. Wir sehen die Gestalt als eine schwarze Kontur und wir rufen ihn an. Weil er nicht antwortet, geht einer von uns hinüber und rüttelt ihn an der Schulter. Er fällt auf die Seite und bleibt liegen. Wir begreifen, dass er sich zum Rasten hingesetzt hat und Schlaf und Kälte die Oberhand gewonnen haben. Und jetzt passieren wir eine Leiche nach der anderen am Wegrand, ich versuche anfangs, sie zu zählen, muss aber aufgeben. Die meisten sitzen an einem Stein oder einem Baumstamm, einige sind nur über ihre Schuhe gestolpert und haben es nicht mehr geschafft aufzustehen. In einer Kurve müssen wir eine Leiche aus der Radspur schleppen, um vorbeizukommen. Sie ist so steif, dass sie die zusammengekrümmte Form behält. Wir haben dem Tod früher schon in die Augen geschaut, aber das ist etwas anderes.

Der sternenklare Himmel, die Räder, die in der dürren Nabe knirschen, die weiße Stummheit der Berge, alles sammelt sich zu einem so intensiv unheimlichen Gefühl, dass sich die Kehle zusammenzieht und das Herz in der Brust hämmert.

Ich beginne, Davids Hirtenpsalm zu murmeln: »Der Herr ist mein Hirte, mir wird nichts mangeln … Und ob ich schon wanderte im finstern Tal, fürchte ich kein Unglück …«

Wir versuchen zusammenzurücken, Sicherheit bei den Kameraden zu suchen, und es werden mehr Männer bei jedem Handkarren, als eigentlich Platz ist. Wir schieben an, um aus dem Tal des Todesschattens in ein Dorf zu kommen, zu den Lebenden, aber die Kräfte reichen nicht aus. Wir müssen Halt machen, um zu rasten. Da stellen wir uns im Kreis auf und schaukeln in den Holzschuhen, klopfen einander auf den Rücken, schlagen die Arme übereinander mit geschlossenen Augen, spüren die Müdigkeit wie einen körperlichen Schmerz hinter der Stirn.

Erst im Morgengrauen merken wir, dass wir uns Menschen nähern. Der Weg schwingt sich steile Hänge hinunter in ein Tal, und in der Morgenstunde wanken wir in einen kleinen Hof hinein. Es wird ein Stück trockenes Brot ausgeteilt, nichts Warmes, nichts zu trinken. Wir helfen einander auf den Heuboden hinauf, fallen im Heu um und schlafen mit dem Brotbissen in der Faust ein.

Diese erste Etappe dauert acht Tage. Drei Mal bekommen wir in dieser Zeit warmes Essen, etwas dünne Suppe, sonst nur Wasser und ein wenig Brot. Wir schlafen, wo es gerade geht, meistens auf Bauernhöfen; eine Nacht werden wir in einer Schule einquartiert.

Viele von den Franzosen brechen auf dem Weg zusammen. Die Kameraden bleiben stehen, um ihnen zu helfen, aber die SS-Wächter jagen uns weiter: Die Sterbenden müssen selber zurechtkommen.

Am achten Tag rollen wir den Heuwagen und die Karren nach Reichenstein hinein, eine Stadt an der tschechoslowakischen Grenze. Und drei Tage später sind wir auf dem Weg nach Auschwitz.

Diese Reise nach Oswiecim – wie die Polen den Ort nennen – findet mit dem Zug statt, es ist die einzige Distanz im Laufe dieser Monate, wo ein Transportmittel gebraucht wird. Wir wünschen bald, dass uns das erspart geblieben wäre.

Ich komme in eine Gruppe von 80 Mann, die zusammen mit zwei Wächtern in einen gewöhnlichen Güterwaggon gestopft wird. Die Wächter besetzen die eine Ecke für sich selber und das Gepäck, sie trennen ein Viertel des Wagens ab und machen es sich gemütlich. Die Gefangenen verteilen sich, so gut es geht, auf dem Rest der Bodenfläche. Aber es ist nicht möglich, für mehr als ganz wenige Sitzplätze zu schaffen. Die Übrigen lehnen sich an die Wände oder aneinander, das ist noch einmal der Keller des Schreckens in Breslau, nur auf eine andere Art.

Fünf Tage lang sind wir in diesem Waggon eingesperrt und viele sterben. Wieder sind es Franzosen, die unterliegen. Die Kameraden heben sie auf und stapeln sie lagenweise an die Wand, und die Leichen bilden mit der Zeit eine Bank, auf die sie sich setzen.

Klokübel gibt es keine. Am ersten Tag verrichten wir unsere Notdurft in einer Ecke, aber der Gestank wird unerträglich, und wir beginnen, Bodenbretter aufzubrechen. Endlich haben wir ein Loch, das wir als Latrine verwenden können.

Wo sind wir in diesen Tagen? Wir wissen nichts. Der Waggon rollt einige Stunden, bleibt stehen, wird auf ein Abstellgleis gefahren, ruckelt, bleibt wieder stehen. Wir bekommen nur den Schimmer einer unbekannten Landschaft zu sehen, wenn die Wächter hinausspringen, um sich die Beine zu vertreten.

Ich weiß nicht mehr, was schlimmer ist, der Gestank oder die Kälte. In dem zugigen Waggon sickert die Körperwärme durch die Ritzen hinaus, und da wir keinen Platz haben, um uns zu rühren, frieren die Gliedmaßen in verrenkten Stellungen fest, wie wenn Stearin entlang der Kante einer Kerze steif wird und groteske Figuren bildet. Oder vielleicht ist der Hunger das Schlimmste. Fünf Tage lang kriegen wir nichts Warmes. Ein paarmal am Tag schneiden die Wächter einige dünne Brotscheiben ab und geben uns Wasser dazu. Vielleicht rechnet man ja damit, dass wir bald in Auschwitz sind, und da gehen wir sowieso in den Kamin.

Eines Vormittags wird der Waggon auf das Abstellgleis des Konzentrationslagers hineingerollt. Die Türen werden geöffnet, die Capos[5] stehen draußen auf der Plattform mit Ochsenpeitschen bereit und schreien wahnwitzig, wir seien ein Höllenpack, das sie

[5] Ein Capo war in der Regel ein deutscher Krimineller, der als Chef über andere Gefangene eingesetzt wurde. Als Belohnung bekam er mehr Essen und andere Vorteile.

persönlich mit Freude und Begeisterung totschlagen würden, wenn wir uns nicht im Höllentempo aus dem verdammten Wagen heraussputen. Aber wir können nicht. Wir können ganz einfach nicht.

Ich schaue Ingebrigt Jensen an und frage mit einem Blick, ob wir es versuchen sollen, aber er schüttelt den Kopf – es ist nicht machbar, die Glieder verweigern den Gehorsam. Dann haben wir die Teufel über uns, sie packen einen Fuß hier und einen Arm dort, ziehen uns heraus aus dem Waggon und hinunter auf die Plattform, und die Ochsenpeitsche brennt sich hinein in das erfrorene Fleisch.

SS-Offiziere betrachten das Schauspiel mit gekreuzten Armen und Zigarette im Mundwinkel wie makabre Karikaturen ihrer selbst. Die Profile wenden sich in majestätischer Ruhe gegen den diesigen Himmel, die Blicke schaffen es gerade, unter den schweren Augenlidern hervorzukriechen. Was würde geschehen, wenn man einem Gott ins Angesicht spucken würde?

Ich krieche in eine Kolonne von Franzosen hinein, erwische eine knochige Hand und ziehe mich auf die Beine. In die Mitte der Kolonne, immer in die Mitte der Kolonne! Der Selbsterhaltungstrieb diktiert seine Befehle, erinnert daran, dass die Schläge die Äußeren erwischen – die, die vorne und ganz hinten gehen. Hinein in die Kolonne, Magnusson, vorwärts, marsch!

Der süßliche Geruch aus den Gasöfen ist aufdringlich, ich schaue in das Lager hinein und sehe den schlanken Kamin, den Rauch, der gegen den Himmel steigt. Ein paarmal flackert es auf, die Rauchspirale zittert einen Augenblick und muss sich wieder sammeln, bevor sie sich aufrichtet und ihren gemessenen Transport der Toten hinaus in die Ewigkeit fortsetzt.

Ich merke, dass wir vor eine Art Empfangskomitee kommen, die Capos rasen, weil wir keine Wertgegenstände besitzen, die sie uns stehlen könnten. Dann werden wir von einem SS-Offizier beurteilt und in neue Kolonnen aufgestellt, eine rechts und eine links. Die, die in der rechten Kolonne landen, werden weggebracht und wir sehen sie nie mehr.

Alle Norweger sind in der linken gelandet.

Auf dem Weg über den Platz sehe ich außerhalb eines Gebäudes einen Haufen Schuhe, er ist mehrere Meter hoch und beinhaltet Schuhe jeder Größe und Art. Und oben im Haufen – einige winzig kleine Kinderschuhe, paarweise mit den Schnürsenkeln zusammengeknüpft.

Wir werden zu einer Baracke kommandiert und wackeln die Treppe hinauf. Die meisten erreichen eine Koje, bevor sie hinsinken und in die Bewusstlosigkeit gleiten. Andere erlöschen auf dem Weg über den Boden. Sie sinken auf die Knie, versuchen die letzten Meter auf allen vieren zu kriechen, schaffen es aber nicht. Sie stützen sich auf die Ellbogen, zittern vor Anstrengung, dann bekommen sie Übergewicht und fallen schwer nach vorne mit dem Gesicht in den Dreck. Nur die Glücklichsten wachen wieder auf. Der Anblick von Männern, die an die Grenze des Möglichen gepresst werden, steht noch heute vor mir als Symbol für das Wesen des Nazismus. Das ist ein unheimlicher Anblick, man ist nicht mehr derselbe Mensch, wenn man das einmal erlebt hat. Und dennoch, wenn die Jungen uns heute bitten zu vergessen – mit diesem Krieg fertig zu werden –, da wünschte ich, ich könnte sie zurückführen zu der Szene, wenn ein Gefangener nach einem langen Transport ein Lager erreicht:

Seine Augen stehen weit aus dem Kopf heraus wie Glaskugeln. Der Blick ist steif und apathisch, und sprichst du ihn an, ist es, als würdest du mit einem Stock reden. Er geht mit der kalten Automatik eines Roboters zur Baracke, stumpf und gleichmäßig in seinen Bewegungen, steigt die Treppe hinauf und ist da. Und dann geschieht etwas: Das Licht des Verstandes wird in den Augen entzündet, es ist wie ein Aufflackern, und er beginnt zu sterben. Vielleicht fällt er sofort auf den Boden – das ist das Beste. Aber meistens geht es langsamer. Zuerst versagen die Füße und er sinkt auf die Knie. Einen Augenblick bleibt er so, stützt sich auf die Hände und zwingt den Kopf zurück, als ob er versuchen würde, sich selbst an den Haaren hochzuziehen. Dann versagen die Handgelenke und er bleibt auf dem Ellbogen liegen. Er zittert und bebt, wittert hinaus in die Luft wie ein angeschossenes Tier. Und jetzt dauert es nicht mehr lange. Die Arme verweigern ihren Dienst, er fällt. Das Gesicht schleift über die Bodenbretter, der Körper dreht sich in einem Krampf. Dann wird er still. Und gleichzeitig geht der Stuhlgang in die Hose und ein gewaltiger Gestank breitet sich in der Baracke aus.

Sollen wir das vergessen? Damit fertig werden?

Niemand kann mir einreden, dass man einer guten Sache dient, wenn man den Schleier des Vergessens über diesen Mann zieht – und alle anderen. So war der Nazismus. Das tat ein Kulturvolk anderen Menschen an. Ich bin oft gefragt worden, ob ich die Deutschen hasse. Das tue ich nicht. Aber Gott weiß, wie ich sie verachte.

Es erweist sich, dass die Öfen in Auschwitz zu wenig Kapazität haben, um uns verschwinden zu lassen. Das Lager ist in Aufbruchstimmung, und es wird Tag und Nacht gearbeitet, um die feste Belegschaft zu liquidieren, bevor die Russen kommen. Es muss möglich sein, uns auf andere Weise loszuwerden.

Am nächsten Tag wird Aufstellung befohlen, und wir brechen auf zu einem neuen Marsch. Das nächste Ziel ist das KZ Groß-Rosen. Vielleicht können die dort etwas mit uns anfangen.

Was in einem Menschen wohnt

Ich sagte in einem früheren Kapitel, dass ich versuchen will, einige Fragen zu beantworten, die sich vielleicht manchen Lesern bei der Lektüre dieses Buches gestellt haben. Ich glaube, dass ich das jetzt tun sollte, bevor wir am Ende des Weges angelangt sind.

Ich möchte vorausschicken, dass ich mir nicht einbilde, alle Fragen beantworten zu können. Ich bin weder Psychologe noch Mediziner, ich habe überhaupt keine akademischen Voraussetzungen; nur auf einem Gebiet kann ich eine gewisse Fachkenntnis vorweisen, nämlich als Sportlehrer. Ich war gezwungen, viel über körperliche Ertüchtigung und Trainingsauflagen zu lernen, und ich kenne die Theorien über die Bedürfnisse und die Leistungsfähigkeit des menschlichen Körpers ziemlich gut. Und insofern kann ich mit vollem Recht und auf der Grundlage eigener Erfahrungen behaupten, dass die Möglichkeiten des Menschen grob unterschätzt werden. Aber ansonsten sollen andere die Schlüsse ziehen.

Das Folgende ist eine nüchterne Feststellung über das, was geschah und wie ich versuchte, die Probleme zu lösen. Und daran knüpfe ich meine eigene Philosophie, über deren Wert die Leser selbst urteilen mögen.

Erstens möchte ich auf etwas verweisen, was klügere Leute als ich bemerkt haben. Die Menschen, die die deutsche Tortur und das Sklavendasein lebend und bei Verstand überstanden haben, waren nicht notwendigerweise die physisch Starken. Ich sah viele Beispiele, dass durchtrainierte Sportler schon in einem frühen Stadium des Deutschlandaufenthaltes zusammenbrachen. Ebenso, dass Kraftprotze, die sich einer eisernen Gesundheit rühmen konnten, im Laufe weniger Wochen zugrunde gingen. Ein tragisches Beispiel für das Letztgenannte erlebte ich im Zuchthaus in Kiel. Ein norwegischer Offizier, ein strammer Bursche, der einen guten Einsatz bei den Kampfhandlungen in Voss geleitet hatte, verlor seinen Lebenswillen sofort, als sich die Gefängnistüren hinter ihm schlossen. Bevor wir anderen überhaupt wussten, wie uns geschah, war der Mann buchstäblich dahingewelkt. Und andererseits – ständig war ich Zeuge dafür, dass steife Büromänner und schwächliche Akademiker den stärksten Belastungen trotzten, oft auf einer Ernährungsgrundlage, die gleich null war. Nicht, dass das die Regel war, ich möchte nur unterstreichen, dass gute körperliche Voraussetzungen und die Fähigkeit zu überleben nicht notwendigerweise äquivalente Größen waren.

Was steckte dahinter, wenn der schmächtige Buchhalter sich in vielen Fällen besser im Kampf behauptete als der muskulöse Hafenarbeiter? Ich persönlich behaupte, dass die Antwort im mentalen Bereich gesucht werden muss.

Die wichtigste Voraussetzung zum Überleben war nicht das körperliche Durchhaltevermögen an sich, sondern das Motiv, das jemand hatte, um auszuharren – dass er einen Sinn darin sah, die Leiden zu ertragen. Wenn ein Mann nur Sinnlosigkeit um sich herum fand – und Gott weiß, dass der Gedanke nahe lag –, dann war er meistens verloren, wie kräftig und durchtrainiert er auch war, als er von zu Hause weggefahren war. Und ebenso: Fühlte er, dass er für etwas kämpfte, dass die Leiden zu guter Letzt zu etwas Positivem führen könnten, dann hatte er eine Überlebenschance, auch wenn er mit schwerem Asthma geboren war und schon, wenn er eine Straße überquerte, kaum Luft bekam.

Das Motiv konnte gern elementarer Natur sein – Sieg über die Tyrannen, ein freies Norwegen mit blauen Fjorden und Anemonen an den Wegrändern –, das spielte kaum eine Rolle, viele schafften es gut damit. Andere, die Intellektuellen, Personen mit einem starken Phantasieleben, benötigten ein differenzierteres Motiv, und auch das war ausgezeichnet. Hauptsache, sie hatten irgendetwas außerhalb ihrer selbst, an das sie wirklich glaubten. Dann war eine Grundlage vorhanden.

Ich selber gehörte zur ersten Gruppe. »Wann sehe ich solche Berge und Täler?« – Der Text dieses berühmten norwegischen

Liedes drückt aus, was ich empfand. Ja, so einfach war das – auf eine Weise. Und es ist heute eine große Befriedigung für mich zu wissen, dass ich Recht hatte: dass unser Land – Norwegen – das Opfer verdiente. Gibt es ein schöneres Land? Eine freiere Nation?

Aber das war nur die Grundlage. Es gab noch weitere entscheidende Faktoren:

Vor nicht allzu langer Zeit wurde mir eine Frage gestellt, die zuerst ein bisschen einfältig klang (wir hatten ja größere Probleme zu bewältigen), die aber bei näherer Betrachtung dennoch nicht so dumm war: »Wie hast du es ausgehalten in diesen Jahren, ohne dir die Zähne zu putzen?« Ja, wie machten wir das? Wie hielten wir es aus, zwei Jahre lang in denselben Kleidern herumzulaufen, in Exkrementen zu schlafen und uns in Läusen zu wälzen? Aus Behältern zu trinken, in die wir unsere Notdurft verrichtet hatten? Zuzuschauen, wie sich Leute aus Leichen Sitzplätze machten?

Mit anderen Worten – wie reagierten wir rein psychologisch auf die Kräfte, die versuchten, uns die Menschenwürde zu nehmen?

Jetzt muss ich zuerst einen Umstand erwähnen, der mit der Problemstellung keinen Zusammenhang hat, nämlich dass Unterernährung in gewissen Fällen eine positive Auswirkung hatte. Unsere Zähne litten keine Not, wir lebten vom zahnmedizinischen Standpunkt aus gesehen sicher vernünftig. Aber eigenartig war, dass zum Beispiel einige Gaswerkarbeiter, die übel von der Gicht geplagt gewesen waren, während der Gefangenschaft wieder gesund wurden. Besonders der Älteste von uns hatte ständig Schmerzen, als wir nach Kiel kamen, aber nach zwei Jahren waren sie gänzlich weg. Warum? Ich erörterte das später mit einem Arzt, und er meinte, dass die magere Kost ganz einfach den Körper von Giftstoffen reinigte – er erklärte das mit schöneren Worten, aber das war der Punkt. Und ich sah auch andere Fälle.

Aber zurück zur Menschenwürde. Dass wir ein Motiv zum Überleben hatten, um im Kampf zu siegen, war also *eine* Sache. Aber wie sollten wir dieses Motiv praktisch umsetzen? Wir mussten uns Tricks beibringen. Alle hatten ihre Tricks; ich kenne sie nicht alle, aber ich möchte über das Rouleau erzählen. Ich weiß nicht mehr, wann mir das einfiel, aber eines Tages sagte ich zu mir selber: »Das sehe ich nicht.« Es kann gewesen sein, als ein Gefangener am Galgen den Strick um seinen eigenen Hals legen musste, etwas, das ich nicht ertragen konnte zu sehen – ich zog ein mentales Rouleau herunter. Und seither hatte ich immer dieses Rouleau zur Hand. Ich erlebte Szenen, die ein normaler Mensch nicht mit gesundem Verstand überstehen würde, aber ich sagte mir: »Das sehe ich nicht«, und eine Gardine sank herunter – nicht nur für die Augen, sondern auch für das Auffassungsvermögen. Wie wirkungsvoll dieser Trick war, verstand ich erst nach dem Krieg, als Nina eines Abends im Bett lag und sich mit einem Blinddarm, der dabei war durchzubrechen, vor Schmerzen wand.

»Meine Güte, Mädchen, jammere doch nicht wegen solch einer Bagatelle!« Ich sah es nicht.

Nach und nach musste ich mich bemühen, die Rouleaus wieder hinaufzuziehen. Ich war schockiert über meine Kälte, über den Unmenschen, zu dem ich mich entwickelt hatte.

Über andere Kniffe habe ich in den Kapiteln über Osvald und Arthur erzählt, aber wir kannten noch weitere, wenn es zum Beispiel um das Geistesleben ging.

Ich verwende glatte Worte, aber jetzt sind wir bei den blanken Nerven angelangt.

Da haben wir Menschen in totaler Isolation: Nichts Schönes, Künstlerisches ist in unserem Leben, keine literarischen Impulse – nicht einmal auf banalstem Zeichentrickniveau, nichts. Aber wir lasen Bücher.

Diejenigen von uns, die früher Bücher gelesen hatten …

Zum Beispiel in Sonnenburg, da hatten wir Gjendal in der Lauskammer, der eine Menge gelesen hatte (derselbe Gjendal, den ich im Karren nach Langenbilaug wegfuhr). Er ging in die Erinnerung zurück und holte Handlungen wieder hervor, zeichnete die Personen für uns, so dass wir sie vor uns sahen, und wir saßen da mit offenem Mund und saugten alles ein. Was das für eine Bedeutung fürs Überleben hatte? Das ist wohl unmöglich zu verstehen für jemanden, der es nicht selbst erlebt hat. Aber ich kann versichern, ohne eine Art von Geistesleben ist der Tod nahe, auch im physischen Sinn.

Dann hatten wir Haltungen den Tyrannen gegenüber.

Das war sehr wichtig.

Am Anfang schafften sie es, mich zu demütigen. Ich sah mich selbst mit ihren Augen, sah den Menschen, zu dem sie mich machen wollten, und ich fühlte mich elend und wertlos. Eine Zeit lang beschäftigte ich mich mit gefährlichen Gedanken. Und dann war Schluss mit der Demütigung.

Eines Tages erwachte in mir ein neues Bewusstsein. Ich sagte mir, das Ungeziefer, die Elenden, die Verdammten – das waren ja sie!

Ich wusste, dass meine Plagegeister der Bodensatz der europäischen Zivilisation waren.

Sie demütigten mich danach nie mehr, das kann ich versichern.

Und dann das Körperliche. Athleten starben an meiner Seite, Postbeamte sind am Leben. Wie? Ich komme später dazu, wie ich Kröten und Wurzeln von Löwenzahn und Ähnliches kaute, aber das ist es nicht, was ich sagen will. Ich möchte andeuten, wie man sich auf ein Ding konzentrierte – zum Beispiel auf eine Brotrinde.

Kann eine Brotrinde etwas anderes werden als eine Brotrinde? Begriffe wie Kalorien haben natürlich ihre wissenschaftliche Bedeutung, aber nur die wissenschaftliche – wie kann es sonst erklärt werden, dass unsere Organismen funktionierten? Es gibt Stoffe in den Stoffen, von denen niemand weiß, und es gibt Ressourcen im Organismus des Menschen, von denen niemand weiß, und nur mit unserer Fähigkeit, die Aufmerksamkeit auf Details zu konzentrieren, kann die Fähigkeit zu überleben erklärt werden.

Was ist eine Brotkruste? Spüre es mit der Zunge, erlebe die Brocken, nicht als feuchte Masse, sondern einen nach dem anderen. Und dann – nimm dir den einzelnen Bissen vor und erlebe ihn als eine Welt für sich, Korn für Korn, und versuche, die Details weiter zu analysieren – da gibt es ein Universum zu entdecken.

Und so war es mit der ganzen Ernährung – ich sage nicht Essen, das wäre ein zu starkes Wort. Wir konnten uns eine Erbse vornehmen und sie mit der Zunge genießen, bis wir ganz einverstanden waren mit dieser einen Erbse, bis wir ihre spezielle Konstruktion kannten. Ich kann versichern, dass eine Erbse ein Wunder ist, etwas Einzigartiges – die Leser dieses Buches haben keine Ahnung davon, was eine Erbse in sich birgt.

Fühlten wir das Bedürfnis, in den Schlaf hineinzuflüchten? Ja, aber das durften wir nicht tun, nie!

Es gab viele Tage, da die Entscheidung über Leben und Tod abhing von der Frage, ob wir uns wach halten konnten oder einschliefen. Eine Pause am Straßenrand bedeutete eine Kugel. Ich will nicht sagen, dass wir bei Bewusstsein waren, aber wir wackelten weiter, Schritt für Schritt, Meter für Meter. Auf der anderen Seite, *wenn* wir schlafen konnten, dann taten wir es ohne Rücksicht auf die Umstände. Ich erlebte immer wieder, dass wir wie die Sardinen in den Kojen gestapelt waren, und da meine ich auch Sardinen. Nehmen Sie die Phantasie zu Hilfe und stellen Sie es sich vor! Der Oberarzt, auf den ich das Wasserglas warf, meinte, dass es nicht machbar wäre, so wie ich es beschrieb. Aber – alles lässt sich machen, wenn man keine Wahl hat: vier bis fünf Mann in einer Koje, die für zwei berechnet ist, das geht, auch das.

Todesangst? Das ist das Eigenartige, die kalte Todesangst sah ich nie. Ich war, wie gesagt, Zeuge davon, dass Gefangene auf den Galgen stiegen und sich selbst den Strick um den Hals legten, ich musste aushalten, dass nahe Freunde die Revolvermündung gegen die Schläfe gedrückt bekamen, aber nie sah ich kalte und nackte Angst in solchen Situationen. Dass Leute Angst hatten zu sterben, war eine Frage des Selbsterhaltungstriebes, das war *eine* Sache. Aber das zu Tode erschrockene Geheul, das man sich gern vorstellt, das gab es nicht.

Wir hatten uns irgendwie mit dem Schicksal ausgesöhnt, Rechenschaft abgelegt und die Angst zurückgelassen. Irgend so etwas.

Und dann kann man ja fragen: Warum gerade ich? Warum sollte Oscar Magnusson überleben im Gegensatz zu so vielen anderen, die ebenfalls eine gute Ausgangsposition gehabt hatten? Es steht in keines Menschen Macht, eine Antwort darauf zu geben. Ich erinnere mich nur, dass ich in entscheidenden Augenblicken zu mir selber sagte: Aber Oscar, du willst heim, weißt du nicht mehr? Und dann kam es wie ein Echo aus meiner tiefsten Seele: Ja, ich will leben.

Der Marsch durch Europa

O Herr, ich bin so müde.
O Herr, schenk mir doch Rast.
Schwer ist mein Herz von Trauer,
von vieler Meilen Last.

So viele Schritte tat ich, Herr,
ich suchte Freud und Trost.
Ich sah die Pracht der Erde, Herr,
und fand doch selbst nur Not.

Ach, wär ich doch noch mal ein Kind
und säh die Mutter lachen …
Ich bin so müde, Herr, so müd –
willst du nicht Ruh mir schaffen?
Vilhelm Krag

Graue Kolonnen auf Wanderschaft bei jedem Wetter, in der Sonnenhitze auf Holzschuhen durch fremde Städte klappernd, vor Kälte zitternd im Regen entlang der schlammigen Radspuren, tagaus, tagein, Woche um Woche. Namenlose Männer unterwegs, um zu sterben …

Aber die Gasöfen wollen uns nicht haben, wollen uns nicht haben. Groß-Rosen, Mauthausen, Ober-Elbe, Dora – das klingt wie ein Geleier aus einer Deutschstunde, sagen die, die ins Gymnasium gegangen sind. Moderner Sprachunterricht: Der Tod in Groß-Rosen, der Tod in Mauthausen, der Tod in Ober-Elbe, der Tod in Dora …

Einzelne Nächte übernachten wir im Freien, zittern vor Kälte im nassen Heidekraut, krallen die Finger in die tschechische Erde, um eine Wurzel zu finden, eine Schnecke, etwas zum In-den-Mund-Stecken. Liegen da, bebend vor Angst und Kälte, und halten den Blick fest auf einen hellen Stern gerichtet, bevor wir vor Ermattung einschlafen. Einige husten klagend ein paar Mal, dann sind auch sie still.

Ein neuer Morgen – und eine neue Wanderung zu einem unbekannten Ziel. Vielleicht haben wir einen Bissen Brot in den Magen bekommen, einen Blechbecher voll Malzkaffee, das passiert manchmal. Aber in der Regel marschieren wir mit leerem Magen los.

Wir zwingen uns auf die Beine, durchnässt und steif, die meisten von uns mit Durchfall nach der Schweinerei, die sie am Abend zuvor in sich hineingestopft hatten, alle mit Husten. Wir finden unseren Platz in der Kolonne, schließen die Augen halb und verkriechen uns in uns selbst, ziehen die Holzschuhe nach: eins, zwei, eins, zwei …

Kommt die Sonne hervor, empfinden wir Dankbarkeit wie eine warme Freude, da trocknen die Kleider auf dem Körper und die Landschaft bekommt ein milderes Gepräge. Wir versuchen, miteinander darüber zu reden, wo wir sind oder wohin wir sollen. Ob es vielleicht etwas zu essen gibt …

Dann hört das Reden auf, wir brauchen die Kraft zum Gehen. Stunde um Stunde. Ich hefte den Blick auf irgendetwas weiter vorne in meinem Gesichtsfeld, einen Baum, einen Hügel, und sage zu mir: Bis dahin schaffst du es, rate, wie viele Schritte das sind. Tausend? Zwölfhundert? Ja, zwölfhundert. Und ich zähle die Schritte.

Der Tod in Groß-Rosen, der Tod in Mauthausen …

Aber dann komme ich durcheinander …

Januar, Februar …

Warum wollen sie uns nicht haben? Nach tagelanger Wanderschaft erreichen wir spät am Abend ein Gefangenenlager, spüren den Schmerz der Peitsche und nehmen Rufe wahr. Vielleicht hier, vielleicht jetzt …? Aber wartet bis morgen, wir müssen zuerst schlafen, schlafen …

Wieder hinaus auf die Landstraße, gehen und gehen. Wir begegnen einigen Flüchtlingen aus dem Osten, einer verwahrlosten

Familie mit all ihrem Eigentum in einem schäbigen Kinderwagen, und sogar diese Elenden betteln wir mit ausgestreckten Händen an: Brot, gebt uns Brot …

Sie schleudern uns Flüche zu wie faule Tomaten. Wir gehen und gehen. Tschechoslowakei, Österreich, Februar, März …

Die Sinne lösen sich auf, die Eindrücke beginnen, in eins zusammenzufließen. Einige wurden gehängt, wir sahen eine Hinrichtung – heute, letztes Jahr? Die Zunge, die aus dem Mund hing, der starre Blick. In Groß-Rosen, Mauthausen?

Du leerst die Latrinen aus, hast den Geruch in den Kleidern, spürst den Schmerz der Schläge. Ja, etwas mit einem Deutschen – etwas mit einem Deutschen. Als der Kübel überlief, versuchtest du vorsichtig, dich ein bisschen abzutrocknen – und der Deutsche schlug.

Wo ist Magnus Tveiten? Hat jemand Magnus gesehen? Du bekommst eine fixe Idee und beschleunigst den Gang. Humpelst in der Kolonne nach vorne mit keuchendem Atem und musst alles erfahren. Am besten ist es, wenn du einen Freund am Arm nimmst, dann fällt dir plötzlich wieder ein, wie Magnus starb, und es eilt nicht mehr.

Der Tod in Mauthausen, der Tod in Eger.

Der Nächste ist Ole.

Ole geht aus der Reihe …

Lange, lange Reihe …

Eger?

Du erinnerst dich an etwas mit Sand, einen Flugplatz, eine Kröte – jawohl, wie dir ein Franzose beibrachte: Du nimmst eine Kröte am Kopf und drehst ihn herum. Und wenn du ihn wegziehst, gehen die Eingeweide gleich mit. Dann isst du den Rest.

Auf dem Flughafen von Eger aßest du Kröten.

Johannes geht aus der Reihe …

Einer ziemlich kurzen Reihe … –

Du arbeitest in Eger, Herr Magnusson, keine schlechte Leistung von einem Skelett von 40 kg, die Hälfte von deinem Normalgewicht. Ja, ja, die Deutschen, die schaffen das schon. Setzen Skelette ein, um Hangars zu bauen, geben ihnen Spaten in die Hände und befehlen ihnen, Sandmauern von fünf bis sechs Metern zu bauen. Rationell, klug!

Der Tod in Mauthausen, der Tod in Eger …

Dann war noch etwas mit Marienbad. Ja, ihr humpeltet durch den Badeort – Badeort! – und passiertet einen Bäckerladen, so war das. Und eine Dame kam heraus aus dem Laden mit zwei, drei Broten unter dem Arm, und du fragtest so höflich, ob du etwas davon bekommen könntest.

»Entschuldigen Sie, gnädige Frau …«

Wie sie spuckte! Mitteleuropäischer Rekord wahrscheinlich, das statistische Material ist mangelhaft.

Barmherziger Gott, ich will nicht weinen, nicht hier, hilf mir …

Tag folgt auf Tag, nicht wie Perlen auf einer Schnur, sondern wie ein Brei, in dem eine Fliege mit abgestumpftem Willen krabbelt, um wieder auf festen Boden zu kommen. Alles ist ein Brei, die Bäume, der Himmel, die Lager, der Stacheldraht, die Blumen – ja, die Blumen. Es ist Frühling, Vogelgesang, weiße Wolken.

Und noch ein Mann sitzt in der Grütze fest, er hebt den Fuß zum letzten Mal, der Blick wird starr, dann sind die Kräfte verbraucht.

Und wir schleppen uns weiter, weiter …

Die letzten Wochen im März sind wir in der nordwestlichen Ecke der Tschechoslowakei herumgestolpert, und kurz vor dem Monatswechsel überqueren wir die Grenze nach Deutschland, in der Nähe der Stadt Weiden östlich von Nürnberg. Wir kommen auf eine Anhöhe, von wo aus wir das Tal unter uns sehen können, eine weite Ebene mit einem glitzernden Fluss, und am 1. April wackeln wir durch die Pforte des Vernichtungslagers Flossenburg.

Da sind noch fünf Norweger übrig von den 23, die im August

des Vorjahres vom Zuchthaus Sonnenburg aus auf den Transport geschickt worden waren.[6]

Vom ersten Augenblick an ist da etwas an Flossenburg, was es von anderen Lagern unterscheidet, in denen wir während des Marsches waren. Ich kann nicht sagen, was. Die Wächter, vielleicht der einsame Steinbruch, der Geruch nach verwesenden Leichen. Oder das Gefühl, dass das Ziel erreicht ist, dass es hier ist, wo wir sterben sollen. Ich kriege es nicht heraus.

In den ersten Minuten geschieht nichts anderes als das, was wir immer und immer wieder erlebt haben: die schreienden Wächter, die brennenden Schläge, und wir zwingen die letzten Kräfte aus dem Organismus heraus, um uns wach zu halten, bis wir die Baracken erreichen und uns hinwerfen können. Immer noch sind wir mit den Franzosen beisammen, oder besser gesagt, mit den wenigen, die noch am Leben sind. Wir wanken über den Platz und werden zur Baracke Nr. 55 dirigiert, wo etwas Unerwartetes geschieht.

In der Tür steht der Barackenchef, ein tschechischer Gefangener, und schlägt mit einer langen Peitsche, an deren äußerstem Ende ein dicker Knoten gemacht worden ist. Seine Aufgabe ist, uns zu unseren Kojen zu geleiten, aber er macht dies mit einer tierischen Brutalität. Gleichzeitig werde ich total überrascht. Die Peitsche saust mit voller Kraft, der dicke Knoten zerfetzt die ausgemergelten Gesichter, und die ganze Zeit ruft er: »Verdammte Franzosen, verdammte französische Verräter!«

Dann komme ich dran, und der Knoten trifft mein eines Auge. Ich fühle einen stechenden Schmerz, und auf einmal werde ich rasend zornig, das ist ja unerhört, dass sich ein gewöhnlicher Gefangener so aufführt. Ich hole aus, erfasse die Peitsche und schreie den Kerl an: »Ich bin kein Franzose und außerdem muss es Grenzen geben …!«

»Bist du nicht Franzose?« Er schaut mich entsetzt an.

[6] Diese starben während des Marsches nach Flossenburg: Lagerarbeiter Ole Frönsdal, Sophus Hjalmar Hansen, Tischler Nils Höysaether, Johannes Telnes, Revisor Magnus Tveiten.

»Nein, das bin ich nicht, ich bin Norweger.«

Das Entsetzen im Blick weicht der puren Verzweiflung, er nimmt mich zur Seite und fragt aufgeregt: »Wie viele seid ihr?« »Fünf.« »Wo sind sie?« Ich schaue mich um und winke ihnen zu – es sind Ingebrigt Jensen, Johannes Rasmussen, Finn Skre und Johannes Clausen.

»Warum hast du das nicht gleich gesagt?«

»Ich hatte keine Gelegenheit, und was ist das für ein Unterschied? Die Franzosen …?«

»Pfui, die Franzosen, die haben uns an Hitler verkauft. Du kennst das Münchner Abkommen, man sollte sie umbringen. Kommt her …«

Er sammelt uns in einer Ecke der Baracke, und obwohl wir so todmüde sind, dass wir nur schlafen wollen, lässt er sich an der Kojenkante nieder und muss sich unbedingt mit uns unterhalten. Er schaut mein Auge an und entschuldigt sich. Norwegen ist ein schönes Land, die Norweger großartige Burschen, Björnstjerne Björnson der großartigste von allen!

Was weiß *der* über Björnstjerne Björnson?

Haha, was weiß er *nicht* über Björnson, den großen norwegischen Dichter, der dem tschechischen Freiheitskampf das Wort geredet hat. Der Mann gibt uns einen Blitzkurs in tschechischer Geschichte, er erzählt über Björnsons mächtigen Einsatz, um die Welt für die Leiden der Tschechen zu wecken, und er kennt bis Aulestad alles. Wir horchen ihm mit halbem Ohr zu, und endlich versteht er, dass das, was wir jetzt brauchen, Schlaf ist. Er beklagt, dass er nichts Großartiges für uns tun kann, aber – aber es kommen andere Tage, schlaft jetzt Burschen, schlaft jetzt, gute Norweger …

Und wir hauen uns in die Kojen und schlafen schwer, noch bevor er es geschafft hat, uns den Rücken zuzuwenden.

Am nächsten Morgen erwachen wir in der Hölle.

Die Baracke, die ursprünglich für ein paar hundert Mann gebaut worden war, beherbergt 1.100 bis 1.200 Personen, es liegen fünf bis sechs in jeder Koje. Ein durchdringender Leichengeruch hängt im Zimmer, und als ich Fragen stelle, werde ich in das System eingeweiht, Leichen unter den Kojen zu verstecken. Es verhält sich so, dass die Essensration für die Anzahl der Gefangenen berechnet ist, die in der Baracke wohnen, und wenn ein Mann stirbt, wird er deshalb versteckt. Dann gibt es mehr Essen für die, die noch leben. Erst wenn die Verwesung nicht mehr aufzuhalten ist, wird es den Wächtern gemeldet und die nehmen die Leiche mit.

Viel spricht dafür, dass wir Norweger die Nächsten sind, die unter den Kojen landen. Johannes Rasmussen, der Bankrevisor, ist so schwach, dass es sich nur noch um Stunden handeln kann. Sollen wir sein Leben retten, muss etwas Dramatisches passieren, und ich gehe zum Barackenchef und erkläre ihm den Ernst der Lage. Das Wunder geschieht – der Björnson-Bewunderer zieht die Fäden und bekommt Rasmussen ins Krankenrevier. Aber wir haben alle das Unsere. Ich selber habe Rippenfellentzündung, da gibt es keinen Zweifel mehr. Zusätzlich zu anderen Plagen bin ich kurzatmig und bei jeder Gelegenheit sticht es in der rechten Lunge. Ein paar Tage später kommt der Flecktyphus, dann folgt die Ruhr, und ich weiß, dass es zu Ende geht. Die Schmerzen sind *eine* Sache, aber der ständige Kräfteverlust, der der Ruhr folgt, ist mehr, als der Organismus ertragen kann.

Und dann werde ich in die Steinbrüche geschickt.

Diese Tage in Flossenburg kann ich auf keine andere Weise beschreiben denn als flüchtige Episoden, gesehen durch einen Fiebernebel. Die Eindrücke waren zu gewaltsam, als dass ich wagte, bei vollem Bewusstsein zu bleiben.

Die Steinbrüche …

Wir stellen uns morgens auf, sagen wir, eine Gruppe von 80 Mann. Dann bekommt der Capo den Befehl, mit 65 zurückzukommen. Wir marschieren zum Tor hinaus. Werden wir am Abend zurückkommen? Oder werden wir zu denen gehören, die sie ums Leben bringen? Niemand kann uns antworten.

Die Stunden im Steinbruch schleichen dahin, das Einzige, woran man denkt, ist, sich anonym zu halten, nicht aufzufallen.

Ein Mann hustet. Ein SS-Wächter dreht sich zu ihm, schaut ihn an.

»Kommen Sie her …«

Der Mann weiß, dass er jetzt sterben wird.

Er geht an den Rand des steilen Abhanges, und entweder springt er freiwillig, oder er bettelt mit einem Blick um Gnade, bevor er die Kugel bekommt.

Der Capo führt Buch. Es sind 15, die heute ausgelöscht werden sollten. Ja, ja, da muss man sich beeilen. Der Nächste …

»Kommen Sie her, mein Freund …«

Ein Schuss. Steine rollen, als der Mann den Abhang hinunterfällt. Aber die SS-Männer lieben die Abwechslung. Sie sind in ihrem Herzen Sportler. Sie erfinden ein Spiel: Hasenjagd.

Ein Gefangener stolpert, das ist Sabotage! Aber sie wollen ihm eine Chance geben, sein Leben zu retten, sagen sie.

»Lauf zum Wald, vielleicht erreichst du ihn …«

Aber das tut er nie. Der Ärmste erreicht den nächsten Baum und fühlt vielleicht einen Schimmer von Hoffnung – da knallt es. Die Beine schwinden unter ihm, er fällt. Wenn er sich immer noch rührt da im Heidekraut, zieht einer von den SS-Leuten an der Zigarette, schlendert hinüber und gibt ihm noch eine Kugel.

Oder sie gebrauchen Straßenwalzen – es gibt sowohl Straßenwalzen als auch Bulldozer auf der Anlage. Ein Gefangener rastet auf der Hacke kurz aus, das ist auch Sabotage!

»Leg dich hin!«

Er legt sich hin, probiert – idiotisch genug – den Kopf mit den Armen zu schützen, die Deutschen lachen über so eine Dummheit. Dann rollt die Straßenwalze über ihn.

Wir kommen abends zurück.

Am Tor wird kontrolliert, ob der Capo den Befehl befolgt hat, ob die 80, die am Morgen aufgebrochen sind, auf 65 reduziert sind. Gott sei ihm gnädig, wenn die Rechnung nicht stimmt. Aber sie stimmt immer. Wir werden in einem Protokoll angekreuzt. Aber bevor wir in die Baracken gehen dürfen, müssen wir uns zum Appell aufstellen.

Flossenburg – eines der schaurigsten Lager, in denen Magnusson war. Jeden Tag liefen Gefangene gegen den elektrischen Zaun – entweder freiwillig, um dem Leiden zu entkommen, oder auf Befehl der Deutschen.

Ein Offizier wandert vor und zurück, mustert uns alle mit ruhigem Blick. Es ist ein fescher Mann, frisch rasiert, gut gebaut, mit glänzenden Stiefeln. Vielleicht hat er eine kurze Reitpeitsche, vielleicht trägt er Handschuhe.

»Dich will ich nicht mehr sehen!« Er zeigt auf irgendeinen zufällig herausgegriffenen Mann in der Reihe. Ein Wächter notiert die Nummer des Gefangenen.

Vor und zurück – wir fühlen seinen Blick auf uns, riechen den Rauch der Zigarette.

Ein Gefangener beginnt zu weinen. »Dich will ich nicht mehr sehen!« Da entsteht eine kleine Unruhe in den Reihen. Es ist einem Gefangenen zu viel geworden, er fällt in Ohnmacht, und der Kamerad versucht, ihn auf den Beinen zu halten. Der Offizier bleibt stehen, wendet langsam das Gesicht. »Was war das?« Er bekommt eine Erklärung von der Wache. »Ach so …« Zwei Nummern werden notiert. Es ist willkürlich, wie viele jeden Tag notiert werden, aber am nächsten Morgen sind sie immer weg. Entweder sind sie freiwillig in den elektrischen Zaun gelaufen, oder sie haben sich beim Wächter gemeldet, um erschossen zu werden. Sie kennen die Regeln.

Eines Abends erzählt unser tschechischer Freund vom letzten Weihnachten in Flossenburg:

Am späten Nachmittag des 24. Dezember wurde Aufstellung auf dem Appellplatz befohlen. Das war etwas ungewöhnlich, so glomm in den meisten die Hoffnung auf, dass vielleicht eine Art Weihnachtsfeier bevorstand mit einem Extrabissen. Auf dem Platz war ein hübscher Weihnachtsbaum aufgestellt mit Kerzen und Girlanden, und das Orchester des Lagers spielte Weihnachtslieder, das verhieß Gutes. Es lag Feiertagsstimmung in der Luft.

Während sie so stehen und den Weihnachtsliedern lauschen, werden zehn Galgen um den Weihnachtsbaum aufgestellt. Und dann kommt ein SS-Offizier. Er schlendert freundlich die Reihen entlang, wählt einen Gefangenen hier, einen dort aus, zeigt mit der Reitpeitsche auf die Galgen. Wenn zehn Gefangene am Galgen stehen, gibt er ein Signal. Die Weihnachtslieder klingen ständig weiter. Und eine neue Gruppe von zehn Mann wird ausgesucht. Und eine neue …

»Stille Nacht, heilige Nacht …«

Wenn ein Mann zu weinen beginnt oder einen hysterischen Anfall bekommt, ja, nur das geringste Zeichen einer Reaktion sehen lässt, ein Zug um den Mund kann genug sein, wird er höflich gebeten, seinen Platz in der nächsten Gruppe einzunehmen.

Der Tscheche vermutet, dass es circa 100 Mann waren, die an diesem Weihnachtsabend gehängt wurden.

Es wird ein warmer Frühling, die Sonne scheint, und der Leichengeruch in den Baracken veranlasst uns, ins Freie zu gehen. Eines Tages sitze ich auf der Treppe mit meiner Suppentasse, es steht Kohlsuppe auf der Speisekarte, herrlich … Ein Stück weiter drüben liegt ein Leichenhaufen, und die Fliegen umsummen ihn in dichten Schwärmen. Ich sehe ein paar Männer. Sie ziehen sieben, acht Leichen hervor, stapeln sie an der Wand entlang auf, damit sie etwas haben, worauf sie sitzen können. Dann lehnen sie sich mit dem Rücken an, genießen die Sonne und nehmen die Kohlsuppe zu sich.

Es ist Unruhe im Lager, die Gerüchte gehen um, dass Pattons Panzertruppen auf schnellem Vormarsch sind.

Die Deutschen schwören Rache. Als die Wächter mit der Essenskanne kommen, leeren sie die Suppe über den Barackenboden. Wir werfen uns zu Boden und schlürfen sie direkt von den Brettern in uns hinein oder versuchen, einige Tropfen mit der Hand in die Tasse zu schaufeln. Viele weinen.

Ich schaffe es nicht mehr. Mein tschechischer Freund zieht wieder andere Fäden und bekommt mich von den Steinbrüchen weg. Aber das hilft so wenig. Die Ruhr raubt mir die letzte Kraft, der Flecktyphus verwüstet den Körper wie eine giftige Qualle und ich habe hohes Fieber. Mein Gesichtsfeld ist wie ein Nebel.

In dieser Nacht mache ich ins Bett, über meine Kameraden. Ich kann nichts dafür. Ich liege da und bin verlegen über die Schweinerei, will anbieten, sie zu säubern, aber nicht ein Laut kommt, als ich reden will. Ich kann keinen Finger rühren. Wie im Traum bekomme ich mit, dass jemand Spektakel macht, dass sie an mir ziehen, mir ins Gesicht schlagen. Aber ich bin fertig, mental und körperlich, ich kann kein Lebenszeichen geben. Ich höre sie reden, ein Tscheche sagt, ich sei tot. Brigt Jensen protestiert. Aber ich bin tot, er kann es ja sehen …

Ich merke, dass Wächter mich ausziehen, die Kleider entfernen, die ich jetzt zwei Jahre lang auf dem Körper getragen habe. Das Eisenkorsett wird geöffnet und heruntergenommen.

Sie schreiben die Nummer – N 5022 – mit roter Kreide auf meinen Brustkasten. Einige ergreifen mich unter den Armen und ziehen mich über den Boden, raus aus der Baracke, die Treppen hinunter. Dann werde ich auf den Leichenhaufen geworfen. Ich lande auf stinkendem Fleisch und spüre kalte Haut auf meiner. Die Fliegen surren über mir. Es ist eine stille Nacht, und ich bin allein mit den Toten. Meine Hand ruht auf einem fremden Gesicht, ich versuche sie zu mir zu ziehen. Ich denke nicht nach, getraue mich nicht zu denken. Die Körper unter mir – ein Kopf, der mir schwer auf den Schenkel fällt, als ich den Fuß bewege – der Gestank von verwesenden Eingeweiden – Stille. Die Schmerzen …

Ich will leben … Lieber Gott, lass mich leben …

Eine Tür knarrt. In der Baracke drinnen ist Brigt Jensen aktiv geworden. Endlich hat er den Barackenchef erwischt, den Björnson-Bewunderer, und versichert ihm, dass ich nicht tot bin.

»Magnusson lebt«, fleht er, »mach etwas, ich weiß, dass er lebt!«

Der Tscheche zweifelt.

»Wenn dein Kamerad auf dem Leichenhaufen gelandet ist, dann ist er fertig, mein Freund. Noch nie habe ich von einem gehört, der aus dem Leichenhaufen herausgekommen ist …«

Aber Jensen hört nicht auf, und zuletzt schüttelt der Tscheche den Kopf über den verrückten Norweger.

»Ja, ja, wir werden sehen, was wir tun können.«

Er bittet Jensen und die anderen Norweger, liegen zu bleiben,

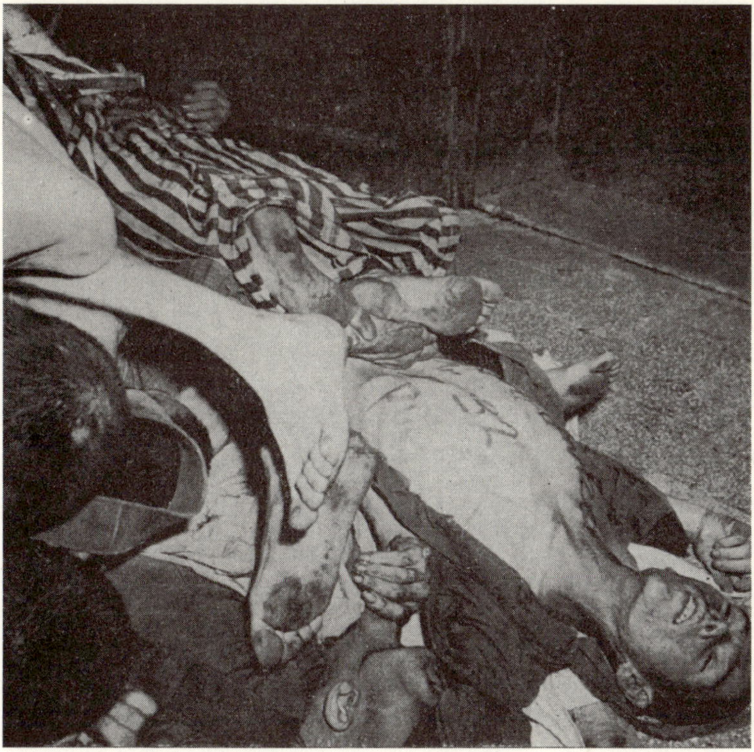

Als die Amerikaner nach Flossenburg kamen, fanden sie dort Haufen von Leichen vor, die die Deutschen nicht mehr hatten verbrennen können, unter anderem diesen, von dem Oscar Magnusson einige Tage zuvor gerettet worden war. Er selbst lag auf der Spitze des Haufens, von dem ihn Kameraden im Dunkel der Nacht wieder in die Baracke zogen.

dann nimmt er ein paar Helfer mit hinaus in die Dunkelheit, um mich ein für alle Mal für tot zu erklären.

Ich höre, wie sie sich nähern. Der Tscheche dreht mich um, starrt mir in die Augen, fühlt nach dem Puls …

»Jetzt habe ich es gesehen und …«

Er zischt einen Befehl, die Kerle ziehen mich heraus aus dem Haufen und zurück in die Baracke, benachrichtigen Jensen und Johannes Clausen.

Dann geschieht alles blitzschnell, sie müssen die Spuren vertilgen, bevor der Morgen kommt. Sie waschen mich und machen mich zurecht. Der Tscheche findet ein paar Kleidungsstücke, meine eigenen Kleider und das Eisenkorsett sind schon weggebracht worden. Er gibt den Männern das Zeichen, mich zum anderen Ende der Baracke zu tragen in die dunkelste Ecke, wo sie mich unter das Bett packen, dann geht er in die Hocke und sagt: »Mein Freund, wir müssen dich verstecken, verstanden?«

Ich nicke.

»Noch nicht schlafen!« Er richtet einen warnenden Finger gegen mich, lächelt. Dann ist er weg, aber ein paar Minuten später ist er wieder da.

»Schau – iss!«

Das ist Weißbrot! Eine Dose mit Sardinen! Er hilft mir, das Essen in den Mund zu stopfen, wartet geduldig, bis ich geschluckt habe, und richtet einen neuen Bissen her. Und dann – zum Schluss – das Kostbarste von allem: eine Hand voll Tierkohle gegen die Ruhr.

»Iss«, sagt er, »iss, iss …«

Ich kaue die Tierkohle, so fest meine Kiefermuskeln es schaffen.

»Gut, mein Freund. Schlaf jetzt. Ich schaue morgen nach dir.«

Weißbrot. Sardinen. Tierkohle. Björnson, wenn du wüsstest! Mit dem Mund voller Kohle stecke ich den Kopf unter das Bett und schlafe ein.

Wie lange liege ich da? Ich weiß es nicht, vier Tage, fünf, sechs …

Der Tscheche ordnet an: Es wird so gemacht, dass ich nachts in einer Koje schlafen darf, aber wenn der Morgen kommt, werde ich herausgehoben und in das Versteck gebracht. Und jeden Morgen werden Jensen und Clausen gerufen, um Diätnahrung zu holen – woher der Tscheche die hat, weiß Gott allein. Sie haben Befehl, sie niemand anderem zu zeigen, es würde Spektakel geben, ich muss in aller Heimlichkeit gefüttert werden.

Jensen und Clausen schmuggeln das Essen unter der Jacke an den anderen Kojenreihen vorbei. Sie wissen, was der Tscheche meint. Die Gefangenen behalten die Selbstkontrolle, solange sie das Gefühl haben, dass die kärglichen Essensrationen des Tages gerecht verteilt werden. Wenn sie aber den Verdacht bekommen, dass etwas hinter ihrem Rücken geschieht, dann erwacht der Urmensch in den ausgemergelten Körpern, dann greifen sie zur Selbsthilfe, um es schön auszudrücken. Ich habe erlebt, wie ein Gefangener in seiner Not ein Stück Brot von einem anderen Gefangenen stahl – er wurde auf frischer Tat ertappt und fast verstümmelt, bis der Bestohlene und seine Kameraden mit der Bestrafung fertig waren. Ich glaube nicht, dass der Ärmste Lust verspürte zu überleben und zu den Seinen heimzukommen nach dem, was sie mit ihm gemacht hatten.

Aber den größten Heldenmut beweisen Jensen und Clausen dadurch, dass sie nicht der Verlockung erliegen, sich von dem Essen zu versorgen, das sie mir bringen. Die seelische Folter, der sie durch das Weißbrot und die Sardinen ausgesetzt gewesen sein müssen, kann sich niemand vorstellen, der nicht selbst erlebt hat, was wirklicher Hunger bedeutet. Die einzige Gunst, um die sie bitten, ist, ein bisschen für Finn Skre nehmen zu dürfen, der die Elefantenkrankheit bekommen hat und sehr schlecht beisammen ist.

Weißbrot, Sardinen, Tierkohle …

Tag für Tag spüre ich, wie das Bewusstsein zurückkommt, wie die Ruhr in die Flucht geschlagen wird. Ich liege 24 Stunden am Tag still, lasse die Natur ihre Arbeit in Ruhe verrichten, und es ist, als würde eine Batterie wieder aufgeladen werden. Das Lächeln des Tschechen wird jedes Mal breiter, wenn er mich anschaut. Gut, mein Freund, sagt er. Gut …

Am fünften oder sechsten Tag stehe ich auf den Beinen. Und am siebten Tag melde ich mich zum Appell. Der Tscheche hat mir gewöhnliche Gefangenenkleidung verschafft und eine erdichtete Nummer auf die Brust genäht. Ich bin so gut wie neu, meint er und ist stolz auf sein Werk.

»Grüß mir Norwegen«, sagt er und klopft mir auf die Schulter.

Ich schwanke beim Appell, schwach im Rücken, weil mir das Korsett fehlt, zittere vor Krankheit und Ermattung, aber ich hänge im Haufen, bin am Leben.

Und hiermit überbringe ich seine freundlichen Grüße an alle Norweger.

Ich rede noch ein paar Mal mit ihm, aber dann trennen sich unsere Wege, und ich sehe ihn nie wieder. Denn am 17. April, am späten Nachmittag, wendet sich das letzte Blatt im Buch der Schrecken.

Der Weg zurück ins Leben

Der 17. April 1945 – ich erinnere mich nicht, ob es ein Donnerstag oder ein Freitag war – begann mit wolkenlosem Himmel und warmer Sonne. Wie gewöhnlich wurden wir um 5 Uhr morgens geweckt und bekamen eine Tasse Malzkaffee und ein kleines Stück Brot.

Einige Stunden später, um etwa 8 oder 9 Uhr, hörten wir einen gewaltigen Kanonendonner und Maschinengewehrfeuer, und Flugzeuge mit flatternden Flügeln streiften in niedriger Höhe über das Lager. Flossenburg war – wie schon gesagt – auf einem Felsabsatz oder Plateau gelegen, so dass die Gefangenen in den äußersten Baracken Aussicht über das Tal hatten. Sie berichteten, dass sie in der Ferne Panzer sehen konnten und dass Rauchsäulen aufstiegen; all dies ließ darauf schließen, dass das Lager selbst bald in der Kampfzone liegen würde.

Das wurde ein merkwürdiger Vormittag. Wir hatten schon lange gewusst, dass sich die Alliierten näherten, und sehr viele glaubten, dass es die Russen waren, die es geschafft hatten durchzubrechen – etwas, das besonders unter den russischen Gefangenen zu einem gewaltigen Optimismus führte. Aber die Flieger, die an diesem Morgen über das Lager flogen, waren amerikanische, und somit wussten wir, dass es Pattons Panzerdivisionen waren, die sich unten in der Ebene befanden. Nun war es ja eigentlich nicht so wichtig, wer uns befreite, wenn wir nur gerettet wurden. Aber es besteht kein Zweifel, dass diese letzte Entwicklung dem Optimismus unter den Westeuropäern eine neue Dimension gab, wenn ich so sagen darf. Von Amerikanern gerettet zu werden, das war fast so, als würde man von seinen eigenen Landsleuten gerettet.

Gesichter, die vielleicht ein Jahr lang vom Schmerz verschlossen gewesen waren, bekamen in diesen Morgenstunden neues Leben. Alles, was gehen und kriechen konnte, zog hinaus in den Sonnenschein, sie stützten einander und starrten in den Himmel mit fieberglänzenden Augen, und Schädel öffneten ihren Mund und bleckten die Zähne in glückseligem Grinsen. Sollte dies *ihr* Tag werden?

Unter den Deutschen brach Panik aus.

Seit dem frühen Morgen waren sie äußerst nervös gewesen, und jetzt begannen sie, eine rastlose Aktivität zu entfalten, deren Absicht wir zunächst nicht verstanden. Autos wurden angelassen, Kommandorufe schnitten durch die Luft, SS-Wächter liefen hin und her, es herrschte offensichtlich Chaos. Und dann gab es keinen Zweifel mehr – sie beabsichtigten, das Lager zu räumen. Ohne sich um die Gefangenen zu kümmern, schleuderten sie ihre Habe auf die Ladeflächen der Wagen, und ein Auto nach dem anderen fuhr durch das Tor hinaus – in erstaunlich kurzer Zeit waren alle Deutschen wie weggeblasen. Die letzten SS-Soldaten klammerten sich außen an den Autos fest. Wir waren frei!

Die Gefangenen waren außer sich und weinten hemmungslos, andere kletterten auf die Barackendächer und winkten jubelnd den amerikanischen Flugzeugen und Panzern in der Ferne zu. Und im Laufe von Minuten geschah etwas Sonderbares: Im Handumdrehen war das Lager einer neuen Verwaltung unterworfen, die wie aus dem Boden gestampft schien, mit Wächtern und Chefs und Kommandanten und ich weiß nicht was. In der Hauptsache Russen, die durch längere Zeit hindurch den Apparat aufgebaut haben mussten und jetzt die Hand am Drücker hatten. In dem Augenblick, als die Stimmung überzukochen drohte, mit Plünderung der Lebensmittellager, Selbstjustiz und nationalen Streitigkeiten – besonders zwischen Tschechen und Franzosen war das Verhältnis auf dem Siedepunkt –, wurde eine wohl durchdachte, neue Disziplin eingeführt. Es wurden vernünftige Tagesbefehle ausgegeben, sich innerhalb des Lagers aufzuhalten und nichts Übereiltes zu tun, und alle kleinen Ansätze von Unruhe wurden mit bestimmter Hand abgewehrt. Jetzt sollten wir uns wie Menschen aufführen in den Stunden, die wir noch hatten. Das war ein Meisterstück in Administrationskunst!

Wir drangen ins Krankenrevier vor und begrüßten Johannes Rasmussen, brachten ihm die guten Nachrichten. Seine Lungen waren von TBC zerstört, und er war kraftlos und fiebrig, aber auch in seinen Augen entzündete sich eine neue Hoffnung. Wenn er nur heimkommen könnte und in ein ordentliches Krankenhaus gelegt würde, gab es wohl auch für ihn eine Chance, meinte er. Und Brigt und ich stolperten weiter, versuchten, uns Finn Skres anzunehmen, der mit den dicken Elefantenbeinen in der Baracke lag und Schmerzen litt. Wir standen im Sonnenschein und fühlten die Freiheit wie einen Jubel und eine Erlösung in unserm Innern. Das war es ja, was ich die ganze Zeit gewusst hatte: Ich sollte leben!

»Wir kommen heim, Brigt«, sagte ich, »wir kommen heim.«

Und Clausen schloss sich uns an, und da standen wir in der Sonne, wir drei, und begnügten uns damit, grenzenlos glücklich zu sein.

Der erste Wagen mit SS-Soldaten kam um 3 Uhr nachmittags nach Flossenburg zurück. Der Rest geschah schnell.

Im Laufe einer halben Stunde war das Lager wieder in deutschen Händen, und ein Massaker begann. Alle Patienten im Krankenrevier wurden in ihren Betten erschossen, unter ihnen Johannes Rasmussen, und andere Gefangene wurden willkürlich aufgestellt und niedergeschlachtet – spätere Recherchen gehen davon aus, dass die Deutschen es schafften, 2.400 Mann zu töten, bevor sie in Zeitnot kamen. Sie waren zurückgekommen mit dem Befehl zur vollständigen Vernichtung. Niemand durfte geschont werden.

Aber die hysterischen Deutschen mussten wohl sehr schnell erkannt haben, dass sie dieser Aufgabe nicht Herr werden würden. Um circa 16.30 Uhr kam der Befehl zur Aufstellung, und einige Minuten später waren alle Überlebenden – circa 11.000 – auf dem Marsch aus dem Lager hinaus. Man wollte den Versuch machen, Dachau zu erreichen, und uns dort liquidieren. Wenn der Transport ohne Zwischenfall durchgeführt würde, würde es gelingen, in ein paar Tagen dort anzukommen.

Das Problem ist Finn Skre.

Als wir in die Baracke stolpern, um ihn zu holen, liegt der 41 Jahre alte Sozialökonom da und beißt die Zähne zusammen.

»Geht ihr«, sagt er, »es nützt nichts, ihr seht ja selber.«

»Aber du wirst erschossen, Finn«, sage ich, »wir anderen sind auch nicht so gut beisammen, aber wir haben keine Wahl. Wir müssen es versuchen, müssen einander helfen, so gut wir können.«

»Es nützt nichts, Oscar.«

»Jetzt komm her …«

Wir nehmen ihn zwischen uns, heben ihn heraus aus der Koje und dann helfen wir ihm über den Platz und vor zu der Kolonne, die schon beginnt hinauszumarschieren. Es sollen fünf in einer Reihe gehen, und wir vier – Skre, Clausen, Jensen und ich – landen ziemlich weit hinten zusammen mit einem Franzosen.

Tausende und Abertausende schleppen sich zum Tor hinaus, viele hinken, andere hängen zwischen ihren Kameraden. Motorradfahrer fahren vor und zurück und schauen, dass alles unter Kontrolle ist. Offiziere in offenen Autos rasen vorbei. Weinen steigt aus den Reihen auf – vor Schmerz und Enttäuschung. Ein Grieche hat eine Wolldecke bei sich, das Ende schleift hinter ihm im Staub.

Hinter uns geht die »Todestruppe« – eine Truppe SS-Soldaten von zehn bis zwölf Mann. Wenn einer die Reihe verlässt oder nicht mehr weiterkann, haben sie Befehl, ihn niederzuschießen.

Finn leidet bei jedem Schritt. Ich schaue ihm ins Gesicht und es ist schmerzverzerrt. Ich selber bin so schlapp, dass ich hie und da zu Brigt hinüberlangen muss, um das Gleichgewicht zu halten. Ich schnaufe wie ein Blasebalg mit den kranken Lungen.

»Wir schaffen es, Finn«, sage ich. »Wir schaffen es, du wirst schon sehen …«

Aber ich weiß, dass in diesem Fall ein Wunder geschehen muss. Wir gehen eine halbe Stunde und Finn hält aus. Er schafft es eine Stunde und immer noch ist Willen in ihm. Aber dann verweigern seine Beine ihren Dienst, er beginnt zu stolpern, und jedes Mal verdoppeln sich die Schmerzen – es ist ein Jammer, ihn anzuschauen. Brigt und ich versuchen ihn mit wilden Vermutungen über Amerikaner hinter der nächsten Wegbiegung zu zerstreuen. Wir behaupten, überall in der Umgebung Panzer zu sehen, aber er glaubt uns nicht. Er weiß, dass dies das Ende ist, und er weiß, dass wir es wissen. Als wir uns anderthalb Stunden dahingeschleppt haben, gibt er auf.

»Geht ihr weiter«, sagt er, »ich kann nicht mehr …«

Er geht aus der Reihe und setzt sich am Wegrand nieder. Sofort ist ein Mann aus der Todestruppe da. Ich winke den anderen, dass sie weitergehen sollen. Ich weiß, dass ich nichts tun kann, aber ich schaffe es auch nicht, ihn einfach so zu verlassen.

Der Deutsche ist ein junger blonder Bursche, 22 oder 23 Jahre, ein strammer Kerl. Er hebt das Gewehr von der Schulter, entsichert, und Finn sagt:

»Geh, Oscar, geh – versuch, dich selber zu retten. Grüß Gunhild daheim …«

»Ja, ja, ich werde sie grüßen, aber komm jetzt, wir werden es schaffen.«

Er schüttelt betrübt den Kopf.

»Danke für die gute Kameradschaft, Oscar. Wir haben es schön zusammen gehabt, und ich habe keine Angst vor dem Sterben. Denk an die Grüße!«

Der Deutsche richtet das Gewehr gegen mich.

»Los, los, Mensch!«

Ich kann nichts mehr tun. Sage ich noch etwas oder versuche, Finn mit mir zu ziehen, sind es zwei, die im Straßengraben liegen bleiben. Ich schwanke durch die Kolonne vor zu Brigt und Clausen. Jetzt sind wir nur noch drei.

Wenn wir auf einem Höhenzug sind, können wir die Kolonnen unten sehen wie eine sich windende Schlange. Der Staub hängt wie ein Schleier über dem Weg, und die Luft wird von Lärm durchdrungen – von Motorrädern und Autos und von hysterischen Deutschen, die wüten und kommandieren, um uns anzutreiben.

Sie verlangen das Unmögliche.

Der Grieche wirft die Wolldecke weg, er schafft es nicht mehr, sie zu schleppen. Es ist anstrengend genug, sich selbst zu schleppen.

Wie viele sind wir? Einige sagen 15.000, andere meinen, noch mehr.[7] Die Zahl ist gestiegen, seit wir von Flossenburg weggegangen sind, Kolonnen von Arbeitskommandos und anderen Lagern haben sich angeschlossen, dabei ist es erst der erste Tag. Mit der Zeit sollten es weniger werden.

Die »Todestruppen« arbeiten schichtweise, und sie arbeiten hart. Wir hören die Schüsse in der Abenddämmerung, und der Abstand zwischen den Leichen an den Wegrändern wird jede Stunde kleiner.

Essen …

Wir haben seit dem Morgen nichts zu essen bekommen. Aber wir gehen und gehen und wieder gleiten wir ins Grenzland der Abgestumpftheit. Die Holzschuhe kratzen auf dem trockenen Kies. Jeder Schritt ist ein physisches Opfer, und wir müssen uns selbst jedes Mal überwinden. Ich schaffe es nicht, denke ich, während mein Körper vor Fieber zittert. Die kalte Frühlingsluft fühlt sich wie Feuer in der Brust an, der Rücken wird von Lanzenstößen zerrissen, als ob die Deutschen ihn noch einmal brechen würden. Ich hebe den Fuß in stumpfer Verzweiflung auf und fürchte mich sofort vor dem nächsten Schritt. Dann kommt die Ruhr. Ich fummle in einem Sack herum und finde ein Stück Tierkohle, stecke sie in den Mund. Aber sogar der Kiefer ist kraftlos, und das Kauen wird zu einer Willensanstrengung – danach treibt es mir den Schweiß auf die Stirn. Ich gehe und gehe … Die Augenlider senken sich wieder herab und ich lulle mich in eine Form von Schlaf ein. Aber dann trete ich auf einen Stein und stolpere in den Holzschuhen, und mit einem Angstgestöhne bin ich wieder zurück in der Wirklichkeit.

Die Toten schauen uns aus den Straßengräben mit mattem Blick an. Einige liegen mit ausgestreckten Armen da, als ob sie noch um eine Chance betteln würden.

[7] Als diese Angelegenheit im Nürnberger Prozess zur Sprache kam, wurde festgestellt, dass zwischen 15.000 und 20.000 Gefangene am Marsch teilgenommen hatten.

Die Stiefel, die Magnusson während des letzten Marsches, bei dem zwischen 15.000 und 22.000 Gefangene niedergeschossen wurden oder vor Erschöpfung starben, von den Füßen einer Leiche am Wegrand zog.

Es gibt einen Stau in der Kolonne. Vor uns ist irgendetwas geschehen. Wir drängen uns zusammen und nützen die Rast, bewahren die Minuten wie zerbrechliche Perlen. Dann sehe ich etwas und schiebe Brigt Jensen zur Seite. Ich schwanke hinüber zu einer der Leichen, erfasse die Stiefel, höre einen klatschenden Laut, als sie vom Fuß schlüpfen. Dann hinke ich zurück in die Reihe und stütze mich auf Brigt, während ich sie anziehe. Ich habe Stiefel bekommen! Als wir uns weiterschleppen, bleiben die Holzpantinen am Wegesrand zurück.

Clausen geht es schlecht. Als wir durch die Tschechoslowakei zogen, war sein Gesicht noch einigermaßen erkennbar. Aber in diesen Wochen in Flossenburg haben die Läuse und Kakerlaken es zerstört. Lippen und Wangen sind geschwollen und gehen in eins über, die Augen blinzeln zwischen dicken Hautwülsten. Aber er klagt nicht. Der große, blonde Kerl war Briefträger, bevor er geschnappt wurde. Er schleppt sich ohne einen Laut weiter.

»Du, Oscar?«

Es ist Morgenstunde und es nähert sich die Zeit, in der es vielleicht Hoffnung auf ein Frühstück gibt. Wir passieren ein paar Bauernhöfe und hören eine Kuh muhen.

Er beginnt von seinem Vater zu erzählen. Ich bin so stumpf vor Schmerzen und Hunger, dass ich es zuerst nicht schaffe zuzuhören. Aber dann dringt ein Wort in mein Bewusstsein und ich begreife, dass er mich auf eine Fischtour einlädt. Sein Vater, der Zollbeamter ist, hat eine Hütte irgendwo außerhalb von Bergen, sagt er, und wenn wir heimgekommen sind, soll ich mit ihm dorthin auf Fischtour.

Die Todestruppe pflückt einen Mann hinter uns heraus. Er weint herzzerbrechend, bevor sie ihn erschießen.

»Und dann«, sagt Brigt Jensen, »können wir hinaus auf die Hütte zu mir ziehen. Kohlfisch mit Leber! Kennt ihr den Geruch? Und dann wird meine Frau kommen und Kaffee kochen und Waffeln, keiner macht solche Waffeln wie diese Frau. Und beim Brotbacken ist sie geschickt, wartet, bis ihr das Brot meiner Frau kosten könnt, Burschen!«

Jetzt komme ich dran. Aber ich habe keine Hütte, in die ich sie einladen könnte. Ich trotte zwischen ihnen dahin und kann nichts sagen. Ich fühle mich so unsäglich arm.

Der Morgen liegt weit hinter uns …

Ein neuer Tag geht zu Ende.

Wir schlurfen weiter und spüren bei jedem Meter, wie die Kräfte schwinden. Kein Essen in anderthalb Tagen. Wir reißen etwas Grünes am Wegrand aus, Brennnesseln oder Kümmelpflanzen, gerade, dass der Magen etwas hat, womit er arbeiten kann. Unsere Organismen schreien nach Nahrung und wir beginnen schwindlig zu werden, ein Zeichen, dass wir Essen haben *müssen*. Aber selbst wenn die Gedärme noch so leer sind, wütet die Ruhr, und ich bin so verschmutzt, dass die Schenkel zusammenkleben und sich wund geriebene Stellen bilden.

Als wir eine Rast machen, nutze ich die Gelegenheit und rutsche zu einem Flussufer hinunter, wo ich versuche, das Gröbste abzuwaschen. Ich bin so konzentriert bei der Arbeit, dass ich nicht merke, dass die Kolonne wieder in Bewegung gerät.

»Los, Mensch!«

Ich schaue in eine Gewehrmündung hinauf, ein Kerl aus der Todestruppe steht am Wegrand.

»Los, los!«

Ich halte die Hose fest und krabble den Abhang hinauf, krieche auf allen vieren den Weg hinauf. Die Kolonne ist weit voraus, ich schlurfe davon, schluchze, laufe ein bisschen, falle und schluchze, und als ich Jensen und Clausen einhole, zittere ich vor Angst und Ermattung, dass sie mich trösten müssen wie ein verschrecktes Kind.

Später am Abend finden wir einen Regenwurm. Wir teilen ihn brüderlich und essen.

Die Tage fließen in eins. Wieder sind wir wie scharrende Fliegen in einem Brei von Eindrücken.

Großer Gott, gib uns doch Essen …

Die Beine verheddern sich, wenn wir versuchen, unseren Platz in der Kolonne zu halten, und jedes Mal fallen wir zurück. Aber da hinten wartet der Todestrupp auf uns, und in einem Nebel von Angst stolpern wir wieder weiter. Die Gefangenen weinen, sie schluchzen, einige laufen in einer letzten Panikhandlung heraus aus der Reihe und werden wie Kleinwild erschossen. Andere legen sich nieder und schauen dem Tod wie einer Befreiung entgegen.

Essen!

Einmal streichen amerikanische Flieger über uns hinweg und wir heben die Arme gegen den Himmel wie zu einer Beschwörung: Helft uns, kommt! Wir können den Kanonendonner aus der Ferne hören, und wir sagen laut, dass sie jetzt da sind, dass wir gerettet sind. Aber die Stunden vergehen und sie kommen nicht. Und die Todestruppen schießen gleichmütig ihre Opfer nieder und der Geruch von Blut und Leichen hängt über uns. Wir wackeln an Bauernhöfen vorbei und rufen mit rauen Stimmen nach Essen, Essen, um Himmels willen!, und wir gleiten in die Resignation, ziehen die Ermattung über uns wie eine schützende Kappe und schlurfen weiter.

Sind wir jetzt zwei oder drei Tage unterwegs?

Vorne in der Kolonne entsteht eine Unruhe, ein deutscher Wächter schreit: »Essen!«

Brigt schaut mich an. Essen!

Wir packen Clausen und latschen davon, vor, vor, wir bekommen Essen – wir werden Essen bekommen!

Die Gefangenen haben sich um eine Feldküche geschart, einige essen schon. Als wir drankommen, schüttelt der Deutsche den Kopf.

»Zu spät, nichts mehr da, los, los, Mensch!«

Wir drehen uns weg und weinen verzweifelt.

Jeder Schritt ein Opfer.

Warum kommen sie nicht?

Die Sonne hat einen Wärmeschleier über die Landschaft gelegt, es glitzert in den Bächen und Vögel singen.

Aber die Gedanken glühen wie Feuer hinter den Augen, ich sehe keine Schönheit, nur Blut und Leichen und Tod und Schmerz.

Zu Beginn des Todesmarsches versuchten die Deutschen, die Spuren der Niederschlachtung auszulöschen; hier werden Leichen von amerikanischen Soldaten wieder ausgegraben. Aber die meisten Leichen – Tausende und Abertausende – blieben an den Wegrändern liegen.

Ich denke an Nina und versuche, das Bild festzuhalten, aber das Feuer verzehrt sie. Ich rufe mir Vater und Mutter ins Gedächtnis, aber ihr Lächeln wird vom Rauch in meinem Kopf vernebelt.

Ich möchte leben, ich will heim.

O Gott, wie lange soll das dauern?

Vier Tage ohne Schlaf und Essen.

Fünf Tage ohne Schlaf und Essen.

Clausen taumelt wie ein Betrunkener und Brigt und ich müssen ihn stützen.

Wir reden ihm gut zu, wir fluchen und drohen.

»Joas«, bettle ich, »du darfst nicht aufgeben. Denk an die Abmachung – alle oder keiner. Komm jetzt, Joas.«

Aber Clausen ist am Ende.

Ich hebe die Hand und schlage ihm ins Gesicht.

Er schaut mich mit einer stumpfen Verwunderung an.

»Schlägst du mich, Oscar?«

»Wenn du dich nicht zusammenreißt, prügle ich dich. Komm jetzt!«

Der Körper schwankt, er sammelt seinen ganzen Willen zu einem letzten Versuch.

»Ich kann nicht, Oscar.«

Ich hebe die Hand und will ihn wieder schlagen, aber Brigt hindert mich.

»Lass ihn …«

Das geschieht um Mitternacht.

Die Flugzeuge sind fast unaufhörlich bei uns, sie winken mit den Flügeln und melden uns, dass die Befreiung naht. Die Kanonen dröhnen hinter dem Höhenzug, und die Nervosität bei den Deutschen steigt im Takt mit der Dunkelheit.

Es wäre nicht zum Aushalten, wenn uns Clausen jetzt wegsterben würde.

Wir nehmen ihn zwischen uns, legen ihm die Arme um den Nacken und schleppen ihn mit, Meter für Meter. Mein Herz hämmert in der Brust, jeder Atemzug fühlt sich an wie ein Schwerthieb. Wo in Himmels Namen nehmen wir die Kräfte her, wie schaffen wir das? Der Durchfall drückt und ich gebe ihm freien Lauf, das Fieber klopft im Kopf und befeuchtet die Kleider, so dass sie am Körper kleben, aber wir schwanken weiter – eine Stunde, zwei Stunden …

Brigt ist selbst so schwach, dass seine Beine manchmal nicht mehr weiterwollen, aber er überwindet sich wieder, schleppt und zieht, Meter für Meter.

Und es wird 3 Uhr, 4 Uhr.

Und dann ist es aus.

Wir versuchen noch einige Meter, aber wir sind am Ende. Clausen gleitet aus unseren Armen und sinkt auf den Weg. Ich weiß es zu diesem Zeitpunkt nicht, aber da ist mein Herz gebrochen – buchstäblich.

Die Kolonnen passieren uns, Gefangene wackeln vorbei, und da stehen wir allein. Wir ziehen ihn hinaus an den Wegrand und stützen ihn. Ein Deutscher gibt ein Zeichen mit dem Gewehrlauf, dass Brigt und ich weggehen sollen. Ich kann nicht mehr klar sprechen, ich lalle ihm zu:

»Bitte, gib ihm eine Chance! Der Krieg ist vorbei. Die Amerikaner können jeden Augenblick da sein. Gib ihm eine Chance!«

Er ist auch nicht mehr als ein junger Bursche, dieser Kerl. Er schaut mich arrogant an:

»Noch ein Wort …«

Brigt steht auf, er bittet mich zu kommen.

Ich lasse Clausen los und gehe zu ihm.

Als ich mich umschaue, hat der Norweger den rechten Arm in einem stummen Protest gegen den Deutschen erhoben.

»Nein«, sagt er, »nein.«

Da fällt der Schuss.

Eine Viertelstunde später haben uns die Amerikaner befreit.

Um 4.30 Uhr sind sie überall um uns herum, amerikanische Kampfwagen fahren die Kolonnen entlang, Lastautos folgen, Mannschaften springen ab. Die Deutschen – ja, die Deutschen. Der Soldat, der gerade Clausen erschossen hat, geht in Hab-Acht-

Stellung und beruft sich laut auf die Genfer Konventionen, verlangt, als Kriegsgefangener behandelt zu werden. Die Kolonnen lösen sich auf, Gefangene jubeln, sie schreien, weinen, fallen einander um den Hals, und die amerikanischen Burschen jubeln und weinen zusammen mit uns, kräftige Kerle aus Texas und New York, die die Tränen ungehemmt über die fleckigen Wangen rinnen lassen. Die Gesichter sind von Müdigkeit gezeichnet, die andere Ursachen hat als nur den Kampf, sie drücken unsere mageren Körper an sich und leeren die Taschen nach Zigaretten und Schokolade und allem, was sie haben.

»Essen«, betteln wir, »Essen.«

»Sure, ten minutes, we'll get food, just wait ...«

Die Kampfwagen haben passiert, jetzt laufen die Burschen zu den LKWs und fahren um Essen für uns. Brigt und ich kriechen eine Böschung hinauf und fallen ins Heidekraut, wir schluchzen vor Freude und Schmerz, wir lassen uns gehen und geben allen Gefühlen freien Lauf.

»Wir haben es geschafft, Brigt, wir haben es geschafft!«

Wir umarmen uns mit Armen, die vor Ermattung zittern, wir weinen und lachen, lachen und weinen, wir sind frei, frei!

Und wir werden von Müdigkeit überwältigt, sinken ins Heidekraut, strecken uns aus. Und bald sind wir froh, dass wir dort sind, wo wir sind, und keine Kraft haben, wieder hinunter auf den Weg zu gehen ...

Die Amerikaner hatten keine Zeit gehabt, die Deutschen jetzt mitzunehmen, sie müssen zuerst die Kampfzone aufräumen. Aber sie haben ein paar Wächter eingesetzt. Die SS-Wächter werden mit Gummistrippen um die Hand- und Fußgelenke unschädlich gemacht. Und das ist genug für die Gefangenen. Sie werfen sich über die deutschen Henkersknechte mit gequältem Geschrei, treten und schlagen sie – und dann laufen sie Amok, explodieren in einem Racheakt, in dem sich all der in vielen Jahren aufgestaute Schmerz Bahn bricht. Ich sehe einen tschechischen Burschen, er ist nicht älter als 15 oder 16 Jahre und hat den ganzen Krieg in einem Lager gesessen. Er schwingt eine Peitsche über einen der Henker aus der

Todestruppe, schlägt und schlägt, und der Deutsche schreit vor Entsetzen und rutscht auf den Knien zu einem amerikanischen Soldaten, der der Szene beiwohnt, ohne eine Miene zu verziehen.

»Hilf mir«, schluchzt der Deutsche, »hilf mir, er schlägt mich. Gnade!«

Der amerikanische Bursche betrachtet ihn lange, lässt ihn im Staub kriechen. Seine Stimme bricht, als er sagt:

»Du wagst, um Gnade zu bitten? Wir sind hier stundenlang durch Leichenhaufen gefahren, Tausende und Abertausende von wehrlosen Menschen, die du mitgeholfen hast zu erschießen, und trotzdem bittest du um Gnade?!«

Er spuckt den Kaugummi in das tränennasse Gesicht. Dann dreht er ihm den Rücken zu.

Eine Weile hören wir die zu Tode erschrockenen Schreie des SS-Soldaten, dann wird es still. Der tschechische Junge hat ihn erschlagen.

Andere Deutsche werden den Abhang hinaufgeschleppt, wo ein paar hohe Birken stehen. Die Franzosen biegen die Bäume herunter, werfen ein Seil um den Hals der Deutschen und befestigen das Tauende in den Baumkronen. Dann lassen sie los …

Ich wünschte, ich könnte sagen, dass Brigt und ich uns weggedreht hätten vor Ekel. Wir tun es nicht. Aber wir sind froh, dass uns die Kräfte fehlen, selbst an der Orgie teilzunehmen.

Der Tag ist fast zu Ende, als das Essen kommt.

Lastautos fahren langsam unten am Weg vorbei, und die Amerikaner werfen Kartons mit Keksen, Butter, Käse und Konserven hinunter. Brigt und ich packen uns an den Armen, um uns gegenseitig aufzuhelfen, aber wir schaffen es nicht und bald ist das Essen in alle Winde zerstreut. Wir legen das Gesicht ins Heidekraut und schlafen ein.

Als wir wieder aufwachen, ist es still um uns herum, fast alle sind weg. Brigt versucht, ein Feuer zu machen, und ich begebe mich den Abhang hinunter zu einem Bauernhof auf der anderen Seite des Weges. Es kann sich dabei nur um eine Distanz von

100 Metern gehandelt haben, aber mir kommt es vor, als wäre der Weg endlos. Ich rutsche auf dem Bauch durch das Heidekraut hinunter zum Wegrand, dann taumle ich hinüber zum Bauernhof und schaffe es auf wunderbare Weise, eine Henne hinter einem Holzstapel aufzuscheuchen. Ich packe den Kopf und suche nach einer Axt, um sie zu köpfen, aber da ist keine. So stecke ich den Hennenkopf zwischen die Stiefelsohlen und versuche ihn abzureißen. Aber meine Kräfte versagen und ich weine vor Raserei. Und so stehe ich da und schluchze, ziehe an der Henne, als mich ein Amerikaner zu sehen bekommt. Er lacht über die Komik der Situation, schneidet den Hühnerkopf mit dem Bajonett ab, und dann kann ich nichts anderes als selber lachen. Ich krieche zurück den Hügel hinauf und schnappe hysterisch nach Luft, raste bei jedem zweiten Meter und schnaufe weiter hinauf zu Brigt.

Einige Franzosen haben ihm geholfen, ein Feuer anzuzünden, und wir kochen die Henne in einer Blechbüchse.

Danach kommt der Durchfall in voller Stärke, und anstatt Kräfte zu sammeln, verlieren wir die letzte Reserve.

Und wieder schlafen wir ein.

Als wir mehrere Stunden später auf den Hof des Bauern taumeln, sind wir so gut wie bewusstlos. Die Amerikaner sind weg, die Gefangenen sind weg, alle sind weg. Aber der Bauer und seine Familie sind heimgekommen. Sie geben uns etwas zu essen, wir bekommen nicht mit, was es ist, und danach helfen sie uns hinauf in die Scheune, wo wir uns ins Heu legen.

Ich bin gerade dabei einzuschlafen, als sich Brigt auf die Ellbogen stützt und mich anschaut. Es ist selten, dass er ausdrückt, was er fühlt, aber dieser letzte Tag hat manches verändert. Jetzt treibt es ihm die Tränen in die Augen und er sagt:

»So eigenartig, Oscar, dass wir zwei heimkommen. Nur wir zwei. Dass ich meine Frau und die Kinder wiedersehen werde …«

Und dann fügt er hinzu:

»Du musst danken, Oscar …«

Er weiß, dass ich jeden Abend das Vaterunser bete.

»Ja, Brigt«, sage ich. »Das werde ich machen.«

Und ich falte die Hände im Namen von Brigt und in meinem eigenen und danke Gott dafür, dass wir zu unseren Lieben heimkommen dürfen. Dann schlafen wir ein.

Am nächsten Morgen zieht der Bauer einen Wagen aus der Scheune und spannt das Pferd davor. Ich merke, dass wir über eine holprige Landstraße fahren.

Dann erlischt die Flamme in mir und alles wird dunkel.

Und die Sonne scheint durch die Kirschbaumzweige …

Der amerikanische Arzt kommt herüber, fragt, ob ich etwas wünsche. Er ordnet das Kissen, streicht mir über das Haar.

»Ingebrigt Jensen«, sage ich, »gib mir Bescheid, wie es Ingebrigt Jensen geht.«

Der Arzt notiert den Namen und geht.

Als er zurückkommt, lese ich die Antwort in seinem Gesicht – Brigt ist tot.

Ich wende mich ab.

Der Arzt hat Zahlen.

Als die Amerikaner uns retteten, waren circa 800 Mann am Leben und wurden ins Hospital gebracht, von all den Tausenden, die mit auf dem Transport waren. Von diesen 800 starben circa 600 vor Erschöpfung im Laufe einiger Tage, und jetzt sind wir noch 200. Ich bin der einzige Norweger.

Es vergehen über vier Monate, bis ich so gesund bin, dass ich auf der Bahre heim nach Norwegen geschickt werden kann. Einen Teil dieser Zeit liege ich in einem amerikanischen Krankenhaus in Frankreich.

Das Flugzeug landet am 3. September in Fornebu, dem früheren Flughafen von Oslo. Die Erste, die an Bord kommt, ist Nina. Sie hat ein helles Sommerkostüm an, einen blauen, breitkrempigen Hut, weiße Handschuhe und eine weiße Seidenbluse. Meine Nina …

Sie nimmt mich in die Arme und legt das Gesicht in mich hinein.

Ich weine vor Dankbarkeit.

Jetzt will ich leben.

Indications de service.
2161/8 OSLO 26 5/8 2025
VELKOMMEN TILBAKE TIL LIVET JEG ER I OSLO SKAL-
JEG HENTE DIG I PARIS SVAR HILSEN =
NINA MAGNUSSEN MOGENS THORSENSGT 1
Nº 701.

Oben: Das Telegramm von Nina, das Magnusson endlich in Frankreich erreichte, mehrere Monate nach Kriegsende. Als er es öffnete, zitterten ihm die Hände so, dass er es zerriss.
Telegrammtext: *Willkommen zurück im Leben. Ich bin in Oslo und werde dich in Paris holen. Antworte. Grüße, Nina Magnussen …*
Unten: Wiedersehen in Fornebu. »Jetzt will ich leben!«

Nachwort

In den ersten Jahren nach der Befreiung hatte ich leider sehr viel mit mir selbst zu tun.

Ich wollte wieder ein normales Leben führen, und nach einer kurzen Erholungszeit ging ich zurück in die Hausmeisterstelle, die für mich offen gehalten worden war. Die amerikanischen Ärzte hatten gesagt, dass ich vier bis fünf Jahre warten müsse, ehe ich wieder arbeiten ging, aber ich wollte nicht akzeptieren, dass ich invalid war, und die Folge war, dass ich bald zusammenbrach. Ich wanderte von einem Krankenhaus zum andern, eine Reise, die mehr als zwei Jahrzehnte dauerte.

Wenn ich in den ersten Jahren nicht zu einer organisierten Tätigkeit für Kriegsgefangene oder deren Hinterbliebene kam, lag das wohl auch daran, dass ich selbst mir keine Sorgen um mein tägliches Brot machen musste. Meine alte Firma hatte Verständnis gezeigt, außerdem hatte Nina einige Einkünfte, und so ging es für uns ohne lästige wirtschaftliche Probleme weiter. Es ist möglich, dass dies meinen Blick verschleiert hatte.

Und es gab noch einen weiteren Grund für meine Gemütsruhe: In der Zeit, bevor ich verhaftet wurde, hatte ich jeden Abend Radio London gehört, und die Versprechungen, die uns da gegeben wurden, hatten sich in meinem Bewusstsein verankert wie unumstößliche Tatsachen: Wir, die wir kämpften, sollten wissen, dass das Volk hinter uns stand. Wenn wir im Kampf fielen, würden unsere Angehörigen gut versorgt sein, und wenn wir überlebten, würde es uns an nichts fehlen. Unser Schicksal lag in der Verantwortung des Volkes.

Benommen, wie ich war, von den vielen Operationen und meinem egozentrischen Bemühen darum, die eigene Gesundheit wiederzugewinnen, glaubte ich blauäugig, dass diese Versprechen gehalten werden würden. Ich nahm dies als selbstverständlich an.

Es war schmerzlich, in der Realität aufzuwachen.

»Kümmere dich um die daheim …«

Eines Tages wurde ich an das Versprechen erinnert, das ich so oft gegeben hatte, während ich am Bett sterbender Kameraden saß, und ich fühlte eine brennende Scham, als ich begriff, wie die Gesellschaft sie verraten hatte. Da kamen sie zu mir, Witwen, die sich als Putzfrauen abmühten, um die Not fern zu halten, Witwen, die tagelang auf ihr Mittagessen verzichteten, um ihren Kindern eine Schulausbildung zu ermöglichen. Sie baten mich um Rat, denn ich hatte ihre Männer gekannt, und ich begann mich umzusehen. Von diesem Tag an führte ich einen neuen Kampf.

Als ich begann, mich für die Kriegsgefangenen und ihre Hinterbliebenen einzusetzen, wurde ich manchmal damit beauftragt, mit prominenten Politikern über diese Angelegenheit zu sprechen. Das geschah vor allem damals, als eine Gruppe ehemaliger Kriegsgefangener aus Bergen den Vorstoß unternahm, von Deutschland eine so genannte Gefangenenwiedergutmachung zu verlangen, was auch gelang. Einige der einflussreichsten Politiker des Landes wollten zuerst nichts von dieser Wiedergutmachung wissen, und die Argumente, die sie in persönlichen Gesprächen mit mir äußerten, waren bezeichnend für ihre innere Haltung.

Einer von ihnen sagte: »Ich verstehe nicht, Magnusson, dass ihr, die ihr so viel mitgemacht habt, von Deutschland überhaupt Geld nehmen wollt – dass ihr euch zu so etwas herablasst.«

Ich antwortete ungefähr Folgendes: »Wenn die Gefangenen in Ihrer Position wären, könnten sie sich auch schöne Gefühle leisten. Aber es handelt sich hier um kranke Menschen, die Probleme haben, sich das Essen für den nächsten Tag zu beschaffen, um Eltern, die nicht die Möglichkeit haben, ihren Kindern eine Ausbildung zu geben. Aber ganz abgesehen davon – eine Wiedergutmachung von Deutschland würde auch einem moralischen Ziel dienen. Man würde erleben, dass eine Kriegsmacht ihre Übergriffe einsieht und sagt: Wir haben Unrecht getan, wir müssen dafür bezahlen.«

Ein anderer Politiker meinte, dass wir zu viel Aufhebens um

unser Gefangenenschicksal machten. »Ich habe auch im Gefangenenlager gesessen,« sagte er.

»Ja«, sagte ich, »Sie wurden Ihrer Freiheit beraubt. Aber Sie haben nie gefroren, waren nie vom Hungertod bedroht, haben nie in Ihren eigenen Exkrementen geschlafen, nie eine Laus gesehen. Sie hatten die ganze Zeit Ihr eigenes Bett, Sie bekamen Pakete von zu Hause, Sie konnten Briefe wechseln mit Ihren Lieben – Sie wissen gar nicht, worum es geht!«

Wenn Politiker mit einer solchen Einstellung über die Renten für Kriegsopfer zu entscheiden hatten, musste die Gesetzgebung natürlich dementsprechend aussehen.

Es ist bezeichnend, was ein dritter Politiker einmal während einer Parlamentsdebatte über die Witwenpensionen sagte: »Niemand soll am Krieg verdienen!«

Er sprach von Frauen, die ihren Mann verloren hatten, von Kindern, die ihren Vater und Versorger verloren hatten. Sie sollten nicht am Krieg verdienen!

26 Jahre später

Das Nachwort dieses Buches ist sicher hart und bitter. Dafür gab es gute Gründe. Ich habe nicht übertrieben, wenn ich die Gleichgültigkeit anprangerte, die Behörden und Politiker den Kriegsinvaliden und Hinterbliebenen gegenüber an den Tag legten. »Ich will leben« wurde auch geschrieben, um auf die Bedingungen aufmerksam zu machen, unter denen manche Kriegsinvaliden leben mussten.

Ich freue mich, heute sagen zu können, dass meine Worte gehört wurden. »Ich will leben« – und Bücher von anderen, die gelitten haben und sich durch die harten Jahre hindurchkämpften – wurden verstanden. Und die Aufnahme, die mein Buch fand, gab mir persönlich Kraft, den Kampf fortzusetzen für Gefangenenkameraden und Hinterbliebene, die buchstäblich ungesehen waren in einer Gesellschaft, die sie vergessen hatte. Es war mehr als genug zu tun …

Jetzt ist das meiste getan. In den letzten sieben Jahren bin ich Obmann im Kriegsinvalidenverband gewesen. Das ist eine Position, die sowohl Einblick in die Probleme als auch die Möglichkeit zum Handeln gibt. Es ist gut, sagen zu können, dass die Probleme aufgedeckt wurden, dass die verborgene Not ans Licht gebracht ist – selbst wenn laufend neue Einzelfälle auftauchen. Es ist auch gut, sagen zu können, dass unser ständiges Klopfen an Türen, die schwer zu öffnen waren, gehört worden ist. Es ist jedes Jahr leichter geworden, Hilfe und Verständnis vonseiten der Behörden zu bekommen. Es war ein zäher Kampf, der unnötig hätte sein sollen. Er dauert schon beinah 40 Jahre, und es ist immer noch bitter, an die vielen zu denken, die starben, bevor sie öffentlich rehabilitiert wurden.

Aber dieser Kampf hat gezeigt, dass es sich lohnt, wenn man nicht aufgibt.

Oscar Magnusson